**REINVENTANDO
A EDUCAÇÃO**

Dados Internacionais de Catalogação na Publicação (CIP)
(Câmara Brasileira do Livro, SP, Brasil)

Sodré, Muniz
   Reinventando a educação : diversidade, descolonização e redes / Muniz Sodré. – 2. ed. – Petrópolis, RJ : Vozes, 2012.

   Bibliografia.

   6ª reimpressão, 2022.

   ISBN 978-85-326-4305-6

   1. Cultura 2. Educação 3. Pedagogia 4. Sociologia educacional 5. Tecnologia I. Título.

11-14518   CDD-306.43

Índices para catálogo sistemático:
1. Sociologia educacional   306.43

Muniz Sodré

REINVENTANDO A EDUCAÇÃO

Diversidade, descolonização e redes

Petrópolis

© 2012, Editora Vozes Ltda.
Rua Frei Luís, 100
25689-900 Petrópolis, RJ
www.vozes.com.br
Brasil

Todos os direitos reservados. Nenhuma parte desta obra poderá ser reproduzida ou transmitida por qualquer forma e/ou quaisquer meios (eletrônico ou mecânico, incluindo fotocópia e gravação) ou arquivada em qualquer sistema ou banco de dados sem permissão escrita da editora.

CONSELHO EDITORIAL

Diretor
Gilberto Gonçalves Garcia

Editores
Aline dos Santos Carneiro
Edrian Josué Pasini
Marilac Loraine Oleniki
Welder Lancieri Marchini

Conselheiros
Francisco Morás
Ludovico Garmus
Teobaldo Heidemann
Volney J. Berkenbrock

Secretário executivo
Leonardo A.R.T. dos Santos

Editoração: Elaine Mayworm
Diagramação: Victor Mauricio Bello
Capa: Érico Lebedenco

ISBN 978-85-326-4305-6

Este livro foi composto e impresso pela Editora Vozes Ltda.

Sumário

Prefácio, 7

Introdução, 11

1 Cultura e educação, 15

2 Espaço e cognição, 73

3 Pedagogia e escola, 109

4 Tecnologia e diversidade, 155

5 Ensino e mercado, 231

Referências, 271

Prefácio

Com este livro (*Reinventando a educação – Diversidade, descolonização e redes*) Muniz Sodré, professor-titular da Universidade Federal do Rio de Janeiro na área de Comunicação, entrega-nos um estudo erudito e corajoso: Como enfrentar os desafios colocados à pedagogia e à educação que se derivam dos vários tipos de saberes, das novas tecnologias e das transformações processadas pelo capitalismo, estendido a todo mundo e penetrando até os confins da matéria e da vida? E tudo isso a partir de nosso lugar social que é o Hemisfério Sul, um dia colonizado, e que está passando por um instigante processo de neodescolonização e de um enfrentamento com o debilitado, quem sabe até, desmoralizado neoeurocentrismo.

Muniz Sodré domina vários campos do saber e se move, desenvolto, pela filosofia, pela política, pela economia, pela história e, naturalmente, pelas várias correntes da pedagogia e da educação desde a *paideia* grega até o mercado mundial da educação que representa uma crassa concepção da educação utilitarista ao transformar a escola numa empresa e numa praça de mercado a serviço da dominação mundial.

Desmascara os mecanismos de poder econômico e político que se escondem atrás de expressões que estão na boca de todos como "sociedade do conhecimento ou da informação". Melhor dito, o capitalismo informacional-cognitivo constitui a nova base da acumulação. Como em nossa sociedade *de* mercado tudo vira mercadoria (Polanyi), desde a Santíssima Trindade até os órgãos humanos e a própria vida, assim também na nova forma de realização do capital, tudo vira capital: capital humano, capital cultural, capital de experiências, capital intelectual, capital social, capital natural, capital simbólico, capital religioso... capital e mais capital. Por detrás se oculta uma monocultura do saber, aquele maquínico, expressso pela "economia do conhecimento" a serviço dos interesses do mercado.

Citando Reich, afirma Muniz Sodré que a forma mais recente de educação é de viés instrumental e utilitarista na qual são formadas as elites mundiais, particularmente aqueles quadros que prestam "serviços simbólico-analíticos", quer dizer, aqueles forjados com alta capacidade de inventar, identificar problemas e de resolvê-los. Essa educação "distribui conhecimentos da mesma forma que uma fábrica instala componentes na linha de montagem".

Neste cenário, a educação perde seu rosto humano como algo maior que a simples assimilação de conhecimentos, por mais sofisticados que sejam e necessários para a vida profissional. Eles não são educação, pois como denunciava Hannah Arendt, "pode-se continuar a aprender até o fim da vida sem, no entanto, jamais se educar". A educação demanda iniciar criativamente as pessoas na realidade do mundo e no jogo da vida onde se realiza a convivência humana, na qual se assimilam as tradições do passado, valorizam-se visões generosas de mundo, constroem-se sentidos de vida e se aprende a lidar com a contraditória e conflitiva *condition humaine* sempre aberta para cima e para frente.

O que agrava todo o processo educativo, hoje de dimensões globais e no contexto das diversidades culturais, é a vigência do pensamento único. Os americanos vivem de um mito forjado para justificar sua vontade imperial sobre todo o mundo segundo o qual são portadores exclusivos de um "destino manifesto", vale dizer, imaginam-se como o novo povo escolhido por Deus para levar ao planeta seu estilo de vida, seu modo de habitar a Terra, de produzir e de consumir ilimitadamente, seu tipo de democracia e seus valores de livre mercado. Em nome desta excepcionalidade sustentam ditaduras, favorecem a derrubada de governos de cariz transformador, levam guerras pelo mundo afora para garantir sua hegemonia imperial sobre todo o mundo.

Os europeus fazem uma leitura distorcida da Modernidade (contra os ideais originários) segundo a qual só ela pode produzir um conhecimento universal, "capaz de oferecer aos cidadãos as competências necessárias para responder aos desafios do novo milênio", como afirmava a Declaração de Bolonha de 1999 que reuniu 29 ministros da Educação. Antes a pretensa universalidade se fundava nos direitos e no próprio cristianismo, que sempre levantou a pretensão de ser a única religião verdadeira. Agora a visão é mais rasteira: só eles garantem uma eficácia empresarial, competências, habilidades e destrezas. Eis a ideologia dos *global players*, aquelas forças e conglomerados que realizam a globalização dos negócios, penalizando grande parte da humanidade e afetando a base físico-química e ecológica que sustenta a vida e o planeta vivo, a Terra.

Muniz Sodré traz para a realidade brasileira e latino-americana estas questões para mostrar com que desafios nossa educação deve se confrontar para nos construir como povo livre e criativo e não mero eco da voz dos outros.

Resgata os nomes de educadores que pensaram uma educação adequada às nossas virtualidades, como Joaquim Nabuco, Anísio Teixeira, Darcy Ribeiro e, particularmente, Paulo Freire. Nabuco a formulou bem após a abolição da escravatura: trata-se "de reconstruir o Brasil sobre o trabalho livre e a união das raças em liberdade". Darcy Ribeiro falava com entusiasmo da "reinvenção do Brasil" a partir da riqueza da mestiçagem entre todos os representantes dos 60 povos que vieram ao nosso país.

Eis um livro que se destina não somente a educadores, mas a todos os que pensam num outro Brasil e de forma lúcida assumem os desafios para aprender deles e colher inspirações para uma síntese que seja nossa e reforce nossa identidade na convivência e no respeito às diversidades hoje ameaçadas pelo furor do pensamento único dos países do Hemisfério Norte que continuam ainda com a mente colonialista e cheia de arrogância. Podemos colaborar para uma civilização planetária que tenha como centralidade a vida, a humanidade e a Terra, formando uma unidade complexa e capaz ainda de irradiar.

Leonardo Boff
Petrópolis, dia da Independência de 2011.

Introdução

Emily Dickinson fala em verso de "um lugar chamado amanhã". É uma formulação intrigante: convertendo o tempo ao espaço, a reflexiva e, às vezes, enigmática poetisa norte-americana de algum modo nos convida a habitá-lo, faz-nos ver que dele algo já sabemos enquanto possibilidade interna de outra instalação temporal, de uma presentificação do futuro que, já aí, na luz ou na sombra, parece aguardar seu próprio advento. Esse amanhã não é tempo que remotamente virá, mas que *vem*, disposto que está à nossa consciência, como uma direção já atribuída ou determinada. Trata-se de dar à luz ou deixar vir ("inventar", *invenire*, no sentido forte e original da palavra) algo que já se oferece como sintonia temporal, potência de realização e matriz de reinvenções.

Não que saibamos, portanto, o que está à frente, por efeito de uma suposta inteligência determinista capaz de operar no interior da história. Convivemos, sim, com a suposta "quantidade de futuro" que, segundo Ernst Bloch, os "homens, assim como o mundo, carregam dentro de si". Ou então, à maneira de Martin Heidegger, com a hipótese de que a história pode ser concebida, para além da mutação acelerada dos estágios produtivos, como uma transmissão de mensagens, um diálogo entre gerações em que cada palavra numa mensagem implica uma resposta a um apelo já feito, mas sem que nenhuma resposta jamais esgote o vigor do apelo. Nesse diálogo, um não dito ou um não pensado enquanto margem de possibilidades é sempre um futuro. Para ser histórica, a resposta tem de ser uma transformação da pergunta, mas o que movimenta a mudança é o não respondido.

Por isso é possível habitar esse "lugar" chamado amanhã. "O para sempre é feito de agoras", diz Emily Dickinson. Ao problematizarmos utópica e politicamente o futuro, este se faz presente como algo que nos ronda, embora o ignoremos em sua completude. Machado de Assis, muito antes de Heidegger, ensina-nos: "O presente que se ignora vale o futuro" (*A cartomante*). Quer dizer, o que aí está sem se dar a conhecer é um vazio a ser preenchido pelas condições do amanhã possível, nos termos do sociólogo alemão oitocentista

Lorenz von Stein: "É possível prever o que está por vir, desde que não se queira profetizá-lo em detalhe". E é possível, diria um século depois dele o seu compatriota Reinhart Koselleck, por causa do "horizonte de expectativa", uma categoria histórica que põe o presente ao lado de um futuro atualizado pelo desejo ou pela esperança.

No horizonte da indústria, essa atualização se dá pela tecnologia, como asseguram os especialistas em *future casting*, ou seja, no processo de desenvolvimento de uma visão tecnicista do amanhã. Para projetar os *chips* que irão equipar os computadores, telefones e dispositivos móveis, é preciso posicionar-se entre cinco ou quinze anos à frente do tempo presente, construindo futuros prováveis. Nas áreas de telemática, robótica, nanotecnologia, fotônica e sensores inteligentes, a aceleração tecnológica parece imobilizar os objetos tradicionais da cultura humanística.

No entanto, a educação pode ser aquele *algo* radicalmente humano no horizonte. Por quê? Porque ela é o lugar habitual da linguagem de continuidade e expansão do grupo humano, que associamos à *ética* e à *cultura*. Já a conhecemos como processo indispensável à estabilização e ao aperfeiçoamento da vida social, mas também sabemos de suas dificuldades de realização e dos seus silêncios de linguagem, no sentido de uma língua que não consegue dizer tudo que tem a dizer, por ser, antes de qualquer concretização literal de funções, o repositório das esperanças ou da utopia do grupo – uma potência, portanto.

"Utopias generosas", dizia Joaquim Nabuco, "nunca fazem mal. O que elas têm de impraticável fica esperando indefinidamente pela sua hora, mas o sentimento que as inspirou e as impressões que elas criam concorrem sempre para realizar algum bem". Como no desafio da tradução que, por outro apelo de pensamento, provoca o tradutor a fazer uma nova experiência de linguagem, a educação incita continuamente a consciência a ir além do social ao pé da letra, isto é, além da sociedade em sua repetição compulsiva do societário, que é sua própria forma previsível e administrável. Há sempre um substrato utópico no discurso educacional da sociedade moderna, garantido pela pulsão da ética.

É por isso que o amanhã educacional já é um lugar no tempo presente, embora um lugar vazio de determinações e pleno apenas de forças de transformação do futuro. Por mais que a organização social e suas instituições derivadas tentem conter o processo educacional nos limites dados pelo funcionamento econômico e político da sociedade centrado na repetição da igualdade de si mesmo, parece haver sempre algo que se ignora e que convida o pensamento a ir além. É o que bem sugeria Freud ao falar das "três tarefas impossíveis", a saber, governar, psicanalisar e educar.

A sociedade progressivamente gerada pelo capital-mundo – essa onde o mercado internacional arrebata a centralidade do nacional na reprodução capitalista – já sabe que o desenvolvimento socioeconômico não pode mais ser concebido como uma pura e simples resultante do processo de acumulação. Tornou-se conspícuo o peso de fatores sociais, dentre os quais avulta o conhecimento. Pesquisa tecnocientífica, formação permanente e irradiação de atitudes compatíveis com a transformação contínua dos fatores produtivos são decorrência de uma alteração no perfil antropológico do novo *socius*, em que nem sempre se pode ver claramente onde termina a informação e começa a educação.

A realidade é que as rédeas do poder social se confundem cada vez mais com os dispositivos de controle da informação. A crise das antigas formas técnicas de transmissão do conhecimento, do jornal ao livro, torna cada vez mais claro que a perda de centralidade simbólica dos suportes apenas realça o poder da informação generalizada. A grande transformação privilegia a dimensão técnica do homem, em tal magnitude que a forma da consciência contemporânea é fundamentalmente tecnológica. Isto equivale a dizer que o relacionamento do sujeito humano com a realidade hoje passa necessariamente pela tecnologia, em especial as tecnologias da informação, em todos os seus modos de realização.

Com o capitalismo transnacional e o megaincremento tecnológico, amplia-se o mundo, submetendo ao capital, direta ou indiretamente, outras formas de regência da realidade. Nesse novo espaço, configurado primordialmente pelo mercado, o poder da mercadoria e da informação reduz o carisma do Estado nacional. Não é mais o Estado, e sim o mercado global, que fornece os principais cenários da identidade. Enfraquece-se a ficção histórica da cidadania política e emerge a figura do consumidor como novo sujeito social, concebido desde a origem como o contrário da ideia clássica de cidadania.

Toda essa crescente estruturação tecnológica da ambiência local e global – para a qual é adequado o termo *glocalização* – tem um evidente impacto imediato sobre as culturas regionais, no sentido de novas possibilidades de vir a se forjar uma rede cooperativa de bibliotecas, arquivos, museus e instituições educacionais em todas as partes do mundo. Este é, aliás, o propósito da Biblioteca Mundial Digital (*World Digital Library*), um projeto em pleno andamento, por iniciativa da Unesco e da Biblioteca do Congresso Americano, do qual participamos como cofundador quando estávamos à frente da Fundação Biblioteca Nacional. Até junho de 2010, 69 instituições de 49 países já haviam aderido a esse projeto pioneiro.

Mas se a mutação cultural se oferece como uma evidência em seus aspectos de enorme acessibilidade dos conteúdos do saber e de conexão da diversidade cultural, não é nada evidente o alcance irradiador dessas transformações sobre a essência da educação em sentido estrito. Para maior esclarecimento deste ponto impõe-se uma revisão das ideias tradicionais sobre o sentido da relação educativa e das suas formas institucionais, dentre as quais avulta a pedagogia em toda a sua diversidade prática e discursiva. Esse empenho equivale verdadeiramente a uma *reinvenção*, no sentido dado a esta palavra por filósofos e antropólogos contemporâneos, ou seja, uma *redescrição interpretativa* do processo educacional.

Ao se reinventar a educação é inevitável que emerjam ideologicamente as diferenças entre as expectativas sociais e o fundo utópico que parece presidir a todo empenho educacional. Assim, um coletivo posicionamento descolonizante torna-se mais visível no Hemisfério Sul; ou então, os libelos contra a excessiva penetração do capital na esfera educacional deixam-se ver basicamente nas hostes teóricas da esquerda histórica.

Sejam quais forem as posições políticas, porém, parece consensual a convicção de que, na contemporaneidade, todo e qualquer projeto educacional se obriga a pensar e agir em sintonia com as exigências postas pela tecnologização do mundo e com as injunções do mercado global.

Questões cruciais tendem a surgir nesse contexto.

Uma das muitas é a de determinar se a educação ainda guarda, como fundo duplo da história, a possibilidade de contornar as pretensões monoculturalistas de uma verdade universal ou de apontar para horizontes humanos além das leis do capital e seu mercado de bens, serviços e trabalho.

Outra questão é saber levar em conta o fato iniludível de que as tecnologias da comunicação e da informação não podem ser doravante dissociadas de qualquer discurso a que se venha atribuir um estatuto pedagógico. A comunicação, em toda a abrangência conceitual da palavra, está no cerne da educação que vem. Por um lado, o indivíduo sente-se compelido a correr contra o tempo produzido e acelerado pelas tecnologias da informação, já que é imperativo atualizar-se para se pôr à altura das novas exigências oriundas do mundo do conhecimento e do trabalho. Por outro, as mesmas tecnologias que o pressionam podem converter-se em valiosas ferramentas formativas.

Uma vez mais em muitos anos, agradecemos ao Conselho Nacional de Pesquisa Científica (CNPq) o apoio recebido para a consecução deste trabalho, assim como aos alunos do Programa de Pós-Graduação em Comunicação e Cultura da Universidade Federal do Rio de Janeiro, onde exercemos há décadas a maior parte de nossas atividades docentes.

M.S.

Capítulo 1

Cultura e educação

> *O trabalho intelectual está para o trabalho manual assim como o grego está para o bárbaro* (Frase-síntese da colonialidade cultural).

Tempo, segundo José Hernandez em seu famoso poema épico *Martin Fierro*, é "a tardança do que está por vir", isto é, a delonga do que já se antevê no futuro, no evento que vem. Pois bem, para a perspectiva crítica do Hemisfério Sul, o tempo educacional é o da descolonização, portanto, tempo de algo como a "reeducação" ou a reinvenção dos sistemas de ensino, com vistas à diversidade simbólica entrevista na dissolução das grandes explicações monoculturalistas do mundo. Embora esse "Sul" possa ter perdido o velho significado nacionalista em face da esclerose progressiva do Estado-nação e de sua confirmação como periferia dependente do sistema-mundo, a concomitante perda de força do eurocentrismo estimula a reflexão e a ação política sobre as facetas remanescentes da dominação colonial, em que ganha vulto a educação.

Tomemos educação como o processo de incorporação intelectual e afetiva, pelos indivíduos, dos princípios e das forças que estruturam o *Bem* de uma formação social. O *Bem* (*to agathon*, para o antigo grego) é simplesmente outro nome, de feição clássica, para o equilíbrio econômico, político e ético da comunidade humana, portanto, para a preservação da vida e para a continuidade do grupo de acordo com os princípios de sua fundação. As formas canônicas desse equilíbrio se acham nos sistemas de conhecimento (ciências, artes, narrativas, filosofia) e nas instituições (trabalho, parentesco, costumes, códigos, leis) que regulam ou orientam os destinos comunitários segundo as verdades consensualmente instituídas pelo grupo.

A preparação do indivíduo para a assimilação dessas formas constitui, em níveis diferenciados, a educação, que não se confunde com a *instrução* pura e simples (o ensino ou a capacitação para o exercício de funções específicas) nem com a *cultura*, tradicionalmente entendida como o modo de produção de sentido para a totalidade social. Educar é socializar, individualizando, isto é, primeiramente inscrever a criança no ordenamento social desejado e depois criar as condições cognitivas e afetivas para sua autonomia individual como adulto. Esta é pelo menos a visão adotada pelo pensamento pragmatista sobre a educação (de John Dewey a Richard Rorty), com detalhamentos práticos mais recentes no sentido de conceber o Ensino Fundamental como socializante e o universitário como individualizante.

Sem dúvida alguma, porém, a radicalidade maior desse processo acontece na infância, quando se instaura para o sujeito humano a troca simbólica, no lugar dos fatos "naturais" e imaginários. Nas sociedades arcaicas se trata propriamente da *iniciação*, descrita por Baudrillard como "esse momento crucial, esse nexo social, essa câmara negra onde nascimento e morte deixam de ser os *termos* da vida e reinvoluem um no outro – não rumo a qualquer fusão mística, e sim para fazer do iniciado um verdadeiro ser social. A criança não iniciada apenas nasceu biologicamente, apenas ainda tem um pai e uma mãe "reais". Para se tornar um ser social ela tem de passar pelo acontecimento simbólico do nascimento/morte iniciática. É preciso ter feito o trânsito da vida e da morte para entrar na realidade simbólica da troca"[1]. O que modernamente se designa como educação é, no limite, um eco da profundidade do processo iniciático.

Outro modo de dar conta dessa profundidade é, por exemplo, acompanhar um aforismo de Nietzsche em resposta à pergunta sobre o que é a educação: "É compreender imediatamente tudo o que se viu por meio de fantasmas determinados. O valor destas representações determina o valor das culturas e da educação"[2]. O conceito de representação fantasmática é antigo, desde quando Aristóteles nos assegura (em *Sobre a alma*) que "a alma não conhece sem fantasma", isto é, sem uma imagem interna ou externa capaz de mediar o ato de apreensão do real. É tão radical a especificidade da educação que Nietzsche vê nela a própria "continuação da procriação e muitas vezes uma maneira de aperfeiçoar posterior a ela"[3].

---

1. BAUDRILLARD, J. *L'Échange symbolique et la mort*. Paris: Gallimard, 1976, p. 203.

2. NIETZSCHE, F. "Fragmentos póstumos e aforismos" (1.1 5 [106] 246). In: *Escritos sobre educação*. São Paulo/Rio de Janeiro: Puc-Rio/Loyola, 2009, p. 262.

3. Ibid. (IV AU 397), p. 330.

Para melhor esclarecer essa afirmativa é fundamental levar em conta que, para o homem tradicional, *ser* não significava simplesmente *viver*, mas *pertencer* a uma totalidade, que é o grupo. Cada ser singular perfaz o seu processo de individuação em função dessa pluralidade instituída (o grupo), na qual se assentam as bases de sustentação da vida psíquica individual. Mesmo modernamente, a constituição psíquica do indivíduo depende da força de continuidade do grupo, de modo que cada indivíduo se configura como um "lugar", ao mesmo tempo singular e coletivo, sempre investido do desejo ancestral (familiar, clânico) de continuidade da espécie. A ética (outro nome para a cultura, em sua originariedade) é precisamente a linguagem desse desejo.

Pelo pertencimento o grupo faz-se imanente ao indivíduo, enquanto este se reencontra no grupo. O indivíduo pertence ao grupo tanto quanto a si próprio, pois ser um ou outro depende, na verdade, dos limites que se estabeleçam para a identidade. O subjetivo é, ao mesmo tempo, transubjetivo: a linguagem com que nos comunicamos é, no limite, o Outro.

Há, porém, uma diferença entre grupos de pertencimento "primários" ou "naturais" e grupos de pertencimento "secundários" ou "instituídos". A família (mas também o clã e a etnia) é essencialmente grupo primário, responsável pela matriz da individuação. Em contrapartida, os grupos secundários são formações onde indivíduos já constituídos se tornam cidadãos, isto é, sujeitos de comunidades políticas, sejam estas em escala local ou global. É necessário, portanto, que a individuação já esteja dada para continuar na forma da socialização ou interiorização de normas e valores coletivos. O processo civilizatório e cultural já está presente no grupo primário, mas se aperfeiçoa educacionalmente no quadro dessa secundariedade.

Embora esse processo transcorra na totalidade da vida social, não é lícito supor que seja possível educar sem ensinar, isto é, sem transmitir ou comunicar com autoridade as "representações fantasmáticas". Nem se pode perder de vista a dimensão (cultural) de onde provêm essas representações, que são os conteúdos necessários ao processo educacional. Mas ao vincularmos o valor da cultura e da educação ao valor dessas representações e ao concordarmos com a ideia nietzscheana de um "posterior aperfeiçoamento da procriação", não há como deixar de tornar *criticamente* clara a especificidade do processo educacional.

Para tanto, impõe-se não enclausurar a ideia de *crítica* em sua literalidade etimológica, que tem a ver com o processo analítico de discriminar e julgar. Impõe-se também não repisar os estereótipos do discurso reformista do passado. No âmago da disponibilidade universal para a educação (algo bem diferente de uma suposta "educação universal disponível") se encontra o pensamento crítico como uma disposição ou uma capacidade de discutir os vários lados de uma concepção qualquer.

Essa disposição não é imune a críticas. Para o poeta e pensador português Fernando Pessoa (em seu heterônimo Bernardo Soares), "os espíritos altamente analíticos só veem os defeitos: quanto mais forte é a lente, mais imperfeito nos parece o objeto observado. O detalhe é sempre vergonhoso"[4]. Por outro lado, está em curso há algum tempo um tipo de pensamento social que recusa qualquer perspectiva crítica, como se esta fosse uma rejeição idealista (e antinietzscheana) do real tal e qual ele se apresenta (o *amor fati*). No limite, como uma recaída na metafísica da revolução, isto é, na produção intelectual do sentido de mudança a partir de um *dever ser* – a ideia de uma vida mais "verdadeira", de uma sociedade perfeita. Criticar seria, assim, julgar o real pelos parâmetros projetivos construídos pela consciência "iluminada" do intelectual, segundo os quais o vivido seria mero sintoma de outra coisa, a realidade idealmente projetada como uma essência.

De fato, é imperativo reconhecer a força afirmativa do real, aceitando-o. Entretanto, é também imperativo ponderar que este é apenas um primeiro passo, uma vez que aceitar o mundo não significa simplesmente olhá-lo e tomá-lo ao pé da letra. Gramsci bem o viu quando, discutindo sobre se o *dever ser* seria reprovável na pesquisa científica (supostamente atrelada ao "que é"), questiona o conceito de *realidade efetiva*: "Será algo estático e imóvel ou, ao contrário, uma relação de forças em contínuo movimento e mudança de equilíbrio. Aplicar a vontade à criação de um novo equilíbrio das forças realmente existentes e atuantes, baseando-se naquela determinada força que se considera progressista, fortalecendo-a para fazê-la triunfar, significa continuar movendo-se no terreno da realidade efetiva, mas para dominá-la e superá-la (ou contribuir para isso). Portanto, o dever ser é algo concreto"[5].

Ainda que se possa questionar a ideia de um *dever ser*, configura-se como crucial a diferença entre olhar e ver, ouvir e escutar, assim como entre a pura emoção e o sentimento, que é a sensibilidade lúcida, porque nessa diferença se constrói o *discernimento*, ou seja, outro nome para a apreensão crítica do mundo. Pode-se aceitar a realidade do vivido desde que se aprenda a vê-la em suas formas de apresentação, e essa aprendizagem tem implicações críticas na

---

4. Cf. *Pessoa – En bref (recueil)*. Paris: Christian Bourgois, 2004, p. 12 [Tradução e prefácio de François Laye].

5. GRAMSCI, A. *Quaderni del cárcere*. Vols. I-IV. Turim: Einaudi, 1975, quad. 13, 1578 [org. por V. Gerratana].

educação. Nietzsche foi taxativo a respeito: "A educação é em primeiro lugar a aprendizagem do *necessário*, depois da *mudança* e do *variável*. Conduz-se o jovem na natureza, mostra-se a ele em todo lugar o domínio das leis; em seguida, as leis da sociedade civil; aqui se coloca já a questão incisiva: Isto *deveria* ser assim? Pouco a pouco se teve necessidade da história para entender como se chegou até aí. Mas ao mesmo tempo se aprende que isto pode também se tornar uma coisa diferente. Qual é o poder dos homens sobre as coisas? Esta é a questão de toda educação"[6].

A enunciação crítica está no cerne dessa aprendizagem. A crítica é um modo de ler a realidade, mais precisamente, de aprender a ler a realidade, sem o qual se afigura inócua toda educação, uma vez que a leitura é capaz de mostrar o *real* para além de toda realidade, ou seja, para a pletora de outras possibilidades. A tradição intelectual brasileira arrola, no século passado, notáveis sociólogos ou pensadores críticos, a exemplo de Caio Prado Júnior, Raymundo Faoro, Florestan Fernandes, Octavio Ianni, Francisco de Oliveira, Milton Santos, Celso Furtado, Theotonio dos Santos e Paulo Freire, cujo trabalho científico inclui educacionalmente a ética e a política como meios de transformação social, sem jamais perder de vista a singularidade da formação nacional. Em Florestan Fernandes, por exemplo, o ativismo em favor da educação pública e gratuita é indissociável de uma leitura crítica da realidade educacional brasileira, de democratização e qualidade precárias.

Pois bem, no quadro de uma teoria crítica da sociedade – entendida como a recusa de redução da realidade ao mero existente e como orientação social no sentido das possibilidades de transformação e passagem – descolonizar o processo educacional significa liberá-lo, ou emancipá-lo, do monismo ocidentalista que reduz todas as possibilidades de saber e de enunciação da verdade à dinâmica cultural de um centro, bem sintetizado na expressão "pan-Europa". Esse movimento traz consigo igualmente a *descolonização da crítica*, ou seja, a desconstrução da crença intelectualista de que a consciência crítica é apanágio exclusivo do letrado ou de que caberia a este último iluminar criticamente o Outro.

Na raiz dessa crença – um dos efeitos do universalismo iluminista – se acha a lei do valor ou o capital, que mobiliza não apenas a força de trabalho do homem, mas também os recursos próprios à sua conversão ao modelo civilizatório do Ocidente, indispensável ao modo de produção capitalista, que sempre implicou saque, domínio e extermínio do Outro. O monoculturalismo pan-europeu é precisamente a civilização pensada no singular.

---

6. Ibid. (II.2 5 [64] 299), p. 297-298.

Essa civilização é a "boa notícia" (em grego, *eu-angelion* ou evangelho) oferecida como um valor universal pela pan-Europa ao resto do mundo desde o século XV. Toda e qualquer religião que se queira universal tem a sua "boa notícia", a ser difundida a ferro e fogo às civilizações refratárias, uma vez que tal modelo comporta uma temporalidade e modos específicos de incorporação do conhecimento estranhos a outros paradigmas. Por isso, o fenômeno histórico do colonialismo, ao lado do extermínio físico e da violência predatória, fez-se sempre acompanhar da validação de uma forma única de conhecimento, em detrimento de quaisquer outros saberes, como afirma o sociólogo Boaventura Santos: "O genocídio que pontuou tantas vezes a expansão europeia foi também um epistemicídio: eliminaram-se povos estranhos porque tinham formas de conhecimento estranho e eliminaram-se formas de conhecimento estranhas porque eram sustentadas por práticas sociais e povos estranhos"[7].

No processo colonial de formação das sociedades latino-americanas, os indígenas foram os primeiros a suportar os dois tipos de violência. Sobre o primeiro, discorre Bosi: "O genocídio dos astecas e dos incas, obras de Cortez e de Pizarro, foi apenas o marco inaugural. Os recomeços foram numerosos"[8]. Em seu meio século inicial de dominação, os espanhóis mataram cerca de 15 milhões de indígenas e repassaram historicamente às elites nacionais sul-americanas a continuidade do genocídio.

A propósito do segundo, o epistemicídio (semiocídio, etnocídio são variações terminológicas admissíveis), um ato paradigmático é o do inquisidor espanhol Juan Zumárraga, bispo do México que, em 1529, mandou reunir o que restara dos acervos confiscados dos astecas, assim como toda a biblioteca de Anahuac, e pôr fogo em tudo na praça do mercado de Tlaltelolco. Demorou três dias para que o incêndio consumisse sete milênios de uma outra história civilizatória. Também se pode dizer de uma outra história *étnica*: o grupo humano invasor e dominante obriga-se sempre a rejeitar visceralmente qualquer outra etnia, posto que a expansão colonizadora implica a transformação de um território estatal de partida em um território étnico, presumidamente capaz de abranger e absorver outras configurações espaciais e históricas.

Pan-Europa não diz respeito, portanto, à dimensão geográfica do continente europeu, e sim a seu sistema-mundo cultural, um sistema de decisões universalistas etnicamente orientado, desde o século XV, pela fantasia cristã-colonialista de uma unidade absoluta do sentido e refratário à admissão de

---

7. SANTOS, B.S. *Pela mão de Alice – O social e o político na Pós-modernidade*. São Paulo: Cortez, 1999, p. 328.

8. BOSI, A. *Dialética da colonização*. São Paulo: Companhia das Letras, 1992, p. 21.

uma ecologia mundial dos saberes. Essa ecologia é tacitamente reivindicada no momento da conscientização global de que o Ocidente vem perdendo há muito tempo sua centralidade simbólica e sua hegemonia política.

Trata-se de um movimento que parte, inclusive, de dentro dos círculos hegemônicos do pensamento europeu. A obra do antropólogo francês Claude Lévi-Strauss é inequívoca em sua demonstração – relativista – de que não se pode avaliar nenhuma cultura por parâmetros exteriores, ou seja, é impossível formular juízos de superioridade de uma cultura sobre a outra. Não é uma posição isolada, mas uma conclusão estribada em toda a linhagem teórica precedente, pontificada por etnólogos como Franz Boas, Bronislaw Malinowski, Radcliffe-Brown e outros que comprovaram em suas pesquisas a complexa e incomparável singularidade das diversas formações simbólicas.

Fora do campo etnológico, desde o pensamento oitonovecentista, vem entrando em descrédito a essência da *humanitas*, essa mesma que os pensadores sintetizam na palavra "metafísica", ou seja, a pretensão de uma verdade universal do homem e do mundo, centrada na Europa. A "morte de Deus", proclamada por Nietzsche, não se interpreta como um fato objetivo transcorrido na história, mas precisamente como o declínio dessa universalidade em termos de economia, política e cultura de tudo aquilo que foi tornado possível pela metafísica cristã. Na medida em que, desde a segunda metade do século XX, as antigas colônias europeias se tornaram estados independentes, e em que se estiolou a evangelização cristã que legitimava o controle imperial, declina de fato a *humanitas* pan-europeia. Tenta ressurgir aqui e ali sob as capas de uma pretensa universalidade dos direitos humanos, mas já sob o signo da controvérsia mundial.

Atualmente, até mesmo o francês Alain Touraine, sociólogo festejado pela centro-direita política, admite que os europeus já não podem reivindicar, como no passado, o monopólio da ciência, da razão, da liberdade e da tolerância: "A Europa foi tudo isso e seu contrário, em particular no espírito de conquista, de destruição e de construção de ideologias racistas". Assim, "é preciso ser mesmo cego para não ver que a Europa, onde nasceu esse tipo de modernidade, perdeu terreno, anteriormente, para países como o Japão, e hoje perde para a China, onde se encontram os melhores exemplos de objetos e formas de vida modernas"[9].

Mas há um abismo entre o reconhecimento estritamente acadêmico dessa perda de centralidade cultural e a prática política pan-europeia de disseminar

---

9. TOURAINE, A. *Conferência pronunciada em seminário da Academia da Latinidade*. Rio de Janeiro: Universidade Cândido Mendes, 19/11/10.

diretrizes culturais para as outras regiões do mundo, sob as capas de um suposto universalismo do direito, que é na verdade a dimensão mais visível do "Um" absoluto da razão. O colonialismo – ou, como alguns preferem, a "*colonialidade*" – é ainda hoje a persistência desse primado do Um absoluto sobre o pluralismo cultural, em especial nas ideologias que confluem para as instâncias educacionais por meio de textos canônicos e por informação pública. Embora se enfraqueçam determinadas formações discursivas da metafísica e instituições tradicionalmente encarregadas de inculcá-las (como a religião e a Igreja), o pensamento oficial permanece escudado em novos mecanismos organizativos, a exemplo do Banco Mundial que, desde os anos de 1980, passou a zelar por aspectos ideológicos (política, educação) das sociedades em desenvolvimento.

Não há como negar a importância do capital institucional acumulado ao longo da história do Ocidente, cuja síntese se vislumbra em realizações como o estado de direito, a democracia representativa, a imprensa livre etc. Mas não há igualmente como negar os sinais de declínio desse capital, o que desautoriza qualquer monismo euroculturalista legitimado por um suposto universalismo da razão. Particularmente no âmbito da educação, são enormes as consequências práticas desse primado monista sobre a diversidade simbólica das variadas regiões do mundo – a maioria das quais ancorada em formas visuais, sonoras e gestuais de comunicação, e não na escrita –, em especial no que se refere ao reconhecimento desigual dos modos diversos de apropriação e aplicação dos saberes. Logo, sobre os modos de ensinar e aprender.

Uma pequena história exemplar:

Em janeiro de 2009, uma indígena de 12 anos, da etnia tucano, foi picada no pé direito por uma jararaca na região do Alto Rio Negro, na fronteira do Amazonas com a Colômbia, onde não há luz elétrica nem posto médico, e a cidade mais próxima dista 14 horas de lancha. "Eu queria que ela recebesse o soro e depois fosse tratada em casa mesmo, como já fizemos com outras pessoas da tribo", narra o pai, "mas os médicos se desesperaram e quiseram mandá-la ao hospital em Manaus"[10].

Armou-se aí um conflito. Internada num pronto-socorro infantil, a criança passou por cirurgias para retirar os tecidos necrosados pelo veneno da cobra, ao mesmo tempo em que a direção do hospital barrava a entrada do pajé, levado pelo pai, assim como a realização de rituais e a aplicação de ervas curativas. Mas o diagnóstico médico era pessimista: seria necessário amputar a perna da menina para evitar infecção generalizada.

---

10. Cf. revista *Época*, 02/03/09, p. 75.

Inconformado, os índios tucanos recorreram à Procuradoria da República e, depois da passagem por uma casa de saúde indígena, conseguiram a internação da criança no Hospital Universitário, cujo diretor propôs a combinação do tratamento médico convencional com os rituais e as ervas indígenas, ministrados pelo pajé. Em três dias de tratamento simultâneo, segundo a imprensa, a criança deixou de ter febre, e logo cresceu a pele, cobrindo os ossos do pé, antes expostos pela ferida. A amputação foi descartada.

Não é aqui o caso de se discutir as causas reais da cura – se a medicina científica ou a farmacopeia ritualística[11] –, e sim de assinalar que a exemplaridade desta pequena história está no bom resultado de um episódio de cooperação entre dois tipos de conhecimento capaz de contornar aquilo que Sousa Santos chama de "monocultura do saber e do rigor", isto é, "a ideia de que o único saber rigoroso é o saber científico, portanto, outros conhecimentos não têm a validade nem o rigor do conhecimento científico". Na realidade, não se pode tudo conhecer cientificamente. Muito antes dele, desde a década de 1950, o pensador e educador Ivan Illich aliava à sua crítica do desenvolvimento econômico como pensamento único e universal abstrato o combate à medicina corporativista que desprezava o saber comum das práticas curativas e recusava ao doente uma parcela de autonomia em seu próprio tratamento.

A ideia do "saber único" termina recalcando uma parte importante da realidade, "porque há práticas sociais baseadas em conhecimentos populares, conhecimentos indígenas, conhecimentos camponeses, conhecimentos urbanos, mas que não são avaliados como importantes ou rigorosos"[12]. Seus efeitos são igualmente danosos no tocante à educação, porque o monismo cultural que privilegia a língua hegemônica impede o pluralismo das linguagens característico de alunos provenientes de diferentes estratos sociais, senão de outras regiões emigratórias do mundo. A monocultura do saber está por trás da crescente violência nas escolas frequentadas por jovens provenientes de classes economicamente subalternas ou de famílias de imigrantes, assim como pode

---

11. A pesquisa contemporânea sobre a eficácia de placebos (substâncias sem nenhum ingrediente farmacológico ativo) já conseguiu determinar cientificamente sua realidade, não como mera reação psicológica, e sim como um verdadeiro efeito físico com poder curativo em alguns casos. Isto ocorre particularmente no tratamento de problemas diretamente ligados ao sistema nervoso central, como a depressão e a dor. Comprovou-se que a parte superior da medula, chamada de "chifre dorsal", pode ser ativada pela força do pensamento, pela crença. Para os especialistas, um coquetel de substâncias químicas presentes naturalmente no organismo, como noradrenalina e serotonina, entraria em ação em consequência do efeito placebo.

12. SANTOS, B.S. *Renovar a teoria crítica e reinventar a emancipação social*. São Paulo: Boitempo, 2007, p. 29.

responder também pelo fracasso do ensino e pelas altas taxas de evasão escolar em tais casos.

Disso uma pequena história também exemplar está contida no filme *Entre os muros da escola*[13], retrato da tensão entre um professor francês e filhos de imigrantes que, mesmo tendo nascido na França, não se sentem nem são reconhecidos como naturais daquele país. O conflito é tematizado na tentativa de imposição pedagógica da norma culta da língua francesa pelo professor frente à resistência de jovens da *banlieue* (subúrbio), cuja fala, mesclada com vocábulos e significados oriundos de outras línguas nacionais, é repelida como um jargão inaceitável.

Como se sabe, a Europa é o berço do Estado-nação, que naquele continente se constituiu pela imposição (monoculturalista) de uma língua única, em detrimento das regionais e em franco contraste com a realidade dos Estados-nação de outros continentes – a África, por exemplo, ao lado de uma heterogeneidade simbólica das mais fortes, é uma Babel linguística. Na Europa, a forma nacional pressupõe, ao lado da comunidade étnica, uma comunidade linguística, cuja uniformidade é compatível com a unidade política e incompatível com as excentricidades comunicativas, como se conotam geralmente os particularismos de ordem cultural. Desse modo, o uso vernáculo da "língua-mãe" é a prova por excelência da assimilação do imigrante à sociedade. O teste da língua é apresentado às consciências como condição de possibilidade para a constituição do sujeito de direitos, beneficiário do progresso[14].

Até mesmo entre os nacionais de longa data, a língua única é campo onde se refletem as diferenças de classe social, mediadas pela educação. No caso dos imigrantes, a ameaça latente é a possibilidade de se falar a partir de uma realidade própria, não reconhecida como tal naquele território pelo Estado nacional hegemônico, representado pela pedagogia oficial.

É justamente de uma fala autônoma que parte o método de alfabetização do brasileiro Paulo Freire, guiado pela ideia-força de que aprender a ler é tomar consciência da história e da existência próprias, a fim de redescobrir

---

13. O filme (2008) de Laurent Cantet, adaptado do livro homônimo do Prof. François Bégaudeau, mereceu prêmios importantes no circuito internacional de cinema.

14. O duplo requisito (étnico e linguístico) não incide apenas sobre imigrantes. O livro *Game Change* (2010), escrito pelos jornalistas Mark Halperin (revista *Time*) e John Haileman (Revista *New York*), sobre os bastidores da campanha presidencial de Barack Obama, revela que, para o Senador Harry Reid, líder da maioria democrata, Obama seria um candidato negro "aceitável" porque tinha "pele mais clara" e "não fala aquele dialeto negro dos africanos" (referindo-se ao inglês usado nas comunidades negras pobres nos Estados Unidos).

reflexivamente o mundo[15]. O ponto de partida é o próprio universo vocabular do alfabetizando, portanto, o acolhimento das palavras habituais no meio cultural do indivíduo, com o objetivo de escolher, entre os vocábulos de mais ricas possibilidades fonêmicas e semânticas, palavras "geradoras", isto é, capazes de formar outras e de reconstituir situações da experiência vivida em comum.

Vale frisar que a escola é o lugar determinado do sistema social onde se reconstitui o movimento de produção do conhecimento, mas sempre como um efeito das relações de classe. A língua nacional ensinada na escola não escapa ao jogo das diferenças de classes, na forma de conflitos linguísticos (práticas contraditórias de linguagem), disfarçados pela suposta uniformidade do idioma pátrio. Assim como dentro de uma escola presumidamente única se realiza uma divisão que vai assegurar uma diferença na reprodução da força de trabalho, também dentro de uma língua que se quer comum ocorrem práticas diferentes de linguagem.

O personagem-professor de *Entre os muros da escola* está nas antípodas do humanismo descolonizante de Paulo Freire. A norma culta da língua recalca a comunicação real dos jovens, recalcitrantes ao processo escolar em consequência de uma padronização conotada como verdade linguística. Do mesmo modo que no episódio da jovem indígena mordida pela cobra, o monismo cultural se esquiva à possibilidade de uma epistemologia pluralista.

Esse tipo de problema, como se pode inferir, não é exclusivo das regiões menos favorecidas do Hemisfério Sul, uma vez que o movimento migratório acelerado transpõe velhas questões para a periferia das megalópoles pan-europeias. Ao mesmo tempo, esse tipo de argumentação e as terminologias afins não são hoje exclusivos de ninguém, já que toda uma corrente teórica em desenvolvimento cogita de uma epistemologia capaz de contemplar a diversidade planetária e respeitar as diferenças simbólicas.

A economista Vandana Shiva, por exemplo, usa a expressão "monoculturas da mente" para referir-se ao trânsito hegemônico do discurso cientificista[16]. Para ela, noções aparentemente objetivas como "desenvolvimento" e "produtividade" não são noções neutras, e sim traduções dos valores do sistema de pensamento que os produziu, pois o sistema comercial global define como valor apenas o que pode ser monetariamente trocado. Desenvolvimento econômico não é um universal abstrato que se possa impor às concretas diferen-

---

15. Cf. FREIRE, P. *Pedagogia do oprimido.* São Paulo: Paz e Terra, 2005.
16. Cf. SHIVA, V. *Monoculturas da mente.* São Paulo: Gaia, 2002.

ças histórico-estruturais das sociedades. Normalmente, o que se propõe como tal é um modelo monopolista-associado dependente de centros transnacionais geradores de capital e tecnologia, indiferente a seus perversos efeitos sociais e ambientais. Esse modelo costuma dissociar a degradação social da degradação ambiental.

Assim, uma bandeira de grande interesse social, como a do desenvolvimento, pode ser confundida com o puro e simples crescimento econômico ao desconsiderar o patrimônio ecológico e cultural de uma região, logo, perdendo o foco da dimensão humana. Não se entenda essa dimensão como mera generalidade humanista, mas como condição essencial para uma agenda desenvolvimentista que não se limite à mera assimilação cultural e tecnológica.

O Irã é um caso digno de exame. No começo deste século esse país virou foco da atenção internacional, porque conjugava avanços em seu programa nuclear com o que aos olhos ocidentalistas parecia um retrocesso cultural e religioso, ou seja, uma forma particular de fundamentalismo islâmico. Para as grandes potências e para a imprensa mundial, essa conjugação representaria uma ameaça à paz no Oriente Médio, a ser combatida por pressões da ONU e pela imposição de barreiras comerciais.

O que essa mesma imprensa deixava de dizer, entretanto, era que o alegado anacronismo religioso não impedia (ao contrário, parecia estimular) um desenvolvimento científico em áreas estratégicas para o desenvolvimento socioeconômico, como a biomédica e a nanotecnologia, capazes de catapultar o Irã para uma posição internacional que registra as taxas mais elevadas de crescimento da produção de conhecimento nesses campos[17]. A realidade é que, a despeito de suas manifestações de extremismo político, o Irã alinha-se com países ditos "emergentes", como China, Índia, Rússia, Coreia do Sul, Turquia e Brasil, no que se refere a bons resultados em termos de desenvolvimento e pesquisa científica, buscando cavar um lugar no espaço classicamente ocupado pela tríade Estados Unidos, Japão e União Europeia.

Não se trata aqui de justificar fundamentalismos. Muito pelo contrário, é imperativo para a moderna consciência solidária, no Oriente ou no Ocidente, trazer à luz do debate público as desmedidas da barbárie que vitimiza a condição feminina em regiões islâmicas do mundo ou, do outro lado, o totalitarismo das organizações ocidentais de combate ao terror, que ameaçam as instituições democráticas sob a cobertura do segredo de Estado.

---

17. Cf. *Clinical Trial Magnifier*, vol. 2, issue 12, dez./2009. Trata-se de uma publicação eletrônica mensal que resume o "estado da arte" da pesquisa biomédica no mundo.

A crítica ao império do pensamento único ou universalista obriga-se a examinar mais de perto determinadas irradiações de universalidade que não pertencem ao iluminismo europeu negador da diversidade, mas se projetam para além de sua localidade frente a conjunturas históricas avessas à irredutível globalidade do *fenômeno humano* no planeta. Assim é que, entre 1791 e 1804, os escravos africanos e crioulos que se rebelaram para fazer do Haiti a primeira nação negra da história irradiavam, a partir de um local específico, a força do *universal concreto* da diversidade humana. Os anacronismos violentos e a barbárie devem ser pensados nesse quadro.

Mas isso não impede de se constatar a existência de paradoxos na relação dos presumidos anacronismos com o desenvolvimento da capacitação educacional e tecnológica. Esses paradoxos contribuem para se desconstruir o conceito (monoculturalista) de uma única modernidade e se chegar à hipótese de *várias modernidades possíveis*. De fato, para a consciência euroculturalista, a Modernidade – palavra criada por Théophile Gautier, mas redefinida por Baudelaire como "a eternidade no instante" – é entendida como a possibilidade de se formularem juízos universais, até mesmo em situações particulares. Os ideais de justiça e os direitos humanos cabem nesse quadro conceitual.

Na prática, porém, a consciência coletiva e política dessa dita modernidade mostra-se quase sempre ambígua ou incapaz frente à realização concreta desses universais. O que se afirma mesmo, em última análise, é a pretensa onipotência do poder militar, econômico ou tecnológico que não raro transparece em enunciados bastante objetivos, como o de Christine Lagarde, então ministra da Economia francesa (eleita diretora do Fundo Monetário Internacional em junho de 2011), em sua visita ao Brasil: "A França sabe fazer avião, trem, navio e carro. E acaba de receber da Unesco o título de Patrimônio Universal da Humanidade pela gastronomia. Nós podemos fazer tudo!"[18]

Qualquer ministro da economia brasileiro poderia vangloriar-se, sem mentir, de que o setor empresarial do país se destaca na fabricação de aviões a jato, de carros *flex* ou na extração de petróleo. Mas aqui se trata de indicar que a frase da ministra é o *marketing* de um *plus* de modernidade. Esta equivale à potenciação do sistema produtivo, como acontece em outras regiões do mundo, que não partilham da afirmação universalista dos valores, mas se pautam por uma aspiração contínua ao incremento da produção e da tecnologia, sem descuidar da educação.

---

18. Cf. *O Globo*, 20/11/10.

Assim é que, sob uma rígida ditadura partidária e penosas condições de vida para a maioria da população, a China pôde adaptar-se, por meio da pesquisa e da instrução, às exigências do sistema produtivo moderno. Por sua vez, o aparente anacronismo cultural iraniano parece encontrar uma organicidade na realidade social dessa nação que, embora inaceitável para a Modernidade, revela-se compatível com o horizonte de expectativa e com os sistemas educacionais daquela região do mundo. Vale lembrar que a modernização tecnológica do Irã em bases ocidentais, que caracterizara o regime do Xá Reza Pavlevi em meados do século passado (mais precisamente no final da década de 1970, quando o Presidente Jimmy Carter retirou o apoio norte-americano ao Xá) desabou como um castelo de cartas nos primeiros meses da reislamização do país, no início da década de 1980.

O que estamos chamando de "dimensão humana" no empenho desenvolvimentista de uma região implica, na prática, o consenso de atores sociais representativos em torno de finalidades atinentes a uma realidade específica. Fatores do tipo crescimento do Produto Interno Bruto, expansão da indústria e das exportações etc. – absolutizados dentro de uma lógica economicista – deixam em segundo plano a cultura (especificamente, a educação, o *ethos* local e a saúde) enquanto fator constitutivo do desenvolvimento.

Essa lógica costuma desconsiderar tais fatores, que emergem naturalmente quando se pensa na possibilidade de uma experiência de equalização social. A crise da moeda única e a quase falência financeira de vários países no final do primeiro decênio deste século tornaram claro que a abolição de barreiras legais à movimentação de trabalhadores na Comunidade Europeia não era, por si só, suficiente para constituir um necessário mercado comum, requisito indispensável ao bom funcionamento do novo sistema econômico. As dificuldades linguísticas e culturais eram impeditivas da mobilidade ocupacional na conhecida forma da empregabilidade norte-americana.

O cuidado ecológico e cultural, por outro lado, alinha-se com as perspectivas ético-políticas que priorizam a expansão dos serviços sociais e a equidade na redistribuição da renda. Esse tipo de cuidado nos permite ver que uma bandeira com grande poder de atração social, como aquela agitada pela chamada "revolução verde"[19], pode implicar a destruição da biodiversidade de uma região em benefício da monocultura de produtos pelo sistema comercial.

---

19. Em meados do século XX deu-se o nome de "revolução verde" ao movimento agrícola baseado nas pesquisas de cruzamento de grãos das safras mais produtivas, que resultou em grande aumento da produção de alimentos na América Latina e na Ásia. Países como Índia e México tornaram-se, assim, autossuficientes na produção de cereais.

Disto um claro exemplo é a depredação do bioma (água, fauna e flora) brasileiro pelas plantações de soja no Cerrado, a segunda área em maior biodiversidade do país, que ocupa um quarto do território nacional. Entre os anos de 2002 e 2008 destruiu-se quase a metade desse bioma em favor da monocultura da soja, da pecuária e da exploração madeireira. Mas, a despeito de todos os danos ambientais e do comprometimento do equilíbrio ecológico do país, termina se impondo a lógica economicista do sistema comercial, acompanhada das pressões dos métodos cientificistas de produção (a técnica respaldada pela ideologia da ciência) que, segundo Shiva, atribuem "uma espécie de sacralidade ou imunidade ao sistema ocidental"[20]. Desse modo, a "revolução verde", apesar de todas as suas supostas vantagens em termos de produtividade agrícola, não só constitui um padrão único de cultivo, mas também uma uniformização de relações sociais em que a economia detém o primado sobre outras instâncias de vida[21].

No âmbito do pensamento ético – o mesmo em que nasce e se transforma a vitalidade educacional –, esse primado pode ser cúmplice da "agonia do homem", isto é, da angústia advinda da percepção de que violência e progresso estão intrinsecamente ligados, senão de que desse modo de ser humano surge o risco de destruição do planeta. É também a percepção de que, apesar da violência da desigualdade social, todos os seres humanos estão ecologicamente no mesmo barco, uma vez que a globalização não é bipolar. Entretanto, encerrado no círculo dos cálculos e padrões do economicismo – que é fruto da Revolução Industrial –, o paradigma monocultural do desenvolvimento pactua com o paradigma ocidentalista que faz coincidirem Modernidade e Colonialismo.

Circulam há muito tempo no campo das ciências sociais as expressões "monoteísmo ideológico" ou "monismo" para referir-se à redução de qualquer pluralismo de pensamento à unidade centrada no ocidentalismo colonialista. Monocultura da mente é disso um sinônimo, aplicável à tentativa de se conter a reflexão e a ação dentro de padrões de uniformidade, impedindo a emergência de outras práticas baseadas em conhecimentos populares. Foucault já havia a elas se referido como *saberes assujeitados*, isto é, "saberes locais, descontínuos, desqualificados, não legitimados, contra a instância teórica unitária que pretende filtrá-los, hierarquizá-los, ordená-los em nome de um conhecimento verdadeiro"[22].

---

20. Ibid., p. 24.

21. Na prática, essa dita "revolução" é a criação de desertos verdes sob as aparências midiáticas de florestas de eucaliptos, cujo plantio substitui gente (populações camponesas e indígenas) por tratores e elimina nascentes d'água.

22. FOUCAULT, M. *Em defesa da sociedade*. São Paulo: Martins Fontes, 1999, p. 20.

Na perspectiva da educação, esse assujeitamento é uma das variantes decorrentes da clássica separação entre trabalho intelectual e trabalho manual, que se intensifica ao longo do processo de industrialização europeu, conforme Thompson (citado por Marx no primeiro volume de *O capital*): "O sábio e o trabalhador produtivo estão completamente separados; e a ciência, em vez de aumentar, nas mãos do trabalhador, as suas forças produtivas, e de melhor fazê-lo aproveitá-las, é em quase toda parte dirigida contra ele. O conhecimento (*knowledge*) se torna um instrumento que pode se separar do trabalho, e até mesmo se lhe opor"[23]. De fato, o trabalho intelectual não precisa articular-se diretamente com nenhuma forma de trabalho manual para estimular o processo de produção social, pois é o próprio capital que realiza a mediação entre ambos. O conhecimento posto à margem do capital e, portanto, não legitimado pela ideologia cientificista da verdade é semioticamente associado ao trabalho manual e culturalmente desqualificado.

Conhecimento significa o processo pelo qual um sujeito, individual ou coletivo, entra em relação com um objeto ou uma informação, visando obter dele um saber novo. Distingue-se do mero reconhecimento, porque implica a busca, a partir de sua própria experiência, de um saber ainda não produzido. Não é, portanto, uma simples informação, porque implica uma qualificação existencial do pensamento frente à realidade.

Em todo e qualquer grupo humano esse processo torna-se mais visível em função das exigências de manutenção e expansão das forças produtivas. Ele comparece nos três tipos esquemáticos de trabalho (extração, fabricação e serviços) atuantes ao longo da mutação histórica dos estágios produtivos. A diferença europeia está em que a moderna sociedade industrial valeu-se do conhecimento dito "morto" como capital (*capital constante*, segundo a definição de Marx), objetivando-o em máquinas e processos, responsáveis pela transformação acelerada das forças produtivas.

O que agora acontece é a prevalência da economia de serviços, onde o trabalho não se define pelo exercício da força muscular ou maquinal contra os elementos naturais, e sim pela mobilização de informações que dinamizam tanto as máquinas quanto o jogo relacional entre indivíduos. Uma das principais designações encontradas pela sociologia para essa transformação é "sociedade pós-industrial". Agora, a capitalização do saber atinge uma nova etapa, em que os recursos cognitivos podem ser potencializados exponencial-

---

23. THOMPSON, W. *An Enquiry Into the Principles of the Distribution of Wealth*. Londres: [s.e.], 1824, p. 274. A citação é também retomada por GORZ, A. *O imaterial:* conhecimento, valor e capital. São Paulo: Annablume, 2005.

mente por máquinas eletrônicas, dando lugar ao que se pode chamar de "capitalismo informacional-cognitivo", um modelo avançado do processo de acumulação. A produção baseada na indústria mecânica perde o primado para a indústria centrada no "capital-conhecimento" (ciência, tecnologia e educação intensiva), com novas prioridades em termos de mercadorias.

Mas não existe *uma* "sociedade do conhecimento", supostamente característica exclusiva do capitalismo em sua forma transnacional contemporânea. Esta expressão – que às vezes se emprega como um refinamento de "sociedade da informação" – tornou-se recorrente no discurso publicitário das grandes empresas de tecnologia da informação e da comunicação, porém se revela mais um *slogan* do que um conceito, na medida em que reduz a diversidade dos modos de conhecer ao modelo maquínico.

Esse processo discursivo faz parte de um fenômeno a que poderíamos chamar de "neomitologias da técnica", isto é, um novo tipo de dimensão mítica e cultural em que cada inovação tecnológica é conotada pelo mercado como o marcador semiótico de uma nova era civilizatória, senão de uma significativa constelação antropológica. Assim como se teve a "Era do Telégrafo", a "Era do Telefone", a "Era do Rádio", a "Era da Televisão", tem-se hoje, desde a década de 1990, a "Era do Computador", celebrada por pesquisadores e pensadores sociais. O contexto tecnofílico dá margem ao aparecimento de mitologias maquínicas propagadas pelo mercado e de gurus milenaristas, que apregoam mudanças fundamentais na história por efeito das novas tecnologias, tais como o "fim" de tudo que constituía o ordenamento clássico da cultura: o fim do homem, da história, da cultura, das identidades etc.

A informação e a computação marcam, miticamente, uma suposta Nova Era, como analisa Mosco: "O ciberespaço é de fato tecnológico e político, mas é também um espaço mítico – talvez mesmo um espaço sagrado no sentido dado por Mircea Eliade (1959) quando se referia a lugares que são repositórios da transcendência"[24]. No tocante à educação, esta observação tem um particular valor crítico quando confrontada aos discursos de especialistas em "economia do conhecimento" que, no âmbito de organizações internacionais (Ocde, Banco Mundial e outras) voltadas para a implantação de uma "ordem educativa mundial", fazem coincidir o avanço das tecnologias da comunicação e da informação com a chegada de uma "nova era" educacional.

Na realidade, em todo e qualquer grupo humano, um conjunto de fatos e observações hoje categorizado como "informação" foi sempre vital como

---

24. MOSCO, V. *The Digital Sublime:* Myth, Power and Cyberspace. Cambridge, Mas.: Mit Press, 2004, p. 10.

um dos recursos para o entendimento ou a transformação do mundo ao redor. A instrução para a prática de um ritual, a receita para um alimento ou para um medicamento, os dados acumulados sobre plantas etc. são informações. Na sociedade industrial clássica a informação já era indispensável à relação social (de exploração) entre proprietários e trabalhadores a serviço do *capital*. Por outro lado, se equipararmos o termo "tecnologia" a "técnica" (Heidegger, aliás, não fala jamais de "tecnologia"), não teremos hesitação alguma em afirmar que esse tipo de mediação instrumental pertence tanto à sociedade arcaica quanto à moderna e mesmo que, em termos históricos e ontológicos, a técnica é anterior à ciência, já que dela procedem as condições de possibilidade para a emergência do conhecimento científico.

Acontece, desde meados da segunda metade do século passado, que o conhecimento passou a integrar de modo intensivo a composição técnica do capital, levando a informação a concentrar-se em dispositivos maquinais e transformando-se em economia. Deixou de ser apenas fato, tornou-se fator. E assim terminou ocupando o centro de uma mutação técnica (isso dá ensejo a alguma diferença implicada na palavra "tecnologia", em que se visualiza uma estreita aliança da ciência com a técnica), que vem favorecendo a emergência de uma forma específica de organização das relações sociais, cujos principais recursos de produtividade e poder estão assentados na informação ou no conhecimento.

É precisamente isso o que está por trás da progressiva conversão da cultura em fator de produtividade capitalista, cuja face mais rebarbativa recebeu, ainda na primeira metade do século passado, o nome *adorniano* de "indústria cultural" ou, para outros, cultura de massa, sobre a qual recaíram acerbas críticas por parte dos pensadores da Escola de Frankfurt e dos pós-modernistas.

O fenômeno já parecia visível, entretanto, cerca de um século antes, aos olhos da profecia filosófica de Nietzsche quando se referia às maneiras de "abusar da cultura e fazer dela uma escrava". Uma dessas "é, em primeiro lugar, o *egoísmo dos negociantes* que tem necessidade do auxílio da cultura e, por gratidão, em troca, também a auxiliam, desejando, bem-entendido, prescrever-lhe, fazendo de si o objetivo e a medida. Daí vêm o princípio e o raciocínio em voga, que dizem mais ou menos isto: quanto mais houver conhecimento e cultura, mais haverá necessidades, portanto, também mais produção, lucro e felicidade – eis aí a falaciosa fórmula"[25].

A fácil circulação atual de *slogans* monoculturais – "sociedade da informação", "sociedade do conhecimento" etc. – deve-se, assim, à sua oportunidade

---

25. NIETZSCHE, F. "Consideração intempestiva – Schopenhauer educador". *Escritos sobre educação*. Rio de Janeiro/São Paulo: Puc-Rio/Loyola, 2009, p. 236.

mercadológica como índices semióticos da passagem do estádio monopolista do saber pelo capital fixo (máquinas, instrumentos) ao estádio de sua disseminação junto à força de trabalho. De fato, o trabalho intelectual está historicamente ligado aos mecanismos capitalistas de apropriação da mais-valia, que, amparados pelos resultados industriais da tecnociência, cavaram uma divisão radical para com o trabalho manual – o *Homo Sapiens* de um lado, do outro o *Homo Faber*. Agora, quando a nova forma de acumulação do capital demanda a presença total do indivíduo (em termos físicos e psíquicos) no raio de alcance do modo de produção, torna-se imperativo estender a cognição além de seus limites tradicionais. Graças aos poderosos recursos da eletrônica e das nanotecnologias na estocagem e na distribuição do saber, a força de trabalho tende, assim, a "intelectualizar-se" na medida do necessário. A isto se vem chamando de capitalismo cognitivo – ou informacional-cognitivo.

Mesmo nessa nova fase da Modernidade capitalista, a persistência da "monocultura do saber" decorre, como no passado, da pretensão à hegemonia da verdade por parte do conhecimento científico. É de fato uma pretensão moderna, inicialmente cimentada no campo do pensamento social pela sociologia positivista de Augusto Comte e depois por seu epígono Émile Durkheim, para quem a ciência seria a única via de conhecimento da realidade. Fora dela estaria o senso comum, destinado a ser submetido e transformado pela educação científica e moral.

Entretanto, "para que a verdade seja representada em sua unidade e em sua singularidade, a coerência dedutiva da ciência, exaustiva e sem lacunas, não é de nenhum modo necessária", observa Benjamin[26]. Com efeito, como deixa bem claro Heidegger, a ciência é *uma* forma de verdade – sistemática, metódica, com validade universal – que pertence à existência, portanto, pertence a *um* modo como os homens compreendem e decidem sobre o que se lhes afigura como fundamental. A existência, por sua vez, está dentro de uma verdade, entendida como ingrediente essencial na constituição da estrutura humana, porque traz à luz, "desoculta" determinados aspectos velados ou escondidos na existência e dessa maneira se impõe como um contexto em que se fundamentam enunciados válidos para todos.

Seria então o enunciado o lugar da verdade? Não, esclarece o filósofo, o enunciado é que tem a sua íntima possibilidade na verdade, no desocultamento da existência, que acontece sempre que o homem pensa e age conscientemente na abertura de seus horizontes. O que, no sentido proposicional, pode ser dito como verdadeiro ou falso sempre já ocorreu desde que o homem "desocultou"

---

26. BENJAMIN, W. *A origem do drama barroco alemão.* São Paulo: Brasiliense, 1984, p. 55.

a existência, abrindo os seus horizontes de possibilidades. Essa abertura, a verdade que lhe torna possíveis o pensamento e a ação conscientes, não decorre de uma vontade deliberada, mas da própria dinâmica da existência.

Assim opera a ciência, que é a elaboração de um domínio de verdade existencialmente aberto. Ela não é uma forma única ou superior, já que existem outras possibilidades de verdade, além daquela tradicionalmente sustentada pela monocultura do saber. Argumenta Rorty: "Para considerar a sério a ideia tradicional de Verdade, temos de concordar que algumas crenças são verdadeiras e outras, falsas, e chamaremos 'verdadeiras' aquelas que melhor se ajustam a nossas crenças anteriores [...]. Temos de tomar seriamente a questão de que nossas descrições da realidade podem não ser todas muito humanas, muito influenciadas por nossas esperanças e medos"[27].

A realidade é que o mito, sobre o qual recai historicamente a pecha da superstição, também produz um desvelamento, uma verdade, isto é, um modo de determinar o que se afigura grupalmente como essencial. Apenas é uma verdade que, em primeiro lugar, apresenta-se de modo fechado e unitário, sem a multiplicidade especializada dos fatos. A experiência de conhecimento por ela ensejada – expressa em imagens, esquemas e formas narrativas – não é redutível à lógica nem abstrata nem codificável num discurso metódico tal e qual a ciência. No entanto, em grande parte dos casos, é acionada por valores incomunicáveis, que dizem respeito à experiência da intuição.

Poincaré, um dos expoentes da matemática na Modernidade, sustentava "que a lógica não basta, que a ciência da demonstração não é a ciência inteira e que a intuição deve conservar seu papel como complemento – diríamos até: como contrapeso ou antídoto – da lógica"[28]. Assim, "se admitimos ou basicamente entendemos que também o mito possui uma verdade própria, então é claro que entre a verdade précientífica e a verdade científica não se dá nenhuma diferença essencial, senão que ambas só são diversas em grau, na medida em que na ciência se dão mais conhecimentos, que vêm definidos com mais exatidão e vêm fundamentados nas conexões que mantêm entre si"[29].

Se nos deslocamos do conceito (propriamente antropológico) de mito para o de ideologia (conceito propriamente sociológico, referente à troca do real pela imagem ou do original pelo reflexo), essa linha de reflexão permanece.

---

27. RORTY, R. "Something to Steer By". London Review of Books. Apud CALDER, G. *Rorty*. São Paulo: Unesp, [s.d.], p. 16-17.

28. POINCARÉ, H. *El valor de la ciencia*. Buenos Aires: Espasa-Calpe, 1947, p. 25.

29. HEIDEGGER, M. *Introducción a la filosofía*. [s.l.]: Cátedra, 1999, p. 178.

Florestan Fernandes, por exemplo, sustenta: "Ciência e ideologia não se separam, embora quando necessário caminhem independentemente uma da outra. Por vezes, homens humildes e incultos, que '*sofrem a história*', completam os contornos de uma aprendizagem abstrata e põem-nos diante das melhores aproximações sociológicas da verdade. Outras vezes, são os que têm as rédeas do poder e que pensam '*fazer história*' que nos fornecem as pistas para dolorosas reduções ao absurdo, também cheias de ensinamentos"[30].

Na esfera prática, ou seja, a do modo de proceder ou de execução dos saberes, mito e ciência se aproximam essencialmente, embora diferindo em escala ou em grau de realização do conhecimento. Mas ciência, desde a Antiguidade, representa uma *atitude* (a atitude teórica) não limitada ao mero comportamento prático, já que é também pensamento e especulação como orientação de vida. Comportamento é uma série de atos ou procedimentos que pode respeitar ou violar normas previamente estipuladas, com vistas a um resultado específico. Atitude é um complexo de atos, intenções e posturas que transcende o objetivo imediato, envolvendo por inteiro o sujeito da consciência. "Na época do florescimento da cultura antiga, a atitude teórica representa o ideal supremo da vida, que exerce depois sua influência sobre o nascimento e o vir a ser de toda a ciência ocidental", diz Heidegger[31].

O pensador está se referindo implicitamente ao que, na história da filosofia, comenta-se como a "atitude" socrática, entendida como a racionalização de todos os modos constitutivos da *polis*, inclusive aqueles que, por estarem estreitamente ligados às forças caóticas e vitais da existência humana, recebem da margem racionalista a pecha do irracionalismo. A troca do mito pela política e da tragédia pela filosofia – pensados por Nietzsche como a divisão entre o apolíneo e o dionisíaco – está subsumida na atitude científica.

A ciência constitui, assim, o que Aristóteles designava como *bios*, mais precisamente um *bios theoretikos*, entendido como uma atitude básica da existência orientada pela contemplação do mundo, *vita contemplativa* na versão latina. Se durante muito tempo essa contemplação tinha uma abrangência religiosa ou teológica, passou na Modernidade a denotar a especulação, o livre pensamento sobre as coisas, ou meramente conhecimento teórico.

A teoria entre os gregos não é o uso da racionalidade pura e simples, mas o apelo a todas as forças intuitivas do homem (daí a vinculação entre ciência,

---

30. FERNANDES, F. *Capitalismo dependente e classes sociais na América Latina*. São Paulo: Global, 2009, p. 19.

31. HEIDEGGER, M. *Introducción a la filosofía*. Op. cit., p. 179.

arte e poesia) para expor com clareza as leis que regem a organização do real, logo, a percepção da ordem subjacente a todas as transformações e passagens tanto na natureza (*physis*) quanto no pensamento e linguagem humanos (*logos*). Natureza e linguagem são criações conceituais que visam dar uma forma organicista – as coisas interligam-se racionalmente, cada objeto deve ser apreendido num todo – à singularidade histórica do antigo grego.

Essa forma, definida como a interpretação dos fatos singulares pela ótica de uma imagem totalizante (*holos*), coincide na dimensão especulativa com a *ideia* platônica e, na dimensão prático-política, com a *paideia*, que significa tanto cultura como educação. Estreitamente ligadas, a filosofia e a *paideia* articulam-se primeiramente para o conhecimento da verdade, da alma e do bem. Ao mesmo tempo, porém, implicam transmissão, com vistas ao objetivo *político* de formação dos cidadãos pela apreensão dos princípios e das forças que estruturam desde as fontes originais (*Arkhé*) à comunidade humana. A cultura não é um patrimônio que o cidadão incorpora à sua individualidade por meio da educação como um valor externo, e sim uma pletora de possibilidades que pertence por visceralidade política à comunidade-Estado (*polis*), portanto, à condição intrínseca de constituição da individualidade.

Utopias e descolonização

Mas as coisas se passavam realmente assim? Não haveria nessa perspectiva a força de uma reinterpretação posterior na história europeia que conduz o pensamento para a suposição de um ideal localizado num passado remoto, do qual se conhece o que restou em ruínas urbanas, em esculturas e num conjunto de obras escritas? Não existiria aí o desenho ideológico de uma civilização como fortemente *antropoplástica*?

De certo modo sim, como salienta o poeta português Fernando Pessoa: "A beleza é grega. Mas a ideia de que ela é grega é moderna"[32]. É uma ideia "antropoplástica", isto é, relativa à formação de homens, à sua moldagem como obra de um escultor ou, mais precisamente, de um legislador. A expressão é usada por Werner Jaeger, um erudito intérprete moderno da civilização grega, numa obra sobre educação e cultura, familiar aos educadores ocidentais[33]. Grande conhecedor do mundo clássico e claro expositor dos ideais educativos da Grécia Antiga, Jaeger pode ser tomado como um paradigma contemporâneo das

---

32. PESSOA, F. Op. cit., p. 20.

33. JAEGER, W. *Paideia*. Lisboa: Herder, [s.d.]. A edição original (*Paideia – Die Formung des griechischen Menschen*) é de 1936.

posições "helenocêntricas" ou "grecofílicas", isto é, afirmativas da superioridade civilizatória da Grécia em face dos outros povos da Antiguidade, na trilha de ilustres predecessores classicistas e helenistas, como Winckelmann, Goethe, Herder, Hölderlin e outros. O esteta e arqueólogo Johann Winckelmann é particularmente importante como ponto de partida para as reivindicações de continuidade do espírito grego por parte da cultura alemã, desde meados do século XVIII, com forte influência sobre seus contemporâneos.

Todos esses são nomes constantes da engrenagem propagadora daquela "monocultura do saber e das mentes" (Santos, Shiva) ou da "instância teórica unitária" (Foucault), expressões que expõem a dimensão autoritária do *nous*, a racionalidade grega fixada por Platão e entronizada como *universal* pela filosofia moderna desde Descartes.

Santos e Shiva podem ser igualmente tomados como paradigma de uma linha crítica, de modo nenhum caracterizável como um fundamentalismo anticientificista, mas como uma militância contra-hegemônica em face do discurso hegemônico da ciência, cujas raízes estão organicamente ligadas às mesmas perspectivas culturais de Jaeger. Na reflexão filosófica contemporânea, o tom dessa militância ressoa em discursos como os de Richard Rorty, Gianni Vattimo e outros que, embora frisando a prevalência da tecnociência nas sociedades atuais, assinalam uma redução do ideal científico da educação, em virtude principalmente da "dissolução da crença no progresso ligada ao fim do colonialismo e ao eurocentrismo". Esta é, em especial, a posição de Vattimo, segundo o qual ocorre "uma passagem do ideal epistemológico ao ideal hermenêutico na educação"[34].

Não se trata da mesma militância que define a esquerda histórica, de extração marxista, mas de um posicionamento político-cultural segundo o qual uma meta relevante como o desenvolvimento socioeconômico depende de um modelo negociado entre todos os agentes sociais. Cabe precisar se politicamente tal negociação se daria no quadro de um reformismo conservador (a "ecodireita cristã" que se insinua em grande parte dos discursos sobre a ecologia) ou um reformismo revolucionário, isto é, dentro de um projeto de superação de formas capitalistas de existência. Mas em termos filosóficos, isso implica *uma atitude menos epistemológica e mais hermenêutica*, ou seja, privilegiar a multiplicidade interpretativa para levar em conta o pluralismo das singularidades históricas, isto é, da diversidade simbólica correspondente aos seus diferentes modos de inserção na existência.

---

34. VATTIMO, G. "A educação contemporânea entre a epistemologia e a hermenêutica". *Tempo Brasileiro*, 108 (9/18), jan.-mar./1992, p. 9-25.

Na verdade, essa militância deve ser pensada para além do que em geral se entende como pura e simplesmente "política", uma vez que se articula eticamente – e em termos práticos, *educacionalmente* – em torno de valores tidos como axiais na contemporaneidade.

Boff, por exemplo, destaca como valores a *sustentabilidade*[35] e o *cuidado*. Sustentabilidade, diz ele, "não se restringe ao desenvolvimento. Sua abrangência alcança a sociedade, a política, a arte, a natureza, os ecossistemas, o planeta e a vida de cada pessoa. Fundamentalmente, importa garantir a sustentabilidade das condições físico-químicas e ecológicas que garantem a reprodução da vida". Do ponto de vista dos meios práticos, a sustentabilidade requer uma ampla partilha do conhecimento, que não pode ser entendida como mera vulgarização de informações técnicas, ainda que caracterizada pelo gigantesco volume de dados e pela velocidade das tecnologias digitais.

Por sua vez, o cuidado implica "uma relação amorosa e respeitosa para com a realidade e por isso não destrutiva, pressupondo que os seres humanos são parte da natureza e membros da comunidade biótica e cósmica com a responsabilidade de protegê-la, regenerá-la e cuidar dela"[36]. A ausência de cuidado tem uma longa tradição na história do Ocidente e até mesmo se define como pressuposto da constituição da moderna sociedade industrial, como bem o viu Flusser: "Todo (ou praticamente todo) pensamento filosófico ocidental está viciado por um ódio fundamental à natureza [...]. A história do Ocidente é a realização progressiva desse ódio [...]. É a progressiva profanação da natureza [...]. Impelido pelo ódio à natureza, o homem ocidental a manipula, transformando-a em conjunto de instrumentos, em parque industrial"[37].

De acordo com linha de pensamento, em que Boff pontifica, todos os projetos desenvolvimentistas em curso poderão fracassar, porque a Terra não suporta sua voracidade. Já teríamos beirado os limites do planeta e ultrapassado em 30% sua capacidade de reposição. Se sobrevier, como prevê a comunidade científica americana e inglesa, um aquecimento abrupto por causa da liberação

---

35. Este termo, criado por Lester Brown – fundador do Instituto Worldwatch –, data do início dos anos de 1980. Sustentável é a sociedade apta a satisfazer suas exigências vitais sem pôr em risco as chances de sobrevivência das gerações futuras. Pertence ao mesmo campo conceitual a expressão "desenvolvimento sustentável" que, apesar das dificuldades de sua mensuração econômica e de sua evidente incompatibilidade com a dinâmica do capital – que é francamente destrutiva – detém inegáveis efeitos políticos.

36. Cf. BOFF, L. "Sobre o cuidado". Congresso Internacional sobre o Pensamento Contemporâneo. [s.l.]: Fundação Biblioteca Nacional, 2008.

37. FLUSSER, V. *Da religiosidade* – A literatura e o senso de realidade. São Paulo: Escrituras, 2002, p. 108-109.

de metano, do degelo das calotas polares e do *permafrost* (solo formado de terra, rochas e gelo no Ártico), que é 32 vezes mais agressivo do que o dióxido de carbono, o clima poderá com muita rapidez subir para quatro ou mais graus *Celsius*. Então, grande parte da vida que se conhece, inclusive a humana, não terá condição de adaptar-se ou de minimizar os efeitos prejudiciais, sendo virtualmente condenada ao desaparecimento.

O discurso do cuidado, em que repercute o tom ético-político de *A Carta da Terra* (incorporada pela Unesco a título de documento da sociedade civil mundial), representa o empenho de busca de um novo paradigma de relacionamento com o meio ambiente. As orientações de natureza política assimilam aí reflexões de fundo filosófico sobre o devir do homem no planeta, supostamente ameaçado pela hipertrofia dos meios sobre os fins.

O cuidado como ontologia do ser humano é tópico de relevo no pensamento heideggeriano, mas Bataille antecipou igualmente essa preocupação, com outra terminologia: "A civilização inteira, a possibilidade de vida humana, depende da previsão racional dos meios que garantem a vida. Mas esta vida – esta vida civilizada – que devemos garantir, não pode ser reduzida a estes *meios* que a fazem possível. Além dos meios calculados, buscamos o fim – ou os fins – destes meios"[38].

Não se trata evidentemente de sacralizar a natureza como se esta fosse um universal abstrato. A produção contemporânea de alimentos é uma combinação de natureza, pesquisa e tecnologia, em que a primeira é fundamental, mas não necessariamente prevalente. É uma combinação estratégica dos pontos de vista mundiais e nacionais. No primeiro caso, leva-se em conta a tragédia da crise alimentar em curso, que afeta cerca de um bilhão de pessoas dentre os sete bilhões de habitantes do planeta. Segundo cálculos recentes da Organização das Nações Unidas para a Agricultura e a Alimentação (FAO), há 239 milhões de desnutridos na África Subsaariana, 578 milhões na Ásia e Oceania, 53 milhões na América Latina, 37 milhões no norte da África, além dos bolsões de desnutridos nos próprios países do centro capitalista.

No segundo caso entra em pauta a questão do desenvolvimento nacional, quando se leva em conta a elevação tendencial dos preços dos alimentos em função da demanda crescente dos países emergentes, dos limites espaciais e da proteção ambiental. Num país como o Brasil, a exportação de alimentos significa incrementos significativos em termos de renda e emprego. Isso não significa entregar-se ao descontrole do agronegócio, indiferente à distinção

---

38. BATAILLE, G. *Las lagrimas de Eros*. [s.l.]: Tusquets, [s.d.], p. 33.

entre o plantio de cana, eucalipto e soja (com vistas a combustível, papel e exportação) e o cuidado com as reservas de água doce e com a fertilidade da terra para o plantio de alimentos. Não significa, portanto, deixar de tentar reduzir a profanação do elemento natural que acompanha a história do progresso no Ocidente e que, na prática, lava as mãos no que diz respeito à desertificação, à erosão e à acidez dos solos.

Mas significa levar em consideração o fato de que uma sacralização de matiz liberal pode induzir a uma desindustrialização que, na prática, revela-se antiecológica. Por exemplo, deixa-se de investir na produção (manufatura) de trilhos, em favor da predatória exploração do minério de ferro destinado à exportação. Ou então essa sacralização pode levar a uma ideologia antidesenvolvimentista, quando a realidade social de determinadas formações humanas solicita o contrário. No Brasil, onde 80% da população já podem ser definidos como urbanos (portanto, dentro de um horizonte de expectativa de crescimento exponencial de empregos industriais), é fundamental ampliar a industrialização, com vistas a gerar renda e emprego. Apenas dentro desse quadro o aperfeiçoamento do sistema educacional é socioeconomicamente coerente.

De fato, pode revelar-se socialmente inócua a elevação do nível educacional sem correspondência nos setores produtivos. No auge do regime nasserista no Egito, a proliferação de diplomas em engenharia, física e medicina não desembocava em empregos, o que levava à intransitividade social dos cursos universitários. Na Argentina, a existência de um sistema educacional mundialmente reconhecido como avançado e progressista (o país contabiliza, aliás, três detentores de Prêmio Nobel em Ciências) foi insuficiente para deter o desemprego consequente à crise econômica que se estendeu da década de 1990 até o início do novo milênio. Mais recentemente, um fenômeno parecido repete-se em Cuba após a crise econômica daquele mesmo período, onde a multiplicação dos diplomas em ensino superior redundou em remunerações típicas de subempregados, ao mesmo tempo em que faltava mão de obra para as tarefas manuais do dia a dia. Diz Sánchez: "Nas salas das casas podiam ver-se, emoldurados em dourado, títulos tão incríveis como "engenheiro em reações nucleares" pela Universidade de Moscou ou "especialista em exploração hidrelétrica, graduado em Leipzig, antiga Alemanha Oriental [...]. O pior desengano de um pai era escutar que seu jovem filho somente queria ser enfermeiro ou taxista"[39].

Em outras palavras, a relação entre conhecimento e emprego é pautada pelo nível de industrialização do país. Uma bandeira como "educação de qualidade"

---

39. SÁNCHEZ, Y. "Letras góticas na parede". *O Globo*, 20/03/11.

(geralmente levantada por organizações internacionais voltadas para a implantação de um mercado mundial da educação) só tem sentido se associada a uma política industrial voltada para a geração de empregos de qualidade, afins ao desenvolvimento científico e tecnológico. Isso não implica necessariamente rendição aos parâmetros exclusivos do mercado, uma vez que a "qualidade" pode ser compatibilizada com metas que visem um desenvolvimento nacional autônomo, capaz de estimular a redução das desigualdades sociais e regionais.

Reiteramos, porém, que desenvolvimento socioeconômico não deve equivaler à depredação dos recursos naturais, sob pena de se desqualificar como um empenho planetariamente suicida. Basta considerar que, segundo as atuais projeções demográficas, a população global chegará a 9 bilhões em 2050, com praticamente todo o crescimento registrado nos países pobres, em particular na África e no sul da Ásia. As mesmas projeções estimam que, para alimentar todas essas bocas, seria preciso produzir, ao longo dos próximos 40 anos, a mesma quantidade de comida produzida nos últimos 8 mil anos. Problemas como a pressão dos países mais ricos sobre os estoques mundiais de alimentos e a exacerbação da degradação dos recursos naturais poderão tornar o planeta irreconhecível em termos de uma humanidade comum.

Uma ativa atitude de controle do desastre implica afastar a ideia de crescimento econômico da visão economicista de mera dinamização do Produto Interno Bruto – exibida pelos grupos econômicos transnacionais e pelas velhas elites nacionais deles dependentes –, aproximando-a de um conceito de desenvolvimento que implique a progressão equilibrada nos planos econômico, social, ambiental e cultural. Na prática, isso significa associar o desenvolvimento social e a preservação do planeta à proteção ambiental, dentro do consenso de que a cultura e a educação, necessariamente articuladas com o universo do trabalho, devem preparar responsavelmente (responsabilidade inclusive para com as gerações futuras) a nação para o salto tecnológico. Este é o único fator capaz de alterar a correlação de forças na divisão internacional do trabalho, deslocando o país de sua posição periférica frente ao centro da economia-mundo.

Mas diante das formas predatórias de geração de riquezas, essa meta implica hoje um modelo de desenvolvimento sustentável, que pressupõe a redefinição do modelo de desenvolvimento e de economia, tradicionalmente indiferente à saúde ecológica do planeta. Do ponto de vista dos recursos naturais, essa redefinição implica uma matriz energética limpa e renovável, de baixa emissão de carbono, em franca contradição com a cultura do petróleo, que alimentou o paradigma desenvolvimentista durante todo o século XX. É possível fazer circular a discutível expressão "sociedade pós-industrial", mas é impossível algo como sociedade "pós-energética": a ampliação capitalista dos mercados depende sempre de maior consumo de energia.

Evidentemente, uma maior disponibilidade de combustível fóssil, como acontece com as crescentes possibilidades brasileiras, é fonte de importantes perspectivas econômicas para o país. Ao mesmo tempo, porém, numa época de pressão mundial por alimentos e biocombustíveis, as reservas nacionais de água doce, o clima favorável e o domínio de tecnologias de ponta no setor conferem à matriz energética brasileira um papel-chave na mudança do paradigma energético-produtivo.

Autores como Shiva, Santos e outros estão cientes de que o socialismo não concebeu nenhuma forma de relacionamento entre homem e ambiente fora da produtividade industrial, assim como Santos está convicto de que a teoria crítica desenvolvida pelo marxismo não difere essencialmente da unidade do saber e da primazia do conhecimento científico, tal como estipula o eurocentrismo. Na teoria crítica apoiada no materialismo histórico, o capitalismo é tratado como fator de progresso da humanidade, mesmo sob a forma político-militar-cultural do colonialismo, o que é provavelmente explicável pelo fato de que, na época de Marx, a acumulação capitalista ainda não havia ultrapassado o ciclo básico de sua constituição.

O colonialismo clássico baseava-se na *exploração* territorial, econômica e política dos povos submetidos pela força das armas. A exploração deu lugar à *dominação*: hoje, persiste aquilo que em determinados círculos de estudos pós-coloniais costuma-se chamar de *colonialidade*[40], ou seja, a dominação de caráter cultural, que nega igualdade ao diferente.

Preocupado com a descolonização, Santos propõe uma utopia crítica que se pretende "rebelde": a *ecologia dos saberes*[41], ou seja, a admissão da "possibilidade de que a ciência entre não como monocultura, mas como parte de uma ecologia mais ampla de saberes, em que o saber científico possa dialogar com o saber laico, com o saber popular, com o saber dos indígenas, com o saber das populações urbanas marginais, com o saber camponês", deixando claro que "isso não significa que tudo vale o mesmo"[42]. Para ele, importante mesmo não é ver como o conhecimento representa o real, e sim "conhecer o que determinado conhecimento produz na realidade; a intervenção no real".

---

40. Cf. CASTRO-GÓMEZ, S. "Latinoamericanismo, modernidad, globalización". *Teorias sin disciplina*. México: Miguel Angel Porrua, 1998.

41. Na verdade, antes dele, Gadamer havia proposto o que chamava de "diálogo das culturas".

42. SANTOS, B.S. *Renovar a teoria crítica e reinventar a emancipação social*. Op. cit., p. 32-33.

Uma utopia dessa ordem ancora evidentemente numa tradição antropológica já longa no que diz respeito ao pluralismo cultural, isto é, a afirmação da parcialidade das elaborações teóricas da pan-Europa sobre o mundo, assim como a emergência histórica e política das vozes pós-coloniais. Em termos políticos, ela não deve ser tomada como um simples movimento conciliatório, e sim como a sinalização para um particular derivativo das lutas de classes, ou seja, o necessário conflito das interpretações, resultante do afloramento no espaço público mundial de diferentes e relevantes visões de mundo.

No plano epistemológico, uma posição dessas equivale a rejeitar qualquer hierarquia abstrata de conhecimento, a exemplo daquela estabelecida por Jaeger ao localizar na Grécia o máximo de sentido para todo e qualquer empenho humano de realização no planeta – uma atitude que levou a Modernidade ocidental a coincidir com capitalismo e colonialismo, ou a metafísica moderna com colonialidade.

É verdade que essa questão da coincidência comporta outras interpretações. Assim é que, buscando uma determinação histórica para a sobrevivência do espírito colonial (a *colonialidade*) ao fato histórico do colonialismo, uma corrente teórica dita "pós-colonialista" vê a colonialidade como uma deriva da Modernidade, e não do capitalismo. Diz Franzé: "Segundo o pós-colonialismo, antes de 1492 (data que toma como paradigma e símbolo da Modernidade), há sistemas regionais com pretensão de universalidade – o sintoma dessa pretensão é que acreditam ser o centro do mundo –, mas não há um sistema mundo"[43].

O projeto pragmático desse sistema pode ser chamado de "ocidentalismo", a ser entendido como algo mais abrangente do que as dimensões econômicas e territoriais da colonização, algo que pode ser culturalmente identificado como uma ideologia ou uma lógica dita "moderna", advinda de transformações profundas na organização econômica, complementadas na esfera dos costumes.

Pouco importa que a palavra "modernidade" só tenha aparecido em meados do século XIX. Relevante é a evidência histórica de que esse processo teve como ponto de partida o século XVI europeu, acelerando-se nos dois séculos seguintes associado à ideia de progresso, e amadurecendo no século XIX com a Revolução Industrial capitaneada pela classe burguesa. Nas sociedades colonizadas pelas potências imperiais europeias, a Modernidade transforma-se não raro numa retórica de encobrimento da realidade econômica, política e cognitiva da exploração colonial.

---

43. FRANZÉ, J. "Colonialidad y monismo – Una revisión de la relación entre Modernidad y Occidente em el pensamiento postcolonial". In: CAIRO, H. & PAKKASVIRTA, G. (orgs.). *Estudiar América Latina*: retor y perspectivas. Costa Rica: Alma Mater, 2009, p. 46.

Por isso, a descolonização implicada em uma ecologia dos saberes (na realidade, uma "neodescolonização") é ao mesmo tempo epistemológica e política. A busca dessa ecologia cognitiva não resulta de nenhum voluntarismo acadêmico, é antes uma tomada de posição ativista sobre a Modernidade latino-americana, em que a diversidade cultural, diferentemente do que ocorre no Norte planetário, leva a uma coexistência necessária de lógicas heterogêneas de desenvolvimento social. Dá-se no Hemisfério Sul aquilo que Pinheiro caracteriza como uma "efervescência de heterogeneidades simultâneas e contíguas, não dependentes diretamente de um centro ou substâncias unidirecionais"[44].

Ora, em meio a um processo de modernização econômica e política (industrialização e aparelhamento burocrático do Estado) orientado pela forte participação do capital estrangeiro, o continente latino-americano assistiu à transformação acelerada de suas cidades – em graus desiguais, segundo a variedade das formações nacionais – sempre no sentido do incremento das migrações internas para os grandes centros urbanos, incentivadas pelas expectativas de melhoria dos padrões de vida. Na primeira metade do século passado predominou a política industrial de exportação de matérias-primas e importação de manufaturas. Da segunda metade em diante os países com maior potencial econômico foram progressivamente incrementando o processo de substituição das importações em favor da implantação de parques industriais e bens de capital próprios.

Nessa paisagem socioeconômica medrou a ideologia cosmopolita euroamericana de estimulação do consumo conspícuo, típico da lógica social consentânea aos padrões culturais que acompanham as tecnologias da informação e os novos sistemas de comunicação, desde as telecomunicações até as grandes corporações de mídia. A homogeneização simbólica inerente a esses dispositivos modernizadores extrai naturalmente os seus conteúdos da monocultura europeia do saber, em detrimento das formas locais de produção de conhecimento que emergem na diversidade cultural da América Latina.

Daí, a natureza também epistemológica da descolonização. E o seu escopo filosófico pode ser ainda mais amplo quando se leva em conta que fazer a crítica de determinados eixos do desdobramento da lógica grega na Modernidade – por exemplo, a separação radical entre sujeito e objeto, base da ciência clássica – implica questionar os fundamentos daquilo que os modernos cultuam como seu princípio de realidade.

---

44. PINHEIRO, A. "Por entre mídias e artes, a cultura". *Revista Ghrebh* [eletrônica], 6, nov./2004. São Paulo.

Embora esse questionamento seja mais raro em termos políticos, ele se dá com mais frequência no interior da própria filosofia. Por isso, o círculo dos filósofos *stricto sensu* (aqueles que recorrem ao termo "filósofo" como marca identitária para o seu uso acadêmico, senão corporativo, da filosofia) não teria grande dificuldade em recusar ao titular dessa posição descolonizante a bandeira da "rebeldia", visto que sua argumentação já está inscrita em um capítulo da história dos sistemas de pensamento, o pragmatismo.

Essa corrente, de raiz norte-americana, contrapõe à antiga indagação grega sobre o sentido das coisas (a determinação do que significa ou do "que é") a preocupação pragmática com o quadro de utilidade geral subjacente a toda ordem social cujo maior interesse é determinar os efeitos do conhecimento dentro de uma realidade contextualizada. Contexto, efeitos e rejeição dos fundamentos são suas características. Mais ainda: para além do pragmatismo, hoje existe no interior do círculo discursivo da filosofia um *perspectivismo* cognitivo (Kuhn), histórico (Dilthey), ideológico (Marx, Freud), existencial (Heidegger), linguístico (Gadamer) – passando pelo perspectivismo nietzscheano da vontade de potência, segundo o qual não há fatos, apenas interpretações – e cada um, à sua maneira, desconstrói a rigidez universalista das interpretações ou dos modos de conhecer[45].

A tarefa da desconstrução é delicada, porque mesmo o erudito conservadorismo de Jaeger traz consigo dados históricos progressivamente incorporados à formação cultural disso que tem sido identificado como pan-Europa, isto é, o Ocidente enquanto polo de decisões universalistas. "Sem a concepção grega da cultura não teria existido a 'Antiguidade' como unidade histórica nem o 'mundo da cultura' ocidental", diz ele[46].

Com efeito, não se contesta a influência avassaladora que as obras gregas tiveram sobre o curso do pensamento moderno. A filosofia – paixão de busca intelectual do sentido do ser, da história e da existência – é a maior de todas as criações, e o que hoje assim se classifica ainda é um interminável comentário, mesmo quando não declarado, sobre os legados de Platão e Aristóteles. Por outro lado, filosofia e educação sempre estiveram associadas, uma vez que os textos fundamentais dos variados sistemas de pensamento originários tinham uma intencionalidade educativa, assim como eram educadores na prática os primeiros filósofos.

Pontos cruciais desse mundo da cultura podem ser naturalmente interpretados como uma espécie de ponte entre o antigo e o moderno. Um deles é a

---

45. Cf. GRONDIN, J. L *'Herméneutique*. Paris: PUF, 2006 [Coll. Que sais-je?].
46. JAEGER, W. *Paideia*. Op. cit., p. 7.

questão da individualidade, colocada pelos gregos no topo de seu sistema de pensamento, trabalhada pelo Império Romano, pelo cristianismo e retomada pelos modernos na construção da ideia europeia de personalidade. Outro, a educação voltada para o desenvolvimento da autonomia espiritual, mais tarde reivindicada na Renascença.

Entretanto, ambos os pontos, individualidade e autonomia, não se resolvem numa unidade que modernamente conhecemos como "individualismo", e sim no *humanismo*, considerado como o princípio espiritual da *paideia*, como *ideia* que transcende o mero gregarismo dos homens, assim como a suposta autonomia de um *eu* subjetivo, e ancora na norma comunitária empenhada na modelagem de uma forma humana (a *kalokagathia*, conjunto de todas as qualidades físicas e espirituais) tida como essencial e universal. Essencial, porque supõe que essa seja a forma autêntica do espírito que preside à *Arkhé* do povo grego, isto é, à sua origem e ao seu destino; universal, porque supõe que, sendo esse espírito um lugar de verdade e beleza eterna, estaria ele acima das contingências do tempo e do espaço.

Na verdade, porém, essa forma tem um compromisso com o espaço-tempo da formação social grega, mais precisamente, com sua *síntese social*[47]. Entenda-se: os homens mantêm, uns com os outros, um vínculo existencial que, por sua vez, articula-se com a totalidade social. A mediação entre o vínculo e a sociedade é operada por algo como a "síntese social", isto é, uma série de funções que orientam comportamentos e atitudes. Para Sohn-Rethel, as estruturas do pensamento socialmente necessário a uma época estão estreitamente ligadas às formas assumidas pela síntese social.

É perfeitamente cabível interpretar-se a *paideia* como uma forma da síntese social grega, onde já se instala originariamente a divisão – como efeito da divisão social do trabalho entre cidadãos e servos – entre o trabalho intelectual e o manual. Nessa dicotomia se erige o primado do pensar sobre o fazer. *Educação* seria a modelagem dessa forma da síntese, aspirada pela *polis* – ela, sim, sujeito coletivo (comunidade-Estado) autônomo. O homem político desenhado nas grandes obras da literatura grega é esse mesmo homem enraizado na comunidade. Quando muito tempo depois, em pleno século XX, o poeta e teatrólogo Bertold Brecht afirma que "o pior analfabeto é o analfabeto político", é possível interpretar a frase, a despeito de intenções ativistas mais imediatas, na linha da ideia antiga de inserção do indivíduo na *polis*, primeiramente proclamada pelos sofistas.

---

47. Este conceito é introduzido por Alfred Sohn-Rethel em *Lavoro intelletuale e lavoro manuale – Teoria della sintesi sociale*. Milão: Feltrinelli, 1979.

A erudita narrativa de Jaeger, com todo o seu viés etnocêntrico carimbado de "helenocentrismo", dá margem, assim, a que se perceba a fonte constante das utopias educacionais, progressistas ou conservadoras, ao longo da história ocidental. Ele frisa: "A educação grega não é uma soma de técnicas e organizações privadas, orientadas para a formação de uma individualidade perfeita e independente. Isto só aconteceu na época helenística quando o Estado grego já havia desaparecido – época da qual deriva em linha reta a pedagogia moderna"[48].

Isso é afirmado de muitas outras maneiras pelos pensadores ou ideólogos modernos da educação que perseguem a reinterpretação e a retomada das forças espirituais da Antiguidade, guiados pela ideia de permanência dos valores humanistas. É um dos movimentos que permitem ainda hoje estabelecer uma distinção entre educação e o mero ensino escolar, a qual espelha de alguma maneira uma ambivalência imanente à Modernidade. Assim a descreve o sociólogo alemão Georg Simmel: "A Modernidade é o transitório, o fugitivo, o contingente, a metade da arte, cuja outra metade é o eterno e o imutável".

Estas duas últimas características podem ser interpretadas como o substrato da *paideia*, algo suscetível de se levar a pensar na educação como obra de arte, nos termos de Hannoun: "Nós educamos para não morrer, para preservar uma certa forma de perenidade, para nos perpetuar por meio do educando, tal como o artista tenta perdurar por meio da obra"[49]. Nessa linha de pensamento comparece a metáfora da escultura, disseminada por Jaeger ao definir a educação como um trabalho antropoplástico, ou seja, uma obra de arte coletiva cuja matéria é a consciência ou a alma do outro. Deve-se a figurações dessa natureza a persistência, ao longo da Modernidade, da ideia-força de uma educação humanista, de inspiração grega, retrabalhada pelos ideais renascentistas de cristianização, civilização e modernização.

Tomemos ao acaso o pronunciamento de um intelectual contemporâneo sobre educação, para quem "o desafio na filosofia contemporânea é, no fundo, encontrar o equivalente contemporâneo do que os gregos descobriram em seu universo cósmico". Ele se explica: "A meu ver, a educação consiste em três coisas. Primeiro e antes de tudo, o amor. Uma criança que não foi amada é um grande perigo e provavelmente também um perigo para os outros. Portanto, primeiro elemento da educação: o amor. É o que eu chamaria o elemento cristão. Segundo elemento fundamental da educação: a lei. É o que eu chamaria o

---

48. JAEGER, W. *Paideia*. Op. cit., p. 15.

49. Cf. SAVATER, F. *O valor de educar*. São Paulo: 2005, p. 20. Trata-se aqui de uma citação de HANNOUN, H. *Comprendre l'education*. Paris: Nathan, 1995.

elemento judaico. A lei é o viver em conjunto, é a possibilidade de coexistência pacífica entre os humanos. É preciso transmitir o amor, é preciso transmitir a lei [...]. Enfim, a terceira coisa: a educação é a cultura [...]. Uma educação completa, bem-sucedida, uma boa educação é cristã, judaica e grega"[50].

Uma afirmativa dessas, mesmo situada no quadro de um pensamento assumidamente conservador, obriga-se hoje em dia a ressalvar que o sujeito da fala é europeu, que "se fosse árabe" teria outros referenciais. Esquece que se deveu à civilização islâmica a preparação do caminho para a Renascença europeia e para o Iluminismo por meio de inovações em campos do conhecimento vitais como a medicina, a álgebra, a arquitetura, os instrumentos náuticos etc.

Esquece, portanto, de precisar filosoficamente que o Islã e o Ocidente se interpenetram culturalmente, como não deixaram de assinalar, aliás, intelectuais novecentistas, a exemplo de Miguel de Unamuno ou de Angel Ganivet, ao tornarem claro que "Ibéria não é Europa". A ideia de que a Península Ibérica – *locus* da herança cultural de quase oito séculos de ocupação árabe – é simbolicamente um híbrido de Europa e África foi também bastante enfatizada por Agostinho da Silva, em especial quando se refere à convivência harmônica entre judeus, cristãos e muçulmanos entre o Mediterrâneo e o Atlântico: "Quando se teve com o Califado de Córdoba um dos poucos períodos da história que pôde ombrear com o de Péricles [...] quando ensinamos à Europa os algarismos, a álgebra, a filosofia grega e a geografia árabe"[51].

Essa Europa "ibérica" separa-se ao mesmo tempo geográfica e simbolicamente da pan-Europa pelos Pireneus. Além disso, a caracterização do Mediterrâneo (mais em termos metafóricos do que geográficos) como o mar da comunicação e do conflito – portanto, como lugar político de hibridizações e antagonismos – frequenta determinados setores do pensamento europeu contemporâneo, em geral com sugestões implícitas de constituição de uma nova "etnicidade" europeia, de outro modelo civilizatório, com um quadro de valores diverso do apregoado pela ética protestante, fechada e individualista, típica do espírito pan-europeu, que se atribui a condição de centro único da civilização universal.

A ressalva de Ferry – uma atenuação *noblesse oblige* do eurocentrismo, uma deferência intelectual às pressões do discurso que se diz politicamente correto – trai seu desconhecimento do hibridismo euro-africano. E não conse-

---

50. FERRY, L. Aprender a viver – Filosofia e educação na sociedade contemporânea. In: SCHÜLER, F.; AXT, G. & SILVA, J.M. *Fronteiras do pensamento* – Retratos de um mundo completo. São Leopoldo: Unisinos, 2008, p. 53. Ferry foi ministro da Educação na França.

51. SILVA, A. "Educação de Portugal". *Textos pedagógicos*. Vol. II. [s.l.]: Âncora, 2000, p. 106.

gue elidir o *parti pris* político do julgamento, fundado na pretensão genérica da imagem elaborada há milênios por um povo (uma comunidade específica) sobre seu próprio destino, que depois se tornaria pretensão de unidade universal pela civilização europeia graças à difusão mundial da doutrina cristã e à hegemonia do conhecimento científico.

Uma clássica formulação de Santo Agostinho deixa isso claro: "A razão humana conduz à unidade". E a crença na unidade absoluta – seja ela referida a Deus ou à cultura –, por sua vez, é o álibi para a intransigência. A crença pertence às regiões do afeto, mas a intransigência dela decorrente pode ser cumulada de razões culturais. Por isso, ainda que se reconheça que toda sociedade racionalmente organizada tem seu sistema educativo, é muito difícil sair da própria pele, ou seja, da cultura própria, que se atribui uma posição hierarquicamente excelsa na pirâmide mundial dos sistemas de saber.

A cor de pele da cultura

Por que é tão difícil abandonar, senão relativizar o primado dessa pele?

Para começar, a ideia de cultura, contida na palavra *paideia*, é grega com tradução latina (*colere*, *cultum*) e suas razões ostentam a bandeira de uma Antiguidade gloriosa; sua oposição lógica, a ideia de natureza, também é invenção grega. Pergunte-se a um banto ou a um iorubá – cujos sistemas civilizatórios foram e são sumamente importantes na composição do povo brasileiro – como dizer "cultura" em suas línguas, e a dificuldade logo aparecerá, sem que se consiga uma boa solução em termos como "costume", "tradição" etc.

O mesmo acontece se a pergunta for estendida a um chinês, um egípcio, um indiano, um hebreu etc. No entanto, podemos abarcá-los com o conceito de cultura, evidentemente a partir do que entende por isso a comunidade histórica que deu origem à palavra. Critica Jaeger: "Entendemos assim por cultura a totalidade das manifestações e formas de vida que caracterizam um povo. A palavra converteu-se num simples conceito antropológico descritivo. Já não significa um alto conceito de valor, um ideal consciente"[52].

É parcial a razão desta crítica. É verdade que a antropologia fez de "cultura" um recurso conceitual a partir de uma analogia com a tradição clássica (ideia grega, semântica latina), mas é incorreto supor que dela tenha desaparecido a conotação de superioridade, mesmo se não mais existe a possibilidade de se reconstituir uma estrutura espiritual semelhante à da Antiguidade. A noção de formas de vida materiais características de um grupo social coexiste

---

52. JAEGER, W. *Paideia*. Op. cit., p. 7.

com a noção de trabalho do espírito, que, no pensamento de Hegel, é a possibilidade universal de negar a natureza e criar uma outra, a "segunda natureza", que permite à consciência pensar a si mesma como espírito absoluto na religião, na filosofia e na arte. Mesmo inscrito na história, ou sendo ele próprio a história, o espírito permanece como algo constante, uma dimensão invisível no visível.

Não apenas Hegel. Já Fichte supunha que "deve haver uma dimensão trans-histórica e que permanece, contudo, imanente a todo o desenrolar da história: um concerto dos espíritos que são contemporâneos uns dos outros na sucessão das gerações. É o reino espiritual que é o fim supremo, ou melhor, que já está aí, invisível no visível"[53]. A percepção deste "invisível" está na base da concepção profunda da ética. Mas político-culturalmente remete à Grécia, cujas estruturas espirituais teriam sido absorvidas pela vontade de potência dos "povos avançados", isto é, da Europa.

Ainda que a filosofia pretenda pensar o real como "o que é", fora de qualquer utopia, a noção de valor excelente que subjaz ao termo "cultura" permanece, ora como um ideal consciente nos tratados helenistas e na maioria das filosofias da educação, ora como a "pele" cultural com que instintivamente se cobre o sujeito da consciência pan-europeia em sua arrogância colonial. Essa pele recobre antropologicamente o fenótipo branco do colonizador, como deixa ver Conrad numa narrativa célebre: "A conquista da terra, que significa antes de mais nada tomá-la dos que têm a pele de outra cor ou o nariz um pouco mais chato que o nosso, nunca é uma coisa bonita quando a examinamos bem de perto"[54].

O racismo é, historicamente, um modo de organizar povos dominados. O racismo doutrinário foi, desde fins do século XIX, uma opressiva manifestação de consciência da universalidade dessa pele: a fantasia do homem branco europeu como valor equivalente universal de toda humanidade possível, donde a imposição de um critério racial de classificação hierárquica das classes sociais. Negro, índio, mestiço e mulato seriam, por conseguinte, formas incompletas do "homem pleno", modelado pelo europeu. Essa doutrina serviu à expansão do colonialismo europeu, ao tráfico atlântico de escravos e à biologia racialista.

Ao cabo desse ciclo histórico, o racismo deslocou-se da biologia para a cultura. Dessa maneira, a discriminação colonial do outro, conotado como

---

53. HYPPOLITE, J. *Figures de la pensée philosophique.* Vol. I. Paris: PUF, 1971, p. 69.
54. CONRAD, J. *Coração das trevas.* São Paulo: Companhia das Letras, 2008, p. 15.

inumano universal, seja em políticas de governo, seja no sentimento de superioridade inculcado nos indivíduos pelo paradigma étnico da branquitude, continua lastreada e ampliada pela identificação desse espírito com a episteme "autêntica", que seria o sistema científico-cartesiano, capaz de realizar a última das utopias do capital, ou seja, o progresso tecnológico ilimitado. A *autenticidade*, uma das principais figuras conceituais da colonialidade, serve como fundamento de uma espécie de "racismo ético" (diante da dificuldade política e antropológica com o racismo étnico), corporificado na tentativa de se impor uma ética mundial ou uma arquitetura protoeuropeia de valores universais.

No discurso ocidentalista, a tecnociência enquanto atitude básica do sujeito moderno é interpretada como uma autêntica continuidade da atitude científica dos gregos, a despeito de toda diferença existente entre a *noesis* grega e a ciência europeia, que emerge nos séculos XVII e XVIII, baseada em procedimentos lógico-matemáticos e empenhada em estabelecer a verdade no plano exclusivo do enunciado. As raízes da identificação do verdadeiro com o útil assentam-se aí, no começo da regência do paradigma cartesiano de conhecimento.

Evidentemente, não se pode passar sem mais nem menos por cima do saber que se acha colado na Modernidade à ciência e suas realizações técnicas, mesmo cientes de que a objetividade científica não se faz necessariamente acompanhar da neutralidade de suas justificativas culturais. De fato, o conhecimento científico é produzido num espaço-tempo social cuja forma específica de poder – isto é, sua forma ideológica – produz ao mesmo tempo a consciência da dominação do sujeito de saber pan-europeu sobre o outro, o diferente, excluído como sujeito de plena humanidade na fase rebarbativa do racismo doutrinário. Colado a essa consciência da dominação se acha o *cientificismo*, que se entende como efeito de classe social sobre os saberes assujeitados e também da colonialidade que busca o rebaixamento da cultura do Outro pelo monismo interpretativo.

Por que então não passar politicamente por cima dos baluartes da diferenciação desigual? Em princípio, porque a perspectiva de uma ecologia dos saberes obriga os participantes a dialogarem criticamente não apenas sobre os comportamentos técnicos vinculados a seus respectivos saberes, mas também sobre as atitudes que os justificam ou os valorizam comunitariamente.

Por outro lado, a interpretação objetiva do saber do Outro requer:

1) Que se rejeite o binarismo simplista das oposições radicais (direita/esquerda, culpa/inocência etc.), porque debilita as formas mais abrangentes de compreensão do mundo. É incontestável que existe a direita política, autoritária e odiosa, às vezes coberta com pele de cordeiro e sempre formuladora de

políticas a serviço do capital financeiro e dos complexos industriais. É igualmente incontestável que todo o vocabulário da solidariedade humana costuma abrigar-se nos sítios da esquerda. Mas a radicalização da oposição ao seu contrário impede não apenas a compreensão de dimensões sutis e ambivalentes de determinados problemas, como também a percepção de aspectos obtusos e autoritários na esquerda supostamente progressista. A atuação soviética no leste da Polônia, durante a Segunda Grande Guerra, tinha em comum com a alemã no oeste a palavra "atrocidade". Sobre as vítimas dos genocídios, não cabe o argumento das especificidades políticas.

2) Que se ponham entre parênteses aspectos historicamente rebarbativos das circunstâncias ideológicas em que se gerou um determinado saber tido como relevante para a consciência crítica. Por exemplo, a inegável adesão de Heidegger a um momento do nacional-socialismo alemão, uma das primeiras ditaduras tecnológicas do Ocidente, não oblitera a importância da crítica heideggeriana à técnica. Outro exemplo: o passado nazista de Carl Schmitt não impede que sua obra hoje possa ser academicamente avaliada como uma das mais importantes da ciência política contemporânea.

É um engano, portanto, pôr a razão de um lado e a presumida desrazão de outro, em termos absolutos. Quando falamos de "razão" estamos nos referindo à possibilidade de conhecer *a priori*, erigida como faculdade superior do homem. Mas não raro as posições divergentes são aspectos diferenciados da mesma razão, tomada como contraditória à primeira vista. É que existe uma espécie de "impacto emocional dos conceitos", referido por Florestan Fernandes ao criticar as formulações sociológicas que se detêm em determinações estruturais de significado geral, fora e acima dos contextos histórico-sociais, e assim "criam uma falsa consciência crítica da situação existente, paradoxalmente simétrica às mistificações antirradicais, elaboradas por meio das ideologias conservadoras. Uns confundem a dependência com formas pré-capitalistas, ignorando que essas formas se transformaram graças à evolução interna do capitalismo e às suas novas conexões com a transformação do capitalismo no exterior; outros escamoteiam a dependência, ocultando-a por trás da soberania nacional e simulando uma autonomia econômica, sociocultural e política que é impossível"[55].

Há evidentemente limites para a convergência ou para a reconciliação dos contrários (esses limites fornecem historicamente os materiais da oposição esquerda/direita). Em termos bem esquemáticos, pode-se dizer que a direita sempre esteve do lado do capital, enquanto que a esquerda almejou a

---

55. FERNANDES, F. *Capitalismo dependente e classes sociais na América Latina.* Op. cit., p. 52-53.

alternativa socialista; ou então que a direita sempre foi anti-intelectualista, no sentido de rejeição do contraditório cultural ou de favorecimento do espírito irracionalista. Mas a diferença não é metafísica, e sim histórica e só pode ser deduzida de situações socialmente concretas. Um termo opositivo que se polarize como um axioma definitivo de realidade (como uma posição metafísica, portanto) incorre no congelamento da história. A defesa de um pensamento único e sem alternativas identifica a esquerda à direita.

Em outras palavras, se não reconhecemos no *trabalho* dos pensadores historicamente classificados como *de direita* (reacionário, comprometido com a manutenção do *status quo*, a despeito das iniquidades) a mesma inteligência que gerou o *trabalho* de pensamento *de esquerda* (revolucionário ou reformista, empenhado na transformação das estruturas sociais e das formas vigentes de dominação), deixamos de entender por que determinadas formas de dimensionamento da realidade foram tão aceitáveis para vastas parcelas da humanidade, ainda que contrárias à veracidade por nós atribuída à órbita intelectual e afetiva em que nos movimentamos, portanto, às vontades que comandam nossa inteligência.

Ao lado disso tudo, é fundamental o reconhecimento da comunidade na produção do conhecimento. É bem o que faz Jaeger ao enfatizar que "não é possível uma história da literatura grega separada da comunidade social de que surgiu e à qual se dirigia. A superior força do espírito grego depende de seu profundo enraizamento na vida comunitária, e os ideais que se manifestaram em suas obras surgiram do espírito criador de homens profundamente informados pela vida superindividual da comunidade"[56].

Esta posição, que corrobora a relação visceral do lugar com a produção espiritual, afirma implicitamente o caráter político, no sentido radical da palavra, da cultura/educação. A política dá a medida da inserção do indivíduo na *polis*, logo, numa comunidade histórica e socialmente determinada. As interpretações que a Europa faz de si mesma após o Renascimento no sentido de continuidade da Antiguidade grega – precisamente, o *ocidentalismo* – procuram legitimar-se pela ampliação da ideia originária do espaço-tempo comunitário da *polis*, transfigurada em "comunidade de destino". E esta se entende como "uma comunidade de ideais e formas sociais e espirituais que se desenvolvem e crescem independentes das múltiplas interrupções e mudanças a partir das quais varia, cruza-se, choca, desaparece e se renova uma família de povos diversos na raça e na genealogia"[57].

---

[56]. JAEGER, W. *Paideia*. Op. cit., p. 15.

[57]. Ibid., p. 6.

Essas interpretações são evidentemente históricas, mas resultantes de uma concepção fortemente ideologizada de história, porque abrem espaço para a conveniente inserção de um destino comum no movimento de construção da identidade europeia. Assim é que, indagando-se sobre o ser da Europa, ou seja, sobre sua identidade continental, Sloterdijk mostra que ela não dispõe "nem de uma substancial base étnica, nem de sólidas fronteiras de leste e sudeste, nem uma clara identidade religiosa. Mas tem uma 'forma' típica e um motivo dramático próprio, que se realiza na maior parte de sua história em cenas evidentes"[58].

Essa forma, concebida à maneira de um drama teatral, consiste, para Sloterdijk, na transmissão do império. A Europa buscaria sempre, na medida do possível, "reclamar, reencenar e transformar o Império Romano, que existiu antes dela"[59]. O império realizava-se não pela simples força das armas, mas principalmente por toda uma cultura veiculada em latim, como expressa o dito *"ubicumque lingua romana, ibi Roma"* ("onde quer que esteja a língua romana, aí está Roma"). E essa realização foi pensada por romanos insignes como uma continuidade espiritual da Grécia, o que é bem atestado por Horácio em sua segunda epode: *"Graecia capta cepit ferum victorem"*, ou seja, mesmo vencida, a Grécia capturou o temível vencedor. Por cultura (artes, arquitetura e filosofia), evidentemente.

Desse modo, seria o continente europeu uma espécie de teatro para as metamorfoses do império, materializado no cristianismo como o poder de tudo crer; na técnica, como o poder de tudo fazer; na ciência, como o poder de tudo conhecer e na filosofia, como o poder de tudo saber. O espírito ocidentalista é o *ser* que sustenta esses poderes como dimensões do colonialismo – um ser pretensamente homogêneo, apenas diferenciado em fases e possibilidades. No século XX as doutrinas economicistas do desenvolvimento nacional prometiam o trânsito entre as diferentes etapas dessa homogeneidade, desde que se cumprissem as exigências históricas de produção e educação.

Como acentuamos, o mito de origem dessa pretensão imperial, ainda que assentado em Roma, remonta culturalmente à Antiguidade grega, conotada ao longo da história como um tempo-espaço superior. Desaparecida a *polis* sob o domínio de Roma, a língua e a cultura gregas tornaram-se espiritualmente dominantes, dentro do princípio imperial que resume a identidade enquanto um processo de integração do diverso num espaço concebido como um sistema de referências universal e abstrato.

---

58. SLOTERDIJK, P. *Falls Europa Erwacht.* Frankfurt: Suhrkamp, 1994, p. 33.

59. Ibid., p. 34.

Na realidade, desde os tempos mais remotos, todo e qualquer povo sempre se julgou melhor, ou superior, aos outros. Era um sentimento transmitido oralmente de uma geração para outra. A diferença dos gregos está em que eles deixaram isso claro por escrito, identificando suas obras com a ideia de excelência humana. Xenofonte (discípulo de Sócrates, como Platão, aliás), por exemplo, ao elogiar a generosidade dos guerreiros que escravizavam os prisioneiros em vez de matá-los, argumentava que os escravos eram assim forçados "a se tornarem melhores". O superlativo de bom ou excelente (*aristos*), que seria séculos depois a raiz semântica para a designação de classe dirigente por alegada excelência étnica (aristocracia), aparentava-se também à *arete*, a virtude ética entendida como unidade suprema de todas as excelências humanas, ideal de todo empenho educativo. No limite, a educação legitimava a escravatura.

A diferença dos romanos está em que eles puderam ampliar espacialmente o alcance desses princípios. Em todas as suas modalidades, o *Imperium* constituiria o núcleo da fantasia política da Europa, seu paradigma imperdível, a princípio concebido como máquina de guerra da Igreja e depois, na Modernidade, como império colonial com a Igreja a seu serviço[60]. O cânone da colonização romana ajustou-se ideologicamente ao moderno colonialismo europeu, recalcando, nos manuais de história do mundo e no receituário da pedagogia ocidentalista, a predação e a pilhagem típicas das empresas coloniais, conforme a desmistificação literariamente realizada por Conrad a propósito dos romanos: "Eles se apoderavam de tudo o que podiam, sempre que tinham a oportunidade. Era simples roubo, assalto à mão armada, latrocínio numa escala grandiosa"[61].

Para as empresas coloniais de Portugal, Espanha, França, Bélgica e Alemanha, o passado imperial de Roma forneceu o material necessário à sublimação cultural do domínio político-econômico, corroborado pela educação ocidentalista. O fato é que, deslocando a sede do Oriente (Constantinopla, desde 330) para o Ocidente, o Sacro Império Romano afirma-se como mito constitutivo da Europa: o período do seu processo de transmissão vai dos papas e bispos dos séculos VI e VII até os acordos de constituição da Comunidade Europeia no final do século XX.

É precisamente isso a "pan-Europa", um dos nomes imperiais possíveis para a forma civilizatória europeia, que inclui os Estados Unidos ou "América", nome ideológico para a "regeneração" do Velho Mundo pelo Novo. Imperial e mes-

---

60. Cf. SODRÉ, M. *Claros e escuros – Identidade, povo e mídia no Brasil*. Petrópolis: Vozes, 2000, p. 55.

61. CONRAD, J. *Coração das trevas*. Op. cit., p. 14-15.

siânico, o discurso da americanização do mundo como "destino" (enunciado pelo Presidente Theodore Roosevelt em 1898) é a marca da continuidade do Império Romano no Hemisfério Sul. Não à toa o território norte-americano fora também pensado por um de seus pais-fundadores como uma cena: "A América foi designada pela Providência para ser o teatro onde o homem deve atingir sua verdadeira estatura"[62].

Já em pleno terceiro milênio, os Estados Unidos – apesar de todas as suas graves crises econômicas e da perda progressiva da hegemonia simbólica – continuam mantendo o que já foi designado como um "sistema imperial", isto é, uma organização que vai além do próprio Estado na direção de uma estrutura transnacional com um centro dominante e uma periferia dependente. Esse sistema, que nem sempre manteve a mesma força, revigorou-se desde o início da década de 1990, quando o então Presidente George Bush, após a vitória na Guerra do Golfo, retomou o tom triunfalista de Theodore Roosevelt, anunciando o advento do "século americano", ou seja, no fundo o projeto de redesenhar o mundo à imagem da civilização norte-americana. O conhecido convite feito por seu sucessor, Bill Clinton – na cúpula econômica de Denver, em 1997 – para que os membros das delegações estrangeiras comparecessem a um banquete vestidos como *cowboys* vale como sintoma risível de uma forma civilizatória que busca impor-se como dominante.

Uma forma civilizatória é a síntese das regras de funcionamento social que definem o espaço-tempo de um modo ampliado de existir, cujas instituições sociais e políticas estão orientadas pela ideia de progresso. Decorre daí um *sentimento de existência*, concebido por Ledrut como algo aquém de qualquer expressão conceitual: "[...] não é uma representação ou um sistema de representações, nem se reduz à ideologia, nem à filosofia, nem à religião, nem a nenhum outro complexo de ideias e de crenças"[63].

No problema da compreensão geral do mundo por uma sociedade, esse sentimento é, para o sociólogo, uma intuição de base que responderia pela *apreensão* da existência por parte dos membros de uma civilização determinada. Contraposta à "compreensão", a palavra "apreensão" serve para sublinhar que não se trata de um conhecimento *stricto sensu* nem de qualquer percepção intelectualizada, e sim de um *sensorium* global, uma espécie de síntese afetiva da diversidade cultural, que informa os esquemas existenciais, ordenadores da experiência comum.

---

62. ADAMS, J. *Diary and Autobiography*.

63. LEDRUT, R. *La révolution cachée*. [s.l.]: Casterman, 1979, p. 79.

É precisamente esse sentimento de existência apreendido pelo espírito colonialista que responde, sempre respaldado por abstrações humanistas, pela negação de igualdade ao diferente e pelas ações de violência etnocida. Contra ele se levantaram sempre as vozes anticolonialistas, como a do ensaísta e militante martinicano Frantz Fanon, ao declarar: "Abandonemos essa Europa que não para de falar no homem, ao mesmo tempo em que o massacra onde quer que o encontre, em todos os cantos de suas ruas limpas, em todos os cantos"[64].

Seja como for, a cultura de inspiração grega é a atmosfera afetiva em que respira a forma imperial pan-europeia, mesmo quando a Grécia não é explicitamente reivindicada. A cultura/educação encontra seu corpo numa tradição (a da *paideia*) que nem sempre ousa confessar seu nome: os conservadores são afirmativos, os liberais são reticentes, mas todos se reencontram, no limite, nesse retorno ao passado glorioso, passando por cima da evidência histórica de que *nada se decide nas fontes*. Assim é que a Escola de Frankfurt, um dos altos momentos da crítica da cultura no século XX a partir da década de 1930, ainda que sem proclamar uma posição helenocêntrica ao modo conservador de Jaeger, retoma como base teórica a ideia clássica de cultura, à maneira de um fundo duplo ou intemporal da história, embora ressalvando dialeticamente a educação.

A *paideia* segundo Frankfurt

Como se sabe, os frankfurtianos (Adorno, Horkheimer, Marcuse, Habermas e Benjamin, principalmente) empreendem, com diferentes modalizações teóricas, uma filosofia da história que toma como objeto crítico a racionalidade iluminista, protótipo filosófico para a Modernidade ocidental, ou seja, a contraposição histórica ao obscurantismo por uma metáfora de claridade ou luz, apoiada no progresso econômico, científico, político e moral. Na palavra "Iluminismo", de radicalmente novo há apenas a inicial maiúscula, porque "iluminação" já servia, desde o final da Idade Média, como metáfora para a razão humana enquanto extensão da luminosidade divina. O que faz a Modernidade é progressivamente autonomizar essa razão frente a Deus e pô-la a serviço da produção burguesa.

A crítica exercida pela Escola de Frankfurt enxerga em tal racionalidade, entretanto, controle das diferenças e uniformização das consciências[65]. O foco

---

64. FANON, F. *Les damnés de la terre*. Paris: Maspero, 1961.

65. Cf. *Benjamin, Habermas, Horkheimer, Adorno*. São Paulo: Abril, 1975 [Col. Os Pensadores]. Cf. tb. ADORNO, T. & HORKHEIMER, M. *Dialética do esclarecimento*. Rio de Janeiro: Zahar, 1985.

sobre esses óbices postos à frente da liberdade individual – que constituiriam a dominação burguesa por excelência – guarda traços inequívocos do espírito romântico, uma das grandes fontes conceituais da *Kultur* alemã, em suas características de crítica da burguesia industrial. Para esses críticos, a cultura é o terreno onde se constrói a dominação moderna, mas também onde se levantam as possibilidades de resistência ao saber racional que, convertido em lógica social da racionalidade capitalista, aspira ao controle total da vida, desde a produção da verdade objetiva do real até a criação educacional de um sentimento de existência universalista imanente ao império da *Kultur*.

Essa cultura *é e não é* o mesmo que cultura tradicional. *Não é*, como frisa Habermas[66], aquela inerente às sociedades do passado em que o poder central se legitima por um sistema de imagens correspondente e antropologicamente identificável como mito ou religião. Neste caso, o *agir comunicativo* é o comportamento típico, que permite a indivíduos, regidos por agências externas de controle (ou "ideologias"), reconhecerem-se, em termos de pulsões e valores, no ato comunicativo. *Mas é* aquela inerente à tradição greco-latina, de onde supostamente provêm as bases da racionalidade ocidental. Diferentemente do agir comunicativo, o *agir-racional-relativo a um fim* caracteriza a sociedade moderna, deslocando a hegemonia das formas mítico-religiosas.

Nessa modernidade se dá a hipertrofia de uma figura da tradição de pensamento grega, que é a *causa final*, uma das quatro (material, formal, final e eficiente) erigidas por Aristóteles como princípios de constituição de toda e qualquer realidade. A causa final refere-se ao fim a que se destina todo agir, respondendo pela seleção da matéria e pela forma que esta assume socialmente. Só que a concepção grega de "fim" (acabamento de um processo produtivo apenas quando integrado na dinâmica de constituição da comunidade) difere da "finalidade" em termos estritamente técnicos. Num mundo legitimado pelo trabalho e pelo desenvolvimento das forças produtivas, essa finalidade converte-se em valor dominante, incrementando exponencialmente a racionalidade instrumental e pressionando as consciências a internalizarem moralmente as normas compatíveis com o modo de produção hegemônico.

A hipertrofia da finalidade é estimulada pela técnica, cujo *modus operandi* ultrapassa a esfera da indústria rumo à produção da consciência, relegando assim a plano inferior o papel de legitimação da existência exercido pelas formas de hegemonia ou ideologias características da sociedade tradicional.

---

66. Cf. HABERMAS, J. "Técnica e ciência como ideologia". In: *Benjamin, Habermas, Horkheimer, Adorno.* Op. cit., 1975.

Mais precisamente, a técnica está subsumida na tecnologia, que se entende como um sistema global de racionalidade capaz de incrementar, com o auxílio da ciência, não apenas o desenvolvimento material das forças produtivas, mas também de organizar as relações sociais.

Na dimensão expansiva da tecnologia termina se entendendo o antigo "fim" da causa final aristotélica não como o acabamento ideal de um processo (a exemplo do que ocorria na fase clássica do produtivismo capitalista), mas como a antecipação programada por modelos de previsão ou de simulação, que permitem ao mesmo tempo realização técnica e controle social. Em outros termos, a hegemonia da finalidade técnica leva à hipótese de uma sociedade tecnologicamente centrada nos meios, sem fins sociais. A tecnologia pauta-se pelos discursos afins à absoluta linearidade do tempo técnico, em detrimento dos mitos de origem e sua temporalidade cíclica.

A figura do "homem unidimensional", concebida por Marcuse, decorre da imanência da consciência a esse plano único e linear da realidade, onde não *haveria* lugar para a transcendência, para a ilusão ou ainda para a *alienação*, que se investe de sentido positivo na Escola de Frankfurt por remeter a uma outra (*alien*) esfera existencial, contraditória em face da realidade socialmente estabelecida pela ordem produtiva. A consciência "alienada" não se acha ali onde se queria que estivesse – por exemplo, no lugar que lhe foi destinado pelo mundo do trabalho – e sim em "outro" lugar, alheio à ordenação centrada das coisas, talvez afim ao sonho ou ao devaneio.

Vale frisar o condicional ("haveria..."), porque de fato o pessimismo crítico dos frankfurtianos é matizado em graus diferentes, segundo a diversidade dos autores, por uma concepção tradicional (greco-latina) de cultura, que recupera parcialmente, a título de resistência anticapitalista, aspectos de transcendência, ilusão e mito de origem. Da mesma maneira que Jaeger, eles ultrapassam o conceito antropológico de cultura para aferrar-se ao paradigma autolegitimante da comunidade nacional germânica – conspícuo desde o século XVIII – que faz uma distinção entre *Kultur* (*espiritualidade*, manifestada principalmente por filosofia, arte, música e literatura) e *Zivilisation*, termo de origem francesa que se desloca do significado de maneiras da corte para o de mundo material, agora convertido em espaço ilimitado do progresso tecnológico. Este é justamente o paradigma que molda o ocidentalismo alemão desde a segunda metade do século XIX.

Ao processo civilizatório guiado pela hegemonia da ideia de progresso correspondem, para os frankfurtianos, a decadência do humanismo, a regressão à barbárie e a dominação das consciências. Benjamin é taxativo: "A ideia de um progresso da humanidade na história é inseparável da ideia de sua marcha no interior de um tempo vazio e homogêneo"[67]. De um modo geral, essa escola sustenta que não existiria consciência livre na moderna sociedade industrial, atravessada pelo aplastamento tecnológico e monocentrado do mundo. À cultura, entretanto, corresponde conceitualmente um processo de humanização baseado em fins morais, estéticos e intelectuais, portanto, uma esfera espiritual contraposta à materialidade da civilização, capaz de resgatar a autonomia perdida do indivíduo com vistas a uma nova liberdade da consciência.

Será isto efetivamente possível?

Os frankfurtianos divergem, como bem se sabe, em suas posições quanto à positividade da cultura, cabendo a Adorno e Horkheimer os pontos de vista mais marcados pelo pessimismo histórico. Para eles, essa concepção positiva é radicalmente antagônica e impossível de se instalar na sociedade industrial, regida pelo fetichismo do capitalismo avançado, sendo assim inevitáveis a regressão e a barbárie. Mas, juntamente com os demais frankfurtianos, admitem a existência de *promessas* de resistência à fetichização do indivíduo, seja pela arte, seja pela educação.

Nada é muito claro, porém, quando se pergunta sobre a natureza ou sobre os fundamentos dessa educação. Adorno, por exemplo, concorda com a crítica aos modelos ideais preestabelecidos (a imposição a partir do exterior de formas culturais que suponham a menoridade dos homens) e apresenta sua concepção de educação: "Evidentemente não a assim chamada modelagem de pessoas, porque não temos o direito de modelar pessoas a partir do seu exterior: mas também não a mera transmissão de conhecimentos, cuja característica de coisa morta já foi mais do que destacada, mas a *produção de uma consciência verdadeira*"[68].

Essa "verdade" equivaleria à emancipação do sujeito – entendida como a subjetividade socializada de modo autônomo – no interior de uma sociedade democrática que enseje uma plena "experiência formativa", diversa da uniformização característica da sociedade industrial. *Bildung* é a palavra alemã para essa experiência formativa, uma designação valorizada para o processo de encaminhamento do jovem ao longo de sua vida.

Modernamente, isso sempre redundou em termos práticos na inserção do sujeito à organização industrial, portanto, à burocracia empresarial, mas de forma ideologicamente adequada, com perspectivas claras de ascensão na es-

---

67. BENJAMIN, W. "Sobre o conceito de história". *Obras escolhidas* – Vol. I: Magia e técnica, arte e política. São Paulo: Brasiliense, 1993, p. 222-232.

68. ADORNO, T.W. *Educação e emancipação*. São Paulo: Paz e Terra, 1995, p. 141.

cala hierárquica e salarial. A "consciência verdadeira" não passaria aí de uma burguesa firmeza de propósitos quanto ao sistema produtivo.

Evidentemente, não é dessa consciência tecnicamente modelada de que fala Adorno, e sim de outra, que se quer verdadeira, advinda dos elevados termos contidos na possibilidade de uma modelagem antropoplástica do sujeito ao modo da *paideia* na Antiguidade Clássica. Essa modelagem está contida no cultivo da tradição filosófica, até mesmo quando se trata de um pensador avesso ao espírito dominante nas academias, como é o caso de Nietzsche. Para este também, num de seus aforismos, "educar um povo para a cultura é essencialmente acostumá-lo a bons modelos e inculcar nele necessidades nobres". Ou seja, para uma "cultura superior", que implicaria o renascimento da *helenidade*, virtual formadora de "santos, filósofos e artistas". Da *paideia* adviria o padrão de nobreza da *Bildung* capaz de fazer da cultura uma *exceção* transformadora.

O que não fica, porém, muito claro é como essa *Bildung* transformadora, distinta da formação autoritária, reelabora historicamente a relação do presente com a idealização do passado europeu em suas formas imperiais. Essa mesma idealização insinua-se ao modo de um dado da natureza nas concepções de cultura e educação, não muito diferente da concepção supra-histórica de "homem" na antropologia naturista de Ludwig Feuerbach, no século XIX. Daí o caráter francamente contemplativo da educação nas formulações da Escola de Frankfurt.

Na verdade, embora os frankfurtianos se reconheçam como epígonos particulares do pensamento de Marx, ainda há sabidamente muito da filosofia hegeliana em seus modos de pensar. Não que neles, preocupados com mudanças sociais concretas, forma e matéria, essência e manifestação possam hegelianamente fazer unidade, como se a realização positiva das coisas do mundo se desse apenas na "imanência do espírito", ou seja, como se o ser do pensamento equivalesse ao ser concreto espaçotemporal – onde se situam os fatos do real-histórico. O espírito fortemente crítico dos frankfurtianos compele-os para a dialética marxista, embora sem nenhuma concretude no que diz respeito à política ou às lutas proletárias.

Por isso, quando se toma a dialética marxista como transformação do ser, não se vê bem como funciona a dialética nas concepções em que a educação/cultura aparece como uma forma antecipada no tempo, mesmo que em outros temas se rejeitem as filosofias totalizantes da identidade ou as mitologias das origens. Ou seja, ainda que se proponha, em enunciados generalistas, a vinculação da educação ao trabalho social, ou que se proclame a rejeição das formas ideais, o substrato da argumentação é feito de matéria utópica e se organiza como se houvesse um primado do espírito sobre as transformações da forma educacional e cultural no tempo histórico, que é o tempo da história humana. Permanece explícito e implícito o apelo à figura colonial da "autenticidade" como avatar cultural.

Na realidade, isso que acontece na generalidade do pensamento educacional não é algo exclusivo da Escola de Frankfurt, mas inerente a todo cultivo do ideal iluminista, cujo pano de fundo ideológico assemelha-se à república platônica dos governantes-filósofos, que põem as ideias acima dos corpos e o abstrato "humano" acima dos homens concretos. Dissertando sobre os fundamentos filosóficos da educação, Drouin-Hans observa que "um ideal educativo não depende da prática, mas ao contrário a funda". A presença de um fundo utópico responde pela permanência de antigas constantes no conceito de educação, quando se sabe que são raros os conceitos que conservam ao longo dos tempos os seus conteúdos primais, em virtude da variabilidade histórica de seus usos. Hannah Arendt localiza a importância dessa utopia no século XVIII, quando o *pathos* da *novidade* (a criança e o adolescente como metáforas do "novo") se torna um conceito e uma noção política: "É a partir daí que se desenvolveu um ideal de educação tingido de rousseaunismo, e de fato diretamente influenciado por Rousseau, para quem a educação se tornou um meio político, e a própria política uma forma de educação"[69].

Qualquer pensador clássico que tenha se debruçado sobre o significado da educação faz referência a algumas constantes como a passagem da natureza à cultura, o sentido da verdade, a relação entre o individual e o universal etc., que são, desde a Antiguidade, tópicos educacionais, continuamente reinterpretados pelas utopias políticas que atribuem à educação o poder de fundar um novo mundo. E aí se faz necessariamente presente a reflexão sobre a utopia, como sustenta Drouin-Hans: "Não somente a utopia é criativa, mas ela pode também ser considerada como um método de pensamento, como experiência dos possíveis"[70].

No pensamento de Benjamin essa utopia aparece, com forte sentido crítico, nos tópicos de discussão sobre a essência da linguagem. Como toda utopia é uma projeção apoiada em retrospecções, Benjamin apela para a mística judaica em busca das raízes messiânicas de uma linguagem originária (adâmica), supostamente perdida nas maquinações do progresso. Nessa origina-

---

[69]. ARENDT, H. *La crise de l'éducation* – Extrait de la crise de la culture. Paris: Gallimard, 2007, p. 11 [Folioplus-philosophie].

[70]. DROUIN-HANS, A.-M. *L'Education, une question philosophique*. Paris: Anthropos, 1998, p. 93.

riedade residiria a possibilidade de expressão do espírito (por gestos, afetos, silêncios), diversa de sua redução sistêmica à língua, que se orienta para a comunicação de informações, portanto, de algo externo à própria linguagem. Benjamin aspira à manifestação *expressiva* (e não estritamente conteudística ou semântica) ou extrassensível da linguagem, ou seja, a algo que a faça transcender a condição de meio de comunicação social, rumo à revelação de um inefável, um não dito, uma modulação singular do humano.

Esta concepção conduz a um paradigma cultural em que linguagem e infância estão estreitamente vinculadas, na medida em que, muito mais do que uma simples etapa cronológica no desenvolvimento do indivíduo, a condição infantil aparece como um portal de passagem da natureza à cultura, portanto, de emergência da ordem simbólica. No faz de conta infantil, nas movimentações corporais, nos gestos miméticos, encontram-se os elementos de uma multiplicidade expressiva que sinaliza para uma historicidade não linear e para os caminhos ainda não domesticados da sensibilidade, que levam à abertura criativa. A valorização conceitual da infância conduz a uma ideia latente de educação em Benjamin como possibilidade de contorno dos regimes disciplinares da escola e do trabalho, com vistas à singularidade da experiência. A *Bildung* benjaminiana seria uma experiência de liberdade.

Com outra argumentação, esse método (utópico) de pensamento é visível em Adorno, sobretudo quando ele discorre sobre a questão educacional, com o desenho de um sombrio pano de fundo histórico, em que a *Bildung* está ameaçada pelo trabalho alienante a serviço da acumulação capitalista. Numa forma social em que a razão se objetiva formalmente como ciência técnica e esta, por sua vez, converte-se progressivamente em força produtiva, a educação se transforma em máquina adaptativa do indivíduo ao *status quo* societário, em simples apropriação de instrumentos técnicos. Perde-se inevitavelmente o sentido ético do processo educacional nisso que poderia ser chamado de "semiformação".

Esse sentido estaria assentado na vontade ética, definida por Adorno como a força formadora do caráter, que leva à autocompreensão pessoal e à possibilidade de o indivíduo dizer "eu" a si mesmo. Como explica Habermas, "Adorno reconhece no "caráter", que transforma a pessoa em um indivíduo, "esse meio-termo entre a natureza e o *mundus intelligibilis*, o qual (caráter) Benjamin contrasta com o destino"[71].

---

71. HABERMAS, J. *Entre naturalismo e religião* – Estudos filosóficos. São Paulo: Tempo Brasileiro, 2007, p. 211.

Habermas está fazendo referência à posição adorniana na fenomenologia da consciência de liberdade exposta em sua *Dialética negativa*[72], na qual discute a possibilidade de um agir *próprio* do sujeito, desde que ele tenha consciência da liberdade, ou consciência da autoria de suas ações. Nessa fenomenologia se detectam princípios naturalistas no âmbito da filosofia do espírito, na trilha da intuição de que, mesmo sendo distinta da natureza, a razão é um momento dela, logo, a livre racionalidade do sujeito ainda permanece parcialmente ligada, por uma espécie de *rememoração*, ao evento natural.

A memória como categoria é muito importante no posicionamento tanto de Adorno quanto de Horkheimer em face da ideia de natureza. Ambos se esquivavam (assim como outros membros da Escola de Frankfurt) às idealizações nostálgicas do "estado de natureza" e argumentavam que a inimiga da dominação não era a natureza em si, mas a "memória da natureza". Tentando resolver a antinomia entre liberdade e determinismo, Adorno altera semanticamente o conceito de natureza, como esclarece Habermas: "Ele subordina o conceito cientificista de natureza, isto é, o domínio das ciências naturais, cujas explicações são causais, ao conceito schellingiano, romântico de uma "natureza naturante" (*natura naturans*) – de uma história da natureza que pode ser decifrada na 'nossa' retrospectiva como pré-história do espírito"[73].

Essa retrospectiva revelaria, dentro da esfera espiritual, "uma segunda natureza, que se mostra como que *invertida*, na figura de relações sociais apresentadas 'com a aparência de natureza' (*naturwüchsig*)"[74]. Tal linha de raciocínio aproxima-se da teoria freudiana, na medida em que atribui à força causal de motivos inconscientes a responsabilidade pela persistência dessa natureza aparente: "Dessa forma, explicações psicanalíticas do desenvolvimento da moral constroem uma ponte entre a liberdade e o determinismo"[75].

Mas embora procedente de um enraizamento na natureza (a base de referência do "ser si mesmo" é a natureza subjetiva), a liberdade do sujeito, expressa numa ação resultante da vontade racional (uma iniciativa de autoria responsável), acontece na contracorrente daquela presumida natureza aparente, na medida em que a razão é, ao mesmo tempo, "idêntica e não idêntica à natureza". Cabe à reflexão do sujeito agir sobre a causalidade natural, trans-

---

72. Cf. "Negative Dialektik". *Gesammelte Schriften*. Vol. 6. Frankfurt: [s.e.], 1973.
73. HABERMAS, J. *Entre naturalismo e religião*. Op. cit., p. 205.
74. Ibid.
75. Ibid.

formando suas aparências, socialmente cristalizadas sob forma de regularidades fechadas ou de instituições repressoras da liberdade, em motivações compatíveis com a realização espontânea de nossa vida corporal. A reflexão decorre da vontade ética e do caráter, que levam ao cuidado com o *Bem* individual e comunitário. Apenas no contexto histórico desse cuidado é que se desenvolvem a razão prática e a liberdade moral.

Consciência e barbárie

Este escorço sobre o naturalismo na filosofia da história empreendida por Adorno é necessário para melhor entender suas referências monoculturalistas a tudo que pareça fugir à urbanidade civilizada ou de algum modo evoque os mecanismos de autoconservação da "aparência de natureza". É possível que o posicionamento radicalmente urbano de Adorno decorra, no limite, de uma atitude teórica crítica frente à velha ideologia (direitista) germano-romântica do "terra, suor e sangue", que invocava os argumentos de "raízes" praticamente naturais para fundamentar o nacionalismo alemão. São raízes que terminariam fazendo germinar o nacional-socialismo, essa barbárie híbrida de falsa autoctonia cultural e ditadura tecnológica.

Mas a crítica adorniana ao que se cristalize como aparência de natureza passa ao largo da crítica às abstrações filosoficamente "naturalizadas" do espírito e da autenticidade. Aplicada à educação, sua teoria busca uma espécie de reconciliação entre o homem e o mundo mediante o resgate do *espírito* por formas culturais *autênticas*, necessárias para a resistência à *barbárie*. Esta última palavra, constante em Nietzsche, é recorrente no pensamento de Benjamin como uma consequência do recalcamento da experiência na Modernidade, embora sem conotação apocalíptica, pois admite a construção do novo a partir da escassez. E é palavra-chave na visão educacional de Adorno. Se os sociólogos do pós-colonialismo tentam hoje se comprometer com uma educação descolonizante, o pensador alemão empunha a bandeira da "desbarbarização" como um passo decisivo para a sobrevivência da humanidade, logo, como "a questão mais urgente da educação hoje em dia".

Sobre isso ele é bastante claro: "Entendo por barbárie algo muito simples, ou seja, que, estando na civilização do mais alto desenvolvimento tecnológico, as pessoas se encontrem atrasadas de um modo peculiarmente disforme em relação à sua própria civilização – e não apenas por não terem em sua arrasadora maioria experimentado a formação nos termos correspondentes ao conceito de civilização, mas também por se encontrarem tomadas por uma agressividade primitiva, um ódio primitivo ou, na terminologia culta, um impulso de destruição que contribui para aumentar ainda mais o perigo de que toda esta civilização venha a explodir, aliás, uma tendência imanente que a caracteriza"[76].

De qualquer maneira, o antídoto para a barbárie seria a *formação* cultural, que se entende como uma experiência cultural continuada, como "aquilo para o que não existem à disposição hábitos adequados; ela só pode ser adquirida mediante esforço espontâneo e interesse, não pode ser garantida simplesmente por meio da frequência de cursos, e de qualquer modo estes seriam do tipo 'cultura geral'. Na verdade, ela nem ao menos corresponde ao esforço, mas sim à disposição aberta, à capacidade de se abrir a elementos do espírito, apropriando-os de modo produtivo na consciência, em vez de se ocupar com os mesmos unicamente para aprender, conforme prescreve um clichê insuportável"[77].

Como se vê, a "consciência verdadeira" ou "desbarbarizada" depende do "espírito", que advém de um substrato cultural "autêntico". Evidentemente, este argumento só se torna possível quando se admite a universalidade de princípios que fundamentem uma ética. *Princípio*, entenda-se, é o fundamento último de uma proposição, que se apresenta como incondicionada ou como uma verdade absoluta. Princípios não se demonstram nem se discutem, mas podem ser desacreditados, como de fato acontece desde o século XIX por efeito da suspeita filosófica, que põe em crise os fundamentos do humanismo europeu e, junto com este, a ética.

A concepção adorniana de educação como emancipação ou produção de uma "consciência verdadeira", ainda que se ampliando a partir do indivíduo para o ser social em democracia, é lastreada pela ética de um esclarecimento indissociável do pensamento ocidental. Ele admite a crítica à razão absoluta e ao espírito absoluto, mas a partir das condições filosóficas classicamente estabelecidas para a formação do sujeito do verdadeiro saber, o detentor da *Bildung*, em última análise.

A posição de classe desse suposto sujeito do verdadeiro saber torna-se evidente quando Adorno diz categoricamente (ainda que impelido por uma fenomenologia naturalista da liberdade) que "à formação cultural (*Bildung*) precisa corresponder a urbanidade, e o lugar geométrico da mesma é a linguagem"[78]. A *Bildung* é, assim, definida como propriamente cultura/educação no sentido originário de *paideia*, ou seja, como uma espécie de equivalente geral das for-

---

76. ADORNO, T.W. *Educação e emancipação.* Op. cit., p. 155.

77. Ibid., p. 64.

78. Ibid., p. 67.

ças espirituais, diante da qual as culturas diferentes consideradas como entidades separadas (*Kultur*) seriam equivalentes parciais e, no fundo, obstáculos à aquisição da plenitude urbana da *Bildung*.

Essa "urbanidade" começa a traduzir-se, para ele, em termos das boas maneiras prescritas pela noção de *Zivilisation*, que implica preferir a língua culta às formas dialetais, vestir roupas adequadas, não conspurcar a dignidade pedagógica com manifestações rústicas. Excluem-se, consequentemente, as classes marcadas pela separação entre o trabalho intelectual e o manual ou entre "o grego e o bárbaro". O campesinato é, assim, conotado como o avesso da formação cultural: "Ninguém pode ser recriminado por ser do campo, mas ninguém também deveria transformar este fato em um mérito, insistindo em permanecer assim. Quem não conseguiu emancipar-se da província, posiciona-se de um modo extraterritorial em relação à formação cultural"[79].

Para a verdadeira territorialidade da cultura, nos termos dessa teoria crítica, os camponeses representam uma dimensão negativa por serem veículos de "tradições declinantes e irrecuperáveis" e, assim, "uma das figuras em que a barbárie se perpetua". O mito (ao qual Heidegger reserva um lugar de honra) está definitivamente excluído dessa visão crítica, centrada no poder salvífico da razão iluminista. Ainda que se passe no espaço urbano, um rito coletivo desenvolto, como costuma acontecer ao redor dos ídolos da canção – portanto, no território daquilo que Adorno batizou como "indústria cultural" – pode ser também conotado como bárbaro: "Com barbárie não me refiro aos Beatles, embora o culto aos mesmos faça parte dela"[80].

Fica evidente que os limites da estética adorniana são dados pela obra a ser contemplada ou consumida, sem abrir-se para a "estesia" ou a estética em sentido amplo (por exemplo, na amplitude admitida por Baumgarten), que contemporaneamente pode considerar o espetáculo em si mesmo – com todas as suas componentes, dentre as quais o culto ou a participação dos espectadores – como realização estética.

---

79. Ibid.

80. Ibid., p. 117. A quem possa parecer por demais elitista essa opinião, convém considerar a declaração, mais de meio século depois de Adorno, de Iggy Pop (ídolo do *rock* e precursor da estética *punk*): "O *rock* se tornou a pior forma musical da atualidade: a mais feia esteticamente, a mais corrompida, a mais cínica e a que acompanha os piores sentimentos" (*O Globo*, 10/06/09). O cantor refere-se aí ao próprio gênero musical, mas à sua crítica não escapa o comportamento: "Não suporto o que vejo por aí, bandas que lotam estádios com falsa rebeldia e depois voltam para casa para comer seus vegetais".

Por outro lado, Adorno tenta atenuar o fechamento elitista de sua reivindicação de urbanidade ao ressalvar que "não se trata de requintes da elegância do espírito e da linguagem". Mas parece claro que em seu modo de pensar não comparece, de longe sequer, a noção de diversidade cultural. Ampliada em seu raio de incidência, essa urbanidade não põe em questão o modelo colonial que leva o campo, em todas as latitudes do mundo menos desenvolvido, a produzir o que não consome e a consumir o que não produz, com a fome e a miséria como resultantes. Fora do círculo dessa apregoada monocultura do conhecimento, existem apenas "relações que de alguma maneira são naturais, mas constituem meramente resíduos de um desenvolvimento histórico já superado, de um morto que nem ao menos sabe de si mesmo que está morto"[81].

Como se pode ver, apesar do biombo marxista na questão da filosofia da história, a concepção educacional de Adorno afina-se primordialmente com a filosofia abstrata e idealista que sempre se revelou como fonte duradoura no campo educacional. Ele passa ao largo da questão fundamental da divisão entre trabalho intelectual e trabalho manual – linha de força da luta de classes presente na cultura e na educação, responsável por inculcar nos indivíduos o sentimento de naturalidade da assimetria das posições na hierarquia social. A despeito de seu pano de fundo esquerdista, da relevância de sua crítica ao Iluminismo e à indústria cultural, suas posições educacionais têm vezo politicamente reacionário e socialmente discriminatório.

Cabe ao pensador marxista Antonio Gramsci o mérito de ter levantado esse problema em sua crítica ao sistema escolar italiano. Gramsci pôde perceber que, ao enfatizar o ensino técnico para a classe trabalhadora e o ensino humanista para a pequena burguesia, o Estado liberal-burguês buscava consolidar o fosso entre o trabalho manual e o intelectual, com a prevalência deste último sobre o primeiro. Trata-se aí de uma das estratégias de manutenção da hegemonia do "bloco histórico" (a classe dominante e suas alianças) sobre os sujeitos da produção material. Sua ideia de uma "escola socialista unitária" visava a abolição da diferença entre o ensino técnico e o humanista, logo, a possibilidade de que o trabalhador, autoeducando-se, tomasse as rédeas pedagógicas de sua própria emancipação cultural.

No projeto gramsciano – que não pôde desenvolver-se em termos institucionais –, a ideia do "unitarismo" contempla, na verdade, o escopo mais amplo da dissolução das grandes dicotomias sobre as quais se apoia o poder capitalista. No capítulo da escola unitária está embutida a crítica ao arcabouço do poder de classe no processo educacional, que se inicia com a *paideia* e

---

81. Ibid., p. 67.

culmina nas formas modernas de escolarização, sempre buscando consolidar a separação entre a pluralidade (subordinada) dos modos de saber ligados ao trabalho artesanal e uma espécie de "equivalente geral" epistêmico, posto em lugar dominante – o *espírito*, ou seja, a pura consciência.

Já o modo de produção antigo, característico da formação social grega em seu período clássico, deixava transparecer essa divisão nos níveis da linguagem, da família, da religião e das instituições políticas. Na filosofia platônica, a realidade material era mero reflexo (cópia, aparência) de modelos ideais e essenciais (arquétipos) separados da esfera das realidades sensíveis, mas regida pelo espírito inerente à classe detentora do poder econômico e político.

Assim, o cidadão governa e é governado, mas só ele pode determinar quem tem a plenitude do "animal político". O escravo não a tem, naturalmente. Mas o mesmo acontece com o artesão, porque no interior da forma social dominante o tempo e o espaço são definidos em função da equivalência geral do espírito. Ao trabalhador, àquele que se ocupa do trabalho manual, não se atribui tempo para dedicar-se ao espírito, nem espaço para qualquer outra ocupação, além da que lhe compete.

Sem referência explícita à crítica gramsciana, mas incorporando de modo implícito parte de sua argumentação (por exemplo, a ideia de que não há educação neutra), o brasileiro Paulo Freire reivindica teoricamente o materialismo histórico. Internacionalmente reconhecido como um dos mais influentes educadores do século XX, Freire esboça uma "pedagogia da libertação", intimamente relacionada com a visão marxista do Terceiro Mundo e com a história das classes oprimidas, com vista a conscientizá-las politicamente. Diferentemente de Gramsci, é credor de grandes contribuições práticas, em especial no campo da educação popular, na alfabetização e na conscientização política de jovens e adultos.

Posicionamentos críticos como os de Gramsci e Freire guardam ainda hoje sua importância por fazerem refletir na questão educacional o problema histórico da separação entre a dimensão intelectual e a manual, deixada intacta pela filosofia idealista como se fosse algo naturalmente inerente ao espírito humano. Segundo vimos, a *paideia*, como o tempo e o lugar do espírito, nasce e desenvolve-se dentro dessa lógica separadora. E ao incorporá-la cognitivamente, a educação ocidental consolida também a separação entre técnica e espírito.

Na Modernidade essa separação pertence obviamente à lógica do capital, entendida como lei estrutural do valor, que organiza o mundo segundo suas finalidades implícitas. Esta lei materializa-se na prática como um dispositivo que produz efeitos de poder por meio de uma gigantesca maquinaria de trabalho, salário e consumo, mas oferecendo sempre à consciência dominada oportunidades fictícias de *resgate* do poder, isto é, formas de reversibilidade simbólica das relações de dominação. Como bem o viu Baudrillard, "toda dominação deve ser resgatada. Ela o foi outrora pela morte sacrificial (a morte ritual do rei do líder) ou ainda pela inversão ritual (festa e outros ritos sociais: de novo uma forma de sacrifício). Até aí, o poder joga abertamente, diretamente. Esse jogo social da reversão deixa de existir com a dialética do senhor e do escravo, em que a reversibilidade do poder dá lugar a uma dialética da reprodução do poder. Contudo, o resgate do poder deve ser sempre simulado"[82].

Ora, os processos educacionais desde sempre, como hoje o consumo midiático da informação e da cultura, estiveram ligados ao dispositivo capitalista de reprodução das condições sociais em que se exerce a lei estrutural do valor. Por isso, diz Mészáros que "uma reformulação significativa da educação é inconcebível sem a correspondente transformação do quadro social no qual as práticas educacionais da sociedade devem cumprir suas vitais e historicamente importantes funções de mudança"[83].

Reiterando os argumentos de Gramsci contra o artifício da divisão entre espírito e trabalho (no sentido de que todo e qualquer ser humano contribui para a formação da concepção de mundo predominante), Mészáros classifica como "ajustes menores em todos os âmbitos, inclusive o da educação", as reformas que passam ao largo da exigência de se focalizar um determinado modo de reprodução da sociedade para promover um novo quadro de intercâmbio social. Diz: "As mudanças sob tais limitações, apriorísticas e prejulgadas, são admissíveis apenas com o único e legítimo objetivo de *corrigir* algum detalhe defeituoso da ordem estabelecida, de forma que sejam mantidas intactas as determinações estruturais fundamentais da sociedade com um todo, em conformidade com as exigências inalteráveis da *lógica global* de um determinado sistema de reprodução"[84].

Não raro essas "correções" da ordem estabelecida constituem-se como as já referidas "simulações" de resgate de poder, constantes nas estratégias dominantes do capital. No caso da educação, trata-se de posições críticas utopicamente inscritas em doutrinas reformistas que, mesmo bem-intencionadas do ponto de vista da subjetividade de seus autores, não veem além dos limi-

---

82. BAUDRILLARD, J. *L'Échange symbolique et la mort.* Paris: Gallimard, 1976, p. 71.
83. MÉSZÁROS, I. *A educação para além do capital.* São Paulo: Boitempo, 2008, p. 25.
84. Ibid.

tes do domínio do capital. Como observa Mészáros, "suas posições críticas poderiam, no limite, apenas desejar utilizar as *reformas educacionais* que propusessem para remediar os piores *efeitos* da ordem reprodutiva capitalista estabelecida sem, contudo, eliminar seus *fundamentos causais* antagônicos e profundamente enraizados"[85].

Em outras palavras, os limites do reformismo voltado exclusivamente para a dimensão puramente formal das instituições educacionais são dados pelos próprios fundamentos irreformáveis da lei estrutural do valor, isto é, do capital. Ou seja, o capital não se limita a definir o liberalismo de mercado como a forma social mais adequada ao ser humano em todo o planeta, mas deixa transparecer, nas bordas do reformismo admitido, os modos por ele prescritos para a reprodução cultural e educacional de seu sistema de organização do mundo. Para Mészáros, esses limites aparecem como objetivamente intransponíveis mesmo nas brilhantes sistematizações de grandes figuras da burguesia iluminista, como Adam Smith ou Robert Owen. A eles não escapam igualmente, como vimos, as posições, em princípio anticapitalistas, da Escola de Frankfurt. Historicamente, em sua dimensão formal e institucionalizada, a educação permanece aquém do capital.

Essa condição agrava-se contemporaneamente na medida em que educação e saúde, serviços necessários à reciclagem da mão de obra e à formação de consumidores – daí, os imperativos da formação permanente, da informação pública e do incremento da conexão dos centros de pesquisa universitários com as empresas – tornam-se gastos sociais por demais elevados para os interesses industriais. Esse crescimento ininterrupto dos custos, mas ao mesmo tempo o aumento da conscientização de que o serviço educacional é indispensável ao aumento da produtividade industrial baseada nas inovações tecnológicas da eletrônica, contribui para colocar a educação no campo discursivo dos economistas.

Se no passado os debates públicos e privados sobre educação eram movimentados por pedagogos, hoje os economistas parecem ocupar o primeiro plano da cena. Não apenas os membros da classe acadêmica, mas principalmente as grandes organizações mundiais, preocupadas com a rápida renovação das profissões, o ritmo de aprendizagem dos saberes, a empregabilidade, a flexibilização dos processos produtivos e a mobilidade funcional dos professores.

Sob o influxo da globalização, a educação é cada vez mais concebida como um fator produtivo, capaz de gerar as condições propícias ao aumento

---

[85]. Ibid, p. 26.

da produtividade, à geração de empregos, à atração dos capitais e aos impactos positivos sobre a taxa de crescimento do Produto Interno Bruto. Acima dos governos nacionais, constitui-se uma espécie de mercado global da educação, com um trabalho ideológico específico. Mais do que nunca, os números (estatísticas e cifras financeiras) sobrepõem-se à lógica dos argumentos ético-humanistas que tem sustentado a modernidade pedagógica.

Capítulo 2

Espaço e cognição

Educar a criança é tarefa da aldeia (Provérbio iorubano).

Acontece que as minhas inspirações, os meus pensamentos me causem temor e espanto: eu constato então quão pouco de mim mesmo verdadeiramente me pertence (Fernando Pessoa/Bernardo Soares).

Se alguém aspira a tornar-se universal, diz Tolstoi, deve falar de sua aldeia. De fato, por mais que se apregoe como originário da Antiguidade grega o sentido universal da cultura/educação, nele estarão sempre impressas, todavia, as marcas de uma "aldeia", isto é, de um *lugar* particular, a *comunidade*-Estado helênica, evento de um tempo histórico e de um *local* determinado. O conceito de *arete* (as qualidades morais e espirituais enfeixadas na ética aristocrática dos helenos), central na concepção de *paideia* por reivindicar um ideal de excelência ou de perfeição humana, é produto de um território, de um local específico.

Mas *lugar* (1), *local* (2) e *comunidade* (3) são, por sua vez, conceitos que demandam maiores precisões teóricas.

1 O lugar

No discurso filosófico contemporâneo, *lugar* pode ser entendido como "aquilo pelo qual vem determinada a interna possibilidade de algo"[1]. Não tem a ver, portanto, com o que o pragmatismo associa a ambiente ou contexto.

---
1. HEIDEGGER, M. *Introducción a la filosofía*. [s.l.]: Cátedra, 1999, p. 168.

É também um entendimento diferente daquele veiculado pela tradição ocidental de pensamento, herdada da exposição de Aristóteles (na *Física*, Livro IV), sobre o modo de se atribuírem lugares e direções, isto é, sobre a questão da extensão de coisas e corpos, que hoje conhecemos como "espaço". A *Física* aristotélica é o estudo da *physis*, mas entendida como a realidade envolvente e comum, de onde provêm as leis necessárias, os princípios, como a natureza.

Dessa realidade primeira se deduzem elementos como o lugar, o tempo e o vazio, portanto, objetos teóricos da *Física*. Não há palavra que diga "espaço" – este não existe. O que há de fato é *topos* (lugar), *megethos* (extensão) e *khora* (extensão incerta, mas ampla e pública), logo, situações concretas, que não podem ser abstraídas. Além do universo (*ether*) – que mede o lugar e dá nome ao tempo – e do todo (*holos*), não há nada. Nesta concepção, o mundo é cheio, não admite o vazio, logo não se concebe algo neutro como o espaço da física moderna, ao modo de uma folha em branco à espera de ser preenchida. *Topos* responde à questão do "onde", enquanto *khora* é uma espécie de suporte espiritual para a questão do lugar (historicamente, em Atenas, designava a área territorial reservada às atividades agrícolas, complementar ao núcleo urbano, que era chamada de *asty*).

Heidegger sublinha o contraste em Aristóteles das duas atribuições: *topos* como espaço ocupado e configurado pelo corpo, logo, como *lugar* próprio do corpo, e *khora* como o espaço enquanto pode acolher um lugar e contê-lo, portanto, como receptáculo e continente[2], evidentemente de corpos e pessoas. Só na física moderna é que "o espaço perde a distinção e a atribuição dos lugares e das direções nele possíveis. Ele se torna extensão tridimensional *uniforme* para o movimento dos pontos de massa que não têm lugar *distinto atribuído*, mas que podem estar em *qualquer* localização de espaço"[3].

Diferentemente de espaço abstrato, lugar é a localização de um corpo ou de um objeto, portanto é espaço ocupado. *Território*, palavra mais moderna, é o lugar ampliado. Assim, hoje dizemos que território é o espaço afetado pela presença humana, portanto, um lugar da ação humana. Só que essa localização não é necessariamente física, pode ser a propriedade comum de um conjunto de pontos geométricos de um plano ou do espaço. Aí, então, nossa referência não é mais topográfica, mas topológica – a lógica das articulações do lugar, portanto, a teoria das forças, das linhas de tensão e atração, presentes no laço invisível que desenha a cidade como um lugar comum (*koiné*) ou comunidade (*communitas*).

---

2. HEIDEGGER, M. *Remarques sur art-sculpture-espace*. Paris: Payot & Rivages, 2009, p. 18-25.

3. Ibid.

Nestes termos, lugar é uma configuração de pontos ou de forças, é um campo de fluxos que polariza diferenças e orienta as identificações. Por isso, o filósofo pode defini-lo como possibilidade "interna" de algo, isto é, como o espaço-tempo que preside de dentro ao esquema concreto das condições de existência de alguma coisa, de alguma *forma*, por exemplo.

Nunca é demais repetir que a percepção e a ação humana sobre as coisas do mundo dependem do espaço e do tempo, nada existe fora do universo espaçotemporal[4]. Por meio deste se torna possível a relação com o mundo, com as coisas e os fenômenos, que a partir deles adquirem forma para definir um meio ambiente. A forma de que estamos falando não é a configuração geométrica que se dispõe visualmente ao olhar, mas a exteriorização de esquemas existenciais derivados de relações com o espaço e o tempo, portanto, de *forma* como um vínculo analógico entre o sujeito e a comunidade, que é anterior à sua existência individual e necessariamente o envolve.

Tome-se como exemplo demonstrativo uma panela, cuja serventia universal básica é a de cozinhar alimentos. Trata-se, em princípio, de um instrumento com uma aparência e uma função determinadas. Enquanto esquema existencial, a sua forma, abrange desde a figuração técnica de um material (a aparência) pelo trabalho humano relacionado a uma função até os diversos modos de uso. A forma resulta, assim, de um processo de exteriorização (ou desdobramento, ou ainda duplicação), considerando-se que os objetos se tornam órgãos externos do indivíduo.

Diz Ledrut: "A forma de um objeto que leva a marca do processo de espacialização dominante é essencialmente um sistema de operações sociais [...]. O que é válido para um instrumento o é também para obras sociais mais complexas, quer se trate de uma fazenda, de uma fábrica ou de uma cidade. Pode-se generalizar mais e considerar que as instituições e estruturas sociais que têm também um funcionamento são 'sistemas de operações' que supõem lugares e deslocamentos [...]. A forma é apenas uma expressão dessas regras de funcionamento"[5].

Em sua análise da mercadoria, a "célula germinativa" do modo de produção capitalista, Marx – mesmo definindo-a em termos sensíveis como um objeto externo ou uma coisa, destinada a satisfazer "as necessidades humanas de qualquer espécie" – também a concebe como uma forma (*Warenform*), mais

---

[4]. Evidentemente, esta afirmação tem validade apenas no interior da ciência clássica (por exemplo, a física até Einstein, embora este esteja particularmente incluído na afirmação), já que aqui não se trata de discutir as complexas observações da física quântica.

[5]. LEDRUT, R. *La révolution cachée*. [s.l.]: Casterman, 1979, p. 104.

precisamente, como uma forma abstrata[6]. Uma coisa é abstrata quando se diferencia de seu uso ou dele se separa no tempo. É o caso da mercadoria, nessa famosa análise, no sentido de que todo o seu âmbito – produção, circulação e valor – é não empírico e regido por uma "relação quantitativa, a proporção na qual valores de uso de uma espécie se trocam contra valores de uso de outra espécie, uma relação que muda constantemente no tempo e no espaço"[7].

Essa relação é o valor de troca, ou seja, uma abstração, que incorpora o trabalho à mercadoria e determina o seu valor. Enquanto o valor de uso (a utilidade) de uma mercadoria é concreto, seu valor de troca é abstrato, quer dizer, não tem propriedade geométrica ou física – é sem qualidades –, embora universalmente aplicável a qualquer produto no mercado. Mesmo que a forma se manifeste material e sensivelmente num objeto, sua natureza torna-se abstrata quando se constitui como lei regulatória, isto é, quando sua ação de troca difere temporalmente da ação de uso (produção e consumo), dela se tornando independente. Na análise de Marx, é o trabalho exigido pela produção de mercadorias que mede o valor de troca entre elas, ao custo de sua própria abstração.

Na sociologia contemporânea, a forma social não é concebida no mesmo nível de abstração em que Marx situa a mercadoria. A ênfase sobre a categoria "espaço" é um acréscimo esclarecedor, uma vez que Marx, embora acentuando que a relação quantitativa no valor de troca "muda constantemente no tempo e no espaço", privilegia em sua análise apenas o tempo, que determina a forma e comanda suas mudanças. Distingue-se de Hegel, uma vez que neste a geração da forma e de suas mudanças é um processo de pensamento, portanto, da lógica – do espírito, em última análise. Como na Antiguidade grega – quando pensadores como Heráclito, Pitágoras e Parmênides fundaram uma tradição de trabalho intelectual hegemônico –, o espírito, na filosofia hegeliana, detém logicamente o primado absoluto sobre o trabalho manual.

Na interpretação marxiana, entretanto, o processo de abstração implicado no pensamento é parte do ser social e assim comporta a presença do trabalho material na formação histórica dos conceitos. Os instrumentos do trabalho intelectual podem ser deduzidos da mesma base da existência social de que faz parte o trabalho manual, de maneira que uma teoria do conhecimento não é inseparável de uma teoria da sociedade.

Só que, além do tempo e da história, há a questão espacial – o lugar. Seja qual for o resultado da atividade produtiva do homem no interior de uma for-

---

6. Cf. MARX, K. *O capital*. Vol. I. São Paulo: Abril, 1983, p. 45, 121.

7. Ibid., p. 46.

mação social determinada, o produto mantém uma relação estreita com sua função, mas igualmente com o espaço que o tornou possível. As modalidades do processo variam de acordo com as diferenças dos sistemas produtivos, das civilizações, das culturas. Isto significa que são igualmente diferentes as formas assumidas pelos produtos da exteriorização humana.

Vamos ilustrar a questão da dimensão espacial da forma com um exemplo em escala reduzida: uma experiência de avaliação de comportamento humano realizada pelo jornal norte-americano *Washington Post* em 2007, a propósito de escuta musical. Postado na entrada de uma estação de metrô, em Washington, o violinista Joshua Bell – que apenas dois dias antes realizara um concerto, com ingressos caríssimos, para uma plateia completa em Boston – começou a tocar peças de Bach em seu instrumento, o mesmo *Stradivarius* (avaliado em 3,5 milhões de dólares) usado no teatro. Nos 45 minutos em que tocou, o concertista recolheu 32 dólares de gorjetas e teve apenas seis espectadores apressados, com exceção de uma mulher, que depois disse conhecê-lo e ter grande admiração por seu trabalho[8].

Para o decepcionado violinista, a conclusão era óbvia: a beleza é irreconhecível fora dos quadros habituais de recepção de uma obra de arte. Pode-se dizer também, fora do espaço-tempo institucional, fora do lugar ou das regras de funcionamento da recepção das obras legitimadas como de grande alcance simbólico – ou seja, fora de sua forma social. É consensual entre os apreciadores que a forma canônica de execução e escuta da música de concerto requer silêncio em uma sala especial, ou seja, o cânone de reconhecimento da beleza musical demanda um lugar ritualístico para a boa recepção da obra.

Beleza, pureza e ordem constituem, segundo Bauman, o tripé da ideia de modernidade. Mas, como ele frisa, "não são as características intrínsecas das coisas que as transformam em 'sujas', mas tão somente sua localização e, mais precisamente, sua localização na ordem de coisas idealizada pelos que procuram a pureza. As coisas que são 'sujas' num contexto podem tornar-se puras exatamente por serem colocadas num outro lugar – e vice-versa"[9]. Esse outro lugar, esse outro espaço-tempo institucional, é o que estamos chamando de forma.

O apelo ao conceito de forma implica uma nova perspectiva no campo das ciências humanas em geral e das ciências da linguagem, em particular. No

---

8. O vídeo da experiência foi colocado no link www.washingtonpost.com/wp-dyn/content/article/2007/04/04/AR20070401721.html

9. BAUMAN, Z. *O mal-estar da Pós-modernidade*. Rio de Janeiro: Zahar, 1997, p. 14.

primeiro caso, destaca-se a emergência de um paradigma estético no interior do círculo acadêmico da sociologia, em especial a sociologia "neoformista" (a revalorização da forma, confrontada à falência dos ideais racionalistas do Iluminismo)[10], empenhada em resgatar a importância do pensamento de Georg Simmel, posto em segundo plano frente a Max Weber e Émile Durkheim por influência do funcionalismo estrutural norte-americano, que se tornou preeminente após a Segunda Guerra Mundial.

Praticante de uma descrição fenomenológica que não se deixa fixar pela rigidez racionalista do conceito, Simmel reinterpreta o conceito kantiano de "forma", deslocando-o da posição de um *a priori* incondicionado (modos e princípios de ordenamento de fenômenos e objetos da experiência) para a de um esquema cognitivo tensional, capaz de ordenar um campo observado e de relacionar modos de ser que oscilam entre o racional e o sensível. A forma nasce da vida concreta dos sujeitos, mas pode a ela contrapor-se como um padrão interativo acabado, em nível supraindividual.

Nos termos da sociologia da forma, o dado social é algo orgânico, simultaneamente constituído por um ordenamento preexistente e pelas ações ou atitudes que se desenvolvem em efeitos de reciprocidade. A heterogeneidade da vida social não é apreendida por nenhuma estrutura forte, mas por uma *coesão*, que transparece no esteticismo (rituais, vestuários, hábitos, etiquetas, diversões etc.) da forma. A socialidade – conceito cunhado por Simmel para designar a forma espontânea da interação social, livre de conteúdos específicos – resulta da tensão entre a forma *a priori* e o vivido multiforme; logo, é feita de interação e da dinâmica dos valores de uma individualidade qualitativa. É esta socialidade que enseja hoje uma revalorização cognitiva dos fatos miúdos ou anódinos da existência, do mesmo modo que a imaginarização do real-histórico, por efeito da difusão imagística da mídia eletrônica.

Para a sociologia debruçada sobre as maneiras de ser da existência humana, a *forma social* não é uma essência em si, nem substância, nem mero efeito de uma invenção, e sim, como diz Ledrut, "realidades mediadoras que têm a ver tanto conosco quanto com o que não é nós. Elas exprimem uma *relação* e desempenham ainda nesta perspectiva o papel mediador que lhes foi reconhecido. Não têm apenas um estatuto intermediário entre o concreto e o abstrato,

---

10. Pode-se chamar também essa sociologia de "vitalista", na medida em que faz constantes empréstimos à filosofia de Nietzsche, Bergson, mas também Deleuze e Guattari. Nesse círculo movem-se sociólogos e antropólogos como Gilbert Durand, Georges Balandier, Serge Moscovici, Michel Maffesoli e outros.

o sensível e o inteligível, o individual e o universal, são também intermediários entre os dois polos da relação existencial"[11].

Outro exemplo de prevalência da forma pode ser buscado na terapia de orientação psicanalítica, em que um terapeuta busca abordar a organização psicodinâmica profunda de um tipo específico de personalidade. Em termos esquemáticos, sua tarefa é situar-se de modo compreensivo frente às posições de um interlocutor no que diz respeito às relações primitivas com os pais, ao processo de identificações, às angústias e às defesas, instâncias que se encarnam numa estrutura de caráter e num estilo de comunicação. Para que ocorra a necessária compreensão ("transferência", dizem os psicanalistas), instaura-se a forma de um "comum" particular entre terapeuta e cliente (pode-se chamá-la de "espaço psicanalítico"), que funciona como um parêntese na vida real-histórica, uma espécie de mito a dois.

Fora dessa forma, que é visceralmente sensível e mítica, os conteúdos da comunicação – os fragmentos de uma história pessoal, suas ressonâncias inconscientes e fantasmáticas – perdem o sentido. "Uma psicanálise", diz Viderman, "só é uma história, ou a reconstrução de uma história em seus níveis mais superficiais, onde traços de lembrança podem ainda despertar porque uma temporalidade histórica real pôde, por ser vivida, inscrever-se em seus níveis mais profundos, mais arcaicos. Ela não é mais do que uma pré-história mítica que se sustentará apenas com 'esses nadas reais', cujo papel está dito por Freud. A fantasia não é uma unidade de sentido implodida cuja figura perdida se recomporia segundo o modelo originário. *Não há modelo originário*"[12].

A coloração semântica do que ali se diz – fragmentos de sonhos, associações, afetos transferenciais – depende da coloração teórica assumida pela forma, que é o aqui e agora da situação analítica, no limite uma espécie de "mito a dois" em processo de se construir entre o analista e seu cliente. Essa situação não reproduz uma fantasia preexistente no inconsciente do sujeito, é a força da forma construída que faz existir a fantasia, enunciando-a. Donde "a verdade de uma descoberta depende menos dos fatos que se podem observar do que da luz específica que se escolheu para colocá-los. Os 'fatos de observação' são menos decisivos do que o *fato do observador*"[13].

Na verdade, qualquer tipo de conhecimento que se constitua como uma "região" determinada do saber é movido, em graus de intensidade diferentes,

---

11. LEDRUT, R. *La forme et le sens dans la société*. [s.l.]: Des Méridiens, 1984, p. 178.
12. VIDERMAN, S. *La construction de l'espace analytique*. Paris: Denoël, 1970, p. 135.
13. Ibid., p. 201.

pela força de uma forma, que o discurso filosófico identifica como "campo epistemológico". Em seu interior, os conceitos se articulam em função do conjunto, e cada um deles deixa ver os traços de seu pertencimento a essa totalidade identificada como um campo ou uma forma. As questões levantadas e as respostas produzidas não são independentes do modo como se desenham os limites entre o espaço interno e externo do campo nem das terminologias com que se abordam os problemas específicos.

Esse modo não pode ser apreendido pelo conceito de *sistema*, porque este é indiferente às flutuações da vida social ou aos fatos suscetíveis de acontecerem no entorno com o qual se relaciona o esquema sistêmico. Adequado, entretanto, a essa apreensão é a *forma*, entendida como a produção de uma diferença, expressa numa face dupla, interna e externa. Ela é a unidade dessas duas faces ou unidade de uma diferença, conforme especifica Luhman, baseado na sociologia de Spencer Brown[14].

A categoria *forma* contorna epistemologicamente o velho modelo segundo o qual a sociedade poderia ser observada a partir do exterior, como se observa imparcialmente um grupo de indivíduos. No pensamento de Luhman, os sistemas psíquicos ou sistemas de consciência integram o meio ambiente social e dão margem, cada um a seu modo, a um tipo de *auto poeisis* capaz de produzir e reproduzir autonomamente os elementos de que são constituídos os sistemas a partir desses próprios elementos. A forma é precisamente a resultante dessa autonomia de produção/reprodução da unidade de um sistema. A sociedade seria, assim, uma "forma de formas" e não um objeto suscetível de ser observado a partir de seu exterior.

Essa "forma das formas", o todo social, convoca a dimensão afetiva para sua maior compreensão. Desde Spinoza e sua *Ética*, torna-se patente que afeto não se reduz a um estado anímico, inteiramente controlável pelas representações da consciência subjetiva, já que é principalmente disposição interna articulada com forma de vida, modo de existir – *ethos*. Como *forma*, o afeto é, ao mesmo tempo, interior e exterior, pulsão e fenômeno, o que implica levar em conta tanto ânimo quando corpo em seus modos particulares de instalação e deslocamento no espaço.

Mas é preciso atentar para o fato de que, ao se definir como uma simultaneidade do interno e do externo do campo, a forma se deixa ver como propriamente um *lugar*, onde se encontram aquilo que já está determinado pelas regras de um código qualquer e possibilidades ainda indeterminadas. Por

---

14. Cf. LUHMAN, N. *Die Gesellschaft der Gesellschaft, ein unveröffentliches Manuskript*. Bielefeld: [s.e.], 1992. • BROWN, S.G. *Laws of Form*. Neudruck, N.Y.: [s.e.], 1979.

exemplo, num *texto*, considerado à luz da "translinguística" de Bakhtine, a voz do autor não é única, e sim um lugar de encontro de uma pluralidade de vozes, que assim enseja uma abertura intertextual para outras posições enunciativas[15]. Em outras palavras, a forma, que provém de um contexto comunicativo e das estratégias discursivas de um sujeito específico, pode ser mais importante para a compreensão do que o conhecimento das regras técnicas de construção do texto.

A escola é igualmente uma forma: uma forma moderna, ao lado de outras (como a nação, o mercado etc.), pela qual se incorporam os saberes e se promovem entre eles as conexões pertinentes. Para defini-la, o essencial não está nos conteúdos (saberes, informações) nem nos suportes técnicos (a escrita, os impressos), mas na modalidade espaçotemporal assumida pela transmissão cultural, isto é, em sua forma. Esta, sob as aparências de instituição voltada exclusivamente para a internalização de conteúdos técnicos e culturais, funciona de fato como uma máquina de adaptação cognitiva ao assujeitamento requerido pelo modo de produção dominante. É uma forma que metaboliza socialmente os parâmetros de reprodução do sistema.

Segundo Brünner, "a escola é uma das matrizes da modernidade, enquanto separa a transmissão cultural de qualquer suporte fixo, radicando-a no próprio processo de escolarização. O princípio educativo moderno é a escola como tal, não os suportes preferenciais que ela usa para inculcar conhecimento"[16]. Ou seja, é o processo interativo acionado pela forma cultural que define a escolarização.

Há, assim, formas rituais, técnicas, culturais, científicas e sociais, com modalizações diversas. O conceito de forma social, por exemplo, pressupõe tanto "forma de vida" como "maneira" enquanto figurações da lógica da existência. Deixa transparecer uma modalidade individual e coletiva da existência humana, sem fazer uma separação radical entre ação e representação. Longe das estatísticas e das tabelas da sociologia positivista, a forma social permite o reconhecimento da objetividade da vida em sociedade sem desconsiderar o vivido (subjetivo) dos indivíduos. Diferentemente de *estrutura* (conceito atinente à organização *interna* de realidades), a forma, na medida de sua relação direta com o espaço-tempo, é sensível à exterioridade, constituindo-se como uma conexão entre o interno e o externo.

---

15. Cf. BAKHTINE, M. *La poétique de Dostoievsky*. Paris: Seuil, 1970, p. 242.

16. BRÜNNER, J.J. "Metamorfosis de la escuela?" *Revista del Consejo Latino-americano de Ciências Sociales*, ano XX, n. 58, 1991, p. 60.

A multiplicidade de elementos que converge para a forma concorre para aproximar esse conceito de *síntese social* (Sohn-Rethel), que é também o de uma mediação entre o espaço-tempo vivido (a "historicidade" humana) e a totalidade da vida em comum. A aproximação depende sempre do ângulo com que se aborda a mediação. Assim, apesar da diversidade dos sistemas teóricos e de suas respectivas terminologias, é possível igualmente associar a noção de forma à de *habitus*, entendido como forma de sentir e agir não reflexiva, uma espécie de matriz responsável pela interiorização das estruturas sociais e dos códigos de comportamento[17]. Nessa matriz se originam as *representações*, que permitem ao indivíduo orientar-se existencialmente e comunicar-se.

A experiência da escuta musical – mas igualmente de qualquer outra aquisição cultural, a exemplo do processo de escolarização – está ligada às representações sociais que dela se fazem. Os conteúdos do que se diz ou se transmite não são substâncias soltas e autônomas em sua circulação social, e sim elementos tributários dos protocolos ou formas de sua produção e recepção. Os conteúdos musicais virtuosamente produzidos por um violinista são tão belos na entrada de um metrô quanto numa imponente sala de concertos, mas apenas em termos técnicos e abstratos. A perfeita contemplação humana e comum dessa beleza é condicionada pelo espaço-tempo de sua execução, ou seja, pelo lugar inerente à sua forma social. Do mesmo, para os antigos gregos, a beleza cósmica supostamente contemplada pelos filósofos era tributária de uma comunidade concebida e organizada como noética, sensível, política e potencialmente divina, na medida em que se tratava de um território destinado a assegurar não a simples vida, mas a *boa vida*.

2 O local

O espaço que se apresenta ao mesmo tempo como receptáculo e continente pode ser entendido como *local*, a exemplo dos dois espaços (*khora* e *asty*) que integram na Antiguidade a comunidade-Estado grega (*polis*). *Khora* (palavra pertencente ao mesmo campo semântico de *khiros*, mão) é, primeiramente, o espaço das atividades agrícolas, essenciais à subsistência dos cidadãos, logo, filosoficamente conotado como espaço, embora mal definido, gerador de possibilidades capazes de caracterizar a ação humana como propriedade ou especificidade de um território.

É marcante a diferença entre o espaço grego e o romano. Roma é *urbs*, quer dizer, uma cidade edificada segundo um modelo de identificação com o

---

17. Cf. BOURDIEU, P. *A economia das trocas simbólicas*. São Paulo: Perspectiva, 1982.

mundo bem definido pelo poeta Ovídio (em *Os Fastos*, livro II) ao escrever que *"Romanae spatium est Urbis et Orbis idem"*, ou seja, enquanto os limites dos territórios estrangeiros estão bem definidos, os da Cidade de Roma são os mesmos do mundo. Em cada diferente parte do mundo, o Império Romano reproduzia coerentemente o modelo da inscrição de Roma no espaço (com a geometria classificatória dos lugares sagrados, monumentais, circulatórios etc.) conquistado pelas armas. Em resumo, a *urbs* romana é um mundo.

Atenas é, diferentemente, *polis*: nos termos de Aristóteles, uma "comunidade de lugar": um espaço marcado por uma transcendência, por um sentido maior do que a da mera sobrevivência grupal, portanto, mais cosmo do que mundo. Historicamente, a cidade configurava-se como um *território* (o estar no mundo espacial do sujeito) de limites geográficos estreitos (embora de fronteiras fluidas, já que a *polis* podia ser *politicamente* recriada em lugares distantes durante a expansão grega) que contém e recebe uma marcante transformação histórico-social: a passagem de uma fase econômica comparável ao que Marx chama de modo de produção e troca "asiático" à fase mercantil do modo de produção e troca "antigo".

Em termos econômicos se trata da substituição da economia natural pela economia monetária (cujo reflexo filosófico seria a distinção platônica entre natureza e convenção), com grandes consequências para as práticas produtivas e culturais internas. Em termos de organização, a cidade controlada pela realeza micênica – administração palaciana e centralizadora da riqueza da região – dá lugar à *polis*, estruturada a partir de um centro público, onde se negociam as diferenças dos estratos sociais dominantes, cuja base de poder, descentralizada, está assentada na região agrícola. *Democracia* significa precisamente o poder dessas diferenças.

A *polis* fornece o modelo ocidental clássico do local urbano concebido como cosmo e monumento, isto é, uma totalidade arquitetônica construída à imagem do cosmo (cuja unidade mais marcante é o templo), na qual se desenvolvem mecanicamente os processos de produção, organização e gestão de bens. Dentro deste modelo, o espaço público é fisicamente localizado e tornado visível pelas edificações que abrigam as funções oficiais do poder dirigente (monumentos), além de abrir para uma multiplicidade de atividades comuns.

Na modernidade, porém, o modo de produção capitalista anula progressivamente o espaço pelo tempo a partir dos meios de comunicação e de transporte, agindo contra as territorialidades culturais, que supõem enraizamento ou relações físicas e sagradas entre o indivíduo e seu espaço circundante. Agigantando-se, maquinizando-se, ampliando-se em redes, modelando-se como metrópole e, hoje, como megalópole, a cidade moderna termina relegando ao segundo plano o local e todas as noções a ele associadas, como é o caso da comunidade em sua formulação sociológica tradicional. A dinâmica de produção e inovação da cidade não encontra rival em nenhuma outra forma de organização humana em escala reduzida.

Apesar disso tudo, em pleno curso da circulação transnacional do capital financeiro, o local retorna ideologicamente a uma certa normalidade conceitual. Em primeiro lugar, do ponto de vista da produção do saber, é preciso assinalar que o processo do conhecimento é primordialmente local. Isto equivale, no plano teórico, à verificação de que o conhecimento é produzido em instâncias duais, onde há troca dialógica, orquestrada pelos mecanismos socioculturais de um local específico. O conhecimento verdadeiramente transitivo requer a compreensão das coisas desde o ponto de partida do cotidiano – onde se efetivam os esquemas de ação e os modos de operação da cultura – até os níveis mais elevados de abstração. Como bem frisa o escritor português Gonçalo M. Tavares, "se não acorreres ao local, nunca poderás saber se quem grita por socorro o quer receber ou dar" (em *Breves notas sobre o medo*).

Por outro lado, a importância do local – no passado, bastante acentuada pelo educador e filósofo John Dewey – parece aumentar no novo mundo globalizado. Esta é a visão de Sennett, para quem "o sentido do local baseia-se na necessidade de pertencer não à 'sociedade' em sentido abstrato, mas a algum lugar em particular. Na medida em que as instituições conhecidas de economia reduzem a experiência de pertencer a algum lugar especial no trabalho, o compromisso das pessoas com lugares geográficos, tais como nações, cidades e localidades, aumenta"[18].

Independentemente de níveis educacionais, esse compromisso pode manifestar-se de modo politicamente relevante. Em setembro de 2009, cerca de trinta índios de oito etnias, integrantes do movimento Mobilização dos Povos Indígenas do Cerrado, realizaram na rampa do Congresso Nacional o ritual da corrida das toras, como forma de marcar a luta pela preservação do bioma. Segundo a imprensa, os manifestantes chegaram a entrar com as toras no Salão Negro, onde alguns parlamentares comprometeram-se a apoiar a aprovação da emenda que incluía o cerrado entre os biomas considerados patrimônio nacional.

Em outras palavras, uma manifestação de elevado sentido ecológico não partiu de instituições educacionalmente bem cotadas no espaço urbano, e em princípio mais aptas à discussão conceitual, e sim de grupos que *apreendem*,

---

18. SENNETT, R. *Combates e utopias*. Rio de Janeiro: Record, [s.d.], p. 148 [org. de Dênis de Moraes].

desde sua inserção comunitária em locais determinados, a noção de que a Terra se constitui num sistema vivo, complexo e integrado, logo, é um objeto de proteção obrigatória por parte de seus ocupantes.

É em razão dessa apreensão comunitária que o conceito de desenvolvimento local ou regional não pode ser entendido como a opção por uma unidade particular como o município, e sim como o mecanismo indutor de complexas articulações territoriais exigidas pelos programas que, em última instância, exercem seu impacto sobre espaços geográficos concretos, a exemplo da produção em pequena e média escalas. Por outro lado, movimentos coletivos que tenham como horizonte de expectativa a recomposição social "desde baixo" (ao invés de "desde cima" ou *via prussiana*, como Lênin entendia a transição passiva para o desenvolvimento capitalista oposta à ativa *via norte-americana*) baseiam-se em possibilidades locais e não universalistas. Um excelente exemplo disso é o Movimento dos Sem Terra (MST), que é sem dúvida o maior movimento social brasileiro desde fins do século passado (com milhões de militantes), caracterizado por formas peculiares de auto-organização e de educação popular.

Fatos dessa ordem e explicações como as de Sennett integram a discussão sobre a natureza das formas produtivas contemporâneas e dão eco a pesquisas recentes, segundo as quais o trabalho não seria mais fórum para relações sociáveis e estáveis, porque é cada vez mais temporário e flexível. Não se trataria de um fenômeno negativo: se o trabalho restringe o *self* (a individualidade, a subjetividade), o local pode muito bem expandi-lo.

A visada teórica de Sennett está voltada para a recuperação, no âmbito das novas tecnologias, de antigos valores ligados à autonomia criativa e social. Um exemplo é sua tentativa de resgate da ideia de artífice, a partir do sentido original da palavra *craftsman* em inglês, que faz referência ao esforço de bem realizar um trabalho por conta própria[19]. Esclarece ele: "A grande questão neste livro é como podemos manter a qualidade num mundo de produção de massa, de informação de massa. As pessoas se importam com a qualidade do trabalho que fazem, e é isso que busco explicar"[20].

Esse tipo de raciocínio mostra outro lado para a costumeira avaliação negativa sobre a desestruturação do emprego formal e sobre a falência do sindicalismo militante. Trata-se realmente do realce sociológico dado a aspectos positivos do que parecem ser formas emergentes de trabalho autônomo (ou

---

19. Cf. SENNETT, R. *O artífice*. Rio de Janeiro: Record, 2009.
20. Cf. SENNETT, R. *O Globo*, 06/06/09 [Entrevista concedida a Rachel Bertol].

seja, não heterônomo, independente das relações estáveis características do emprego formal), ligadas à qualidade do produto e ao local.

Por um lado, essa linha de pesquisa sociológica decorre da crise do capitalismo, que levou as pessoas nos Estados Unidos e na Europa a refletirem sobre novas modalidades de trabalho, em busca de atenuação das formas individualistas e destrutivas do capitalismo clássico. Por outro, a valorização do local e da criatividade autônoma corresponde ao discurso econômico da especialização flexível, que se contrapõe à centralização produtiva (o modelo urbano, fordista, centrado na fábrica ou em grandes massas de capital fixo material) característica do capitalismo industrial em sua feição clássica. Novíssimas tecnologias eletrônicas, principalmente aquelas da informação e da comunicação, caminham de mãos dadas com a desregulamentação dos mercados. Disto tudo são consequências o enfraquecimento das formas clássicas de trabalho e a precarização do emprego em sua feição heterônoma.

Na realidade, desde o início dos anos de 1980, o gigantesco volume de capitais financeiros (sob forma de seguros, fundos mútuos, fundos de pensão etc.) contribuiu para desestruturar o tradicional modelo fordista e para configurar um novo regime de acumulação, em que as mercadorias se fragmentam e se multiplicam como produtos diferenciadores na lógica do consumo, aumentando seu "valor de signo" (de natureza comunicacional) na lógica do consumo. É a desvalorização social da produção seriada (característica do fordismo) que abre espaços para a artesania como requinte da produção diferenciada ou de luxo, o que amplia as possibilidades de emprego em atividades ligadas a saberes tradicionais, típicos de determinados locais ou regiões.

Outro termo para a designação do fenômeno localista pode ser "fragmentação", quando se pensa na diversificação da cadeia produtiva associada à redefinição das antigas formas de sociabilidade e solidariedade laboral. Nunca foi tão verdadeira a fórmula imperial romana *divide et impera*. Isto vale inclusive para as instâncias da comunicação e da cultura, onde se exacerbam as possibilidades técnicas de fragmentação das posições discursivas. No meio cibernético o próprio texto (*hipertexto*) é concebido como uma infinidade de nós fragmentários que se conectam aleatoriamente.

Assim, porém, criam-se novas perspectivas autorais, devido à facilitação editorial ensejada pela rede eletrônica; no jornalismo, altera-se o monopólio do acesso às fontes de informação, tradicionalmente exercido pelos profissionais da imprensa, em benefício do público leitor, ao mesmo tempo em que se verifica o fenômeno do hiperlocalismo dos jornais em determinados contextos nacionais; na esfera do espetáculo ou da indústria da canção, registra-se o enfraquecimento da centralização organizacional e tecnológica por parte das corporações multinacionais em favor de iniciativas nacionais, regionais ou locais[21].

Não há dúvida de que as atuais metamorfoses do trabalho apontam para novas formas de valor presentes em forças produtivas não imediatamente mensuráveis ou quantificáveis, isto é, as "externalidades positivas" a que Gorz se refere como resultados coletivos de interações individuais e que costumam provir de um local determinado[22]. Para ele, na origem de todos os sistemas econômicos estão "as riquezas primárias que nenhuma indústria pode produzir, que não podem ser trocadas por algo equivalente, que consistem em bens comuns naturais e culturais". Haveria, assim, uma economia "invisível", que "abrange todas as relações e realizações não computáveis e não remuneráveis, cuja motivação é a alegria espontânea na colaboração livre, no convívio e na doação livres".

O local é uma condição pressuposta para a economia formal, esta que produz o valor mercantil. Mas é também uma condição de possibilidade de uma ética, entendida como apropriação concreta e comunitária de valores. Isso é muito pertinente à esfera educacional, em especial quando se cogita sobre a diferença entre uma educação ideológica (do tipo praticado pelos nazistas com a Juventude Hitlerista) e uma educação crítica, orientada para a discussão de todos os lados de uma questão, portanto, universalmente racional.

Entretanto, dialogando com Nietzsche (em sua referência irônica ao "socratismo" como ideologia crítica) e Habermas, o pragmatista Rorty sustenta que "não existe um modo não local, não contextual, de traçar a distinção entre educação ideológica e educação não ideológica, porque não há nada, no meu uso da palavra "razão", que não possa ser substituído por "o modo como nós, liberais moles ocidentais, herdeiros de Sócrates e da Revolução Francesa, nos conduzimos. Concordo com MacIntyre e Michael Kelly que todo raciocinar (*reasoning*), tanto em física como em ética, está vinculado a uma tradição"[23]. Isto significa dizer (como, aliás, o fizeram todos os pensadores pragmatistas)

---

21. Comentando o que parece ser o fim da era dos *popstars* globais, afirma um especialista: "Na era da informação globalizada, o jogo virou: as músicas nacionais passaram a dominar as vendas de discos. No Brasil, mais de 75% do mercado são de produto nacional, bruto ou fino. E também na China, na Índia, na Espanha, no Japão, os artistas nacionais dominam o mercado. A internet pulverizou a informação e transformou um céu de poucas estrelas muito brilhantes em novas constelações e galáxias" (MOTTA, N. *O Globo*, 03/07/09).

22. Cf. GORZ, A. *O imaterial*: conhecimento, valor e capital. São Paulo: Annablume, 2005.

23. Cf. SOUZA, J.C. (org.). *Filosofia, racionalidade, democracia*: os debates Rorty & Habermas. São Paulo: Unesp, 2005, p. 149.

que a racionalidade não prescinde da continuidade existencial afinada com os modos locais de pertencimento comunitário.

Esse é um tipo de raciocínio a que se deve prestar muita atenção no panorama pluricultural da globalização em curso, onde o universalismo dos valores ocidentais da democracia, dos direitos individuais e da liberdade de pensamento não raro se choca com reivindicações particulares (ou "locais") de igualdade, justiça e interesse coletivo. Neste último caso, a afirmação política de diferenças culturais costuma passar por cima dos alegados "valores" e favorecer as maneiras como essas diferenças se corporificam dentro de contextos específicos, nos quais a força da aglutinação comunitária parece mais relevante do que o abstrato universalismo dos princípios ou onde as identidades são construídas a partir das localizações espaciais e não o contrário. É nesta direção que se deve entender o sentido da palavra "glocal", ou seja, o global com marcas territoriais, locais, a exemplo do que experimenta a China em sua produção industrial.

Essa mesma relevância comparece, sempre na esteira do pensamento pragmatista, quando se associa o conceito de comunidade aos de comunicação e educação, e estes, por sua vez, ao que Dewey chama de "comunidade local", que é a possibilidade contextualizada da interação direta ou mais próxima entre os indivíduos.

3 A comunidade

Habermas não é exatamente um pensador típico do pragmatismo, mas para ele racionalidade e objetividade são tópicos menos importantes do que a determinação do tipo de comunidade que se deseja criar. De fato, a questão da *comunidade*, tal como a expuseram primeiramente os pragmatistas clássicos (Charles Sanders Peirce, William James e John Dewey) e hoje Esposito (inspirado em Heidegger,) afigura-se como central, porque torna mais visível "o caráter originariamente singular e plural – propriamente extático – da existência partilhada: cada um é abertura a todos, não apesar, mas devido ao fato de que ele seja singular, enquanto singular. O contrário do indivíduo: o outro não pode ser aproximado, absorvido e incorporado pelo um – ou vice-versa – posto que ele já está 'com' o 'um', posto que não há o um sem o outro"[24].

Mas a discussão contemporânea sobre a comunidade não é um fato meramente acadêmico. A ascensão da *rede* nos modos de organização do espaço urbano por efeito das transformações impostas pelo capitalismo flexível leva,

---

24. ESPOSITO, R. *Communitas* – Origine et destin de la communauté. Paris: PUF, 2000, p. 120.

como já vimos, à valorização dos nós ou vértices reticulares, portanto, à valorização das relações de vizinhança ou proximidade. A comunidade reaparece como uma questão, assim, não mais apenas em seus aspectos topológicos, mas em suas possibilidades de fluxos para as relações humanas requeridas pelo novo *socius*.

A atual retomada do que constitui, desde o século XIX, um dos conceitos básicos do pensamento social – sob a forma de discursos sociológicos, filosóficos, teológicos e literários – é, portanto, muito pertinente porque, enquanto ratifica a distinção entre a ideia (substancialista) de local e aquela (ideológica, filosófica, política) de comunidade (o que, aliás, já se evidencia em Dewey na ideia de "comunidade local"), projeta filosoficamente o conceito para longe das razões da hostilidade secular dos intelectuais progressistas para com tudo que dissesse respeito à pequena comunidade e seus valores.

Com efeito, aquilo que Nisbet chama de "simbolismo da comunidade" foi algo redescoberto ou reinventando no século XIX, em plena efervescência do capitalismo industrial. Correspondia ao desejo conservador de restauração de "algo" relativo ao vínculo social, supostamente perdido na dinâmica moderna. Em oposição à ideia de contrato, que legitimava para os pensadores iluministas as relações sociais, a comunidade, concebida à imagem da sociedade ideal, era o que permitia "legitimar formas de associação tão diversas quanto essas que recobrem as noções de Igreja ou de Estado, ou ainda de sindicato, de movimento revolucionário, de agrupamento profissional ou de cooperativa"[25].

Imaginado a partir de uma visão holística do indivíduo – isto é, do homem encarado em sua totalidade e não nos papéis segmentados que desempenha no interior do grupo –, o conceito de comunidade abrange "todos os tipos de relações caracterizadas ao mesmo tempo por laços afetivos estreitos, profundos e duráveis, por um compromisso de natureza moral e por uma adesão comum a um grupo social"[26].

Se este modelo é capaz de evocar a imagem da *polis* (a comunidade-estado grega), não é menos suscetível de ser associado ao feudalismo, à Igreja, à tradição e ao irracionalismo que a Modernidade iluminista vislumbrava em formas de vida antigas. Daí a louvação de suas virtudes pelo pensamento conservador, mas igualmente o horror, por parte da intelectualidade liberal e revolucionária, às suas aparências de retrocesso na marcha do progresso humano, já que este último, sempre a reboque da lei estrutural do valor, desintegrou as

---

25. NISBET, R.A. *La tradition sociologique*. Paris: PUF, 1966, p. 69.

26. Ibid., p. 7.

pequenas aglomerações humanas, ditas "comunidades", em favor do crescimento das cidades, mais compatíveis com o produtivismo capitalista. A dicotomia comunidade (íntima e privada) e sociedade (formal e pública) constitui, na obra de Ferdinand Tönnies, um modelo sociológico para a análise de dois tipos básicos de organização social e leva à suposição de que a comunidade pertence de modo irreversível ao passado das formas sociais[27].

Fora desse modelo descritivo puramente sociológico, são os expoentes do pragmatismo que dão um novo estatuto teórico à palavra comunidade, anteriormente utilizada por Kant, mas, em termos estritamente lógicos, para indicar a causalidade de uma substância na determinação de outra. Os pragmatistas introduzem esse conceito numa teoria da ação social e o põem a serviço da teoria política. Primeiramente, Peirce com sua "comunidade de investigação": uma descrição da infinitude do conhecimento graças a uma ação investigativa que, frente a problemas concretos, mobiliza ideias capazes de trazer soluções, de modo contínuo e incessante. Maior do que o poder dos indivíduos, a comunidade lhes seria necessária como matriz de confirmação de suas crenças e hipóteses. Depois, outros – George Herbert Mead, por exemplo, que aprofundou a dimensão social do pragmatismo – desenvolvem as formulações peirceanas.

Mas é principalmente John Dewey, filósofo e educador, que dá maior coerência política ao conceito de comunidade, introduzindo a antiga noção grega de Bem (*to agathon*) como ponto para onde convergem as forças de equilíbrio do grupo: "Onde quer que haja uma atividade conjunta cujas consequências são admitidas como boas por todas as pessoas singulares que dela participam, e onde a realização do bem é tal que resulta em um desejo e esforço enérgicos para sustentá-lo justamente porque ele é um bem compartilhado por todos, existe uma comunidade"[28]. É, assim, a percepção coletiva de determinados efeitos sociais que cria um interesse comum capaz de engendrar uma vida comunal.

Como bem observa Pogrebinschi, "o que está em jogo neste conceito de comunidade é uma concepção idealizada da vida comunal, isto é, um certo modo de vida a ser perseguido como um ideal ético ou moral. Na verdade o que está em jogo é a ideia de participação. Para que se tenha uma comunidade e não meramente uma associação de indivíduos, é preciso que esses se constituam como membros efetivos (cidadãos) por meio de seu engajamento

---

27. Cf. PAIVA, R. *O espírito comum – Comunidade, mídia e globalismo*. Petrópolis: Vozes, 1998.
28. DEWEY, J. *The Public and Its Problems*. [s.l.]: Swallow Press, 1927, p. 149.

constante nas atividades coletivas, bem como a partir do reconhecimento das consequências compartilhadas destas atividades"[29]. Mas essa participação não é, para Dewey, algo natural ou espontâneo, de modo que os indivíduos devem ser inseridos no contexto dos interesses característicos do grupo humano específico. Em outras palavras, têm de aprender a se associarem ao interesse comum, que constitui a comunidade. Daí a exigência da educação e, mais precisamente, da educação moral, para que se perfaça o ideal comunitário.

Um terceiro requisito imprescindível é a "interação comunal" ou a comunicação, como salienta Pogrebinschi: "Para Dewey, a comunicação é essencial no processo de converter uma associação em uma comunidade e tornar os homens membros dela. A comunicação é o meio pelo qual os membros da comunidade podem compartilhar um interesse comum nas consequências das atividades associativas; interesse este que é constitutivo do desejo, do esforço e da ação comum necessária para criar e manter a própria comunidade"[30].

No embate entre a abominação das correntes "societaristas" e a louvação ao estilo do pragmatismo, a comunidade tem permanecido desde o século XIX como uma temática recorrente em autores importantes, seja como referência perdida, seja como algo a ser buscado ou reinventado na história, quando se faz a crítica radical do individualismo ou se tenta apreender as sutilezas da coesão social.

Uma síntese dessa controvérsia pode partir da oposição entre comunitaristas e liberais, uma maneira política de designar a bipolaridade que, na esfera da cultura, apresenta-se como o particularismo (ou tribalismo) contraposto ao universalismo. Para os primeiros, ocupam o primeiro plano da vida social todos os elementos atinentes à vinculação intersubjetiva, que se arrolam geralmente como as linhas de força provindas da origem constitutiva do grupo. Para os segundos, o que conta são os meios suscetíveis de levar o indivíduo a romper com as forças inerciais da origem, liberando-se no sentido do futuro ou do progresso social.

Os comunitaristas tendem a enxergar um fio de continuidade entre passado e futuro, razão pela qual privilegiam os valores de conservação da proveniência e, consequentemente, os valores da espacialização, do local. Sua especificidade deve ser buscada, como assinala Veneziani, "no sentido do enraizamento em um horizonte social e cultural percebido como horizonte comum,

---

29. POGREBINSCHI, T. *Pragmatismo*: teoria social e política. Rio de Janeiro: Relume-Dumará, 2005, p. 137.

30. Ibid., p. 140.

plural e significativo. Comunitarista é aquele que atribui valor ao laço social, religioso, familiar, nacional, que não vive como vínculo, mas como recurso. Para o comunitarista, o laço não é a cadeia que nos aprisiona e nos limita na liberdade, mas o fio de Ariadne que nos liga aos outros e nos sustenta"[31]. Daí, a importância por eles conferida aos ritos ou aos usos e costumes de um povo e, no limite, à realidade tal e qual se apresenta como uma matriz identificatória para cada um.

Os liberais, por outro lado, rejeitam a vinculação ao passado e tentam construir a sociedade a partir da desvinculação com as tradições e com as presunções de eternidade da ordem instituída. Seus valores articulam-se prioritariamente com o tempo, com a história. Para Veneziani, a especificidade do liberal está "na ideia de emancipação, de liberação dos laços, no projeto de uma humanidade liberada. Uma ideia que se conjuga com a desterritorialização, a superação dos limites, o universalismo. Liberal é aquele que visa emancipar o indivíduo dos vínculos sociais, territoriais, familiares, tradicionais. A cultura liberal é uma corda estendida entre individualismo e internacionalismo, no projeto de formar um cidadão do mundo"[32].

Na época do capitalismo transnacional globalista, o comunitarismo passa por modulações políticas diversas. Por exemplo, retorna a serviço do pensamento conservador subsumido na ideologia do multiculturalismo, que advoga o respeito à alteridade, concebendo o *Alter* (o *Outro*) como uma identidade fechada sob forma de comunidade etnocultural "autêntica".

Trata-se na prática de uma variação do velho culturalismo colonial, bastante preocupado com o múltiplo dos costumes, das crenças etc., mas de uma maneira apenas intelectualista, ora com o objetivo político de obter uma tolerância entre as comunidades culturais ou religiosas, ora com intenções puramente turísticas, sem chegar ao núcleo do problema, que é a verdadeira compreensão (aproximação e aceitação) do diferente concreto. Com esta formação ideológica, a consciência eurocêntrica pode transmutar o velho racismo de bases biológicas num novo tipo de discriminação que, sempre pretextando o respeito filosófico à diferença, mantém o Outro à "respeitosa" distância, no convívio social, no acesso ao emprego e nas fronteiras territoriais.

No entanto, a argumentação (acadêmica) de Esposito sobre a comunidade parece-nos pertinente à discussão sobre os mecanismos da coesão ou do vínculo social em face das novas formas de sociabilidade criadas pelo ca-

---

[31]. VENEZIANI, M. *Comunitari o liberali*: la prossima alternativa? [s.l.]: Gius, Laterza & Figli, 1999.

[32]. Ibid., p. 9.

pitalismo transnacional e irradiadas por dispositivos de mídia. Aproxima-se da pertinente reflexão de Cauquelin sobre as formações urbanas[33]. Para ela, quando alguém se indaga sobre o que poderia ser "primeiro" na formação das cidades, aparece como ponto de partida o "viver juntos". Isto é o que o antigo grego chama de *philia*, termo cujo sentido não se limita ao de "amizade", pois abrange o de laço comum traçando o círculo do convívio e significando tanto partilha como vizinhança. A *philia* é o *mobile* do viver juntos, não enquanto mera convenção ou acordo, mas enquanto predisposição à sociabilidade, *que é propriamente a comunicação* – entendida não como transmissão de informações, mas como intenção de tornar comuns as diferenças ou fazer a união dos opostos que, no entanto, em sua dinâmica, fazem circular a *philia*. Comunicação é tanto falar como fazer: *communicatio* é outro modo de dizer, em latim, sociedade (*societas*).

A comunicação define-se, assim, como o vínculo estabelecido pela *philia*, coextensivo ao lugar próprio. A *philia* permite definir-se o comum como "próprio" (*okeion*) e "vizinho" (*koinon*), significados enfeixados no conceito moderno de *sociabilidade* (Tönnies) e afastados de *socialização*, enquanto forma politizada de organização social. Por ser próprio, o lugar comum é um *topos*, ao mesmo tempo espacial e simbólico, que oferece aos próximos ou vizinhos imagens e memórias (casa, templo, monumento etc.) como um campo de identificações, acionado por uma mesma língua.

Embora o laço comunicativo da *philia* se alimente de diferentes memórias, ritos e acontecimentos marcantes, *o comum é um vazio* (neste ponto estão de acordo autores como Cauquelin e Esposito), na medida em que "o lugar comum quer dizer algo, mas não diz" (Cauquelin). Como indica Heráclito, "o laço que não se vê é mais forte do que o que se vê" (*Fragmento* 54). Laço, vínculo é *armazein* ou "harmonia", mas não traduzida como reconciliação: quando ocorrem elementos opostos (vida e morte, arco e flecha), frisa Cauquelin, não há mais apenas *topos*, e sim *tropos*, ou seja, um conjunto complexo de transformações, animado por uma tensão interna, por um "sopro" gerador de mudanças. É o vínculo invisível que desenha a cidade como lugar, criando outros lugares próprios para a identificação do indivíduo como cidadão.

Tudo isso ressoa na palavra "comunidade". Pode-se falar do *comum* ou do *ser em comum*, para evitar o embaraço do termo carregado de negatividades (o espírito "comunitário" de ditaduras tecnológicas como o nazismo e o stalinismo, ou então de fundamentalismos religiosos contemporâneos, a exemplo da *jamaa* islâmica, que prega o retorno de um califado perdido na história),

---

33. Cf. CAUQUELIN, A. *Essai de philosophie urbaine*. Paris: PUF, 1982.

mas Esposito o mantém, sob a alegação de que é o conceito de comunidade (e não qualquer entidade "comunitarista") quem nos diz que ser é estar-junto, é ser-com. Ou seja, não se parte da ideia de um "eu" ou de um "não eu", mas de um "com" constitutivo.

A preposição *com* deixa ver o afastamento ou a diferenciação que, entretanto, nos relaciona ou vincula aos outros, entendidos não como sujeitos constituídos, mas como uma exterioridade, para a qual se abre originariamente o si mesmo. Vinculando-se, cada um perde a si mesmo na medida em que lhe falta o absoluto domínio da subjetividade e da identidade, em função da abertura para o Outro. A *communitas* a que se refere Esposito não é "o 'entre' do ser, mas o ser como 'entre', ou seja, não uma agregação de identidades sociais (o que levaria a se confundir comunidade com local), mas a divisão originária do ser pela força do comum – 'eu sou um Outro', como no verso de Rimbaud".

Quando formulamos uma indagação essencial sobre a comunicação (fora da concepção informacional, ancorada na sociologia), estamos partindo da relação ou do vínculo implicado nesse "com", que assinala a divisão de um *munus*, uma tarefa ou uma dádiva originariamente feita por cada indivíduo a cada outro. Comunicar é a ação de sempre, infinitamente, instaurar o comum da comunidade, não como uma entidade agregada, mas como uma vinculação, portanto, como um nada constitutivo, pois o vínculo é sem substância física ou institucional, é pura abertura na linguagem. O sujeito que se comunica é o mesmo ser como "entre", logo, uma interioridade destinada a uma exterioridade, o Outro.

Por isso, ao buscarmos uma perspectiva constitutiva para a comunicação, defrontamo-nos primeiramente com o problema do comum e logo em seguida com o das especificidades do modo próprio de inteligibilidade do processo de produção de sentido e de discursos sociais. Isto redunda na tática analítica de tratar a comunicação como um objeto conceitual capaz de se desdobrar operativamente em níveis que designamos relacional, vinculativo e como crítico-cognitivo[34]. A vinculação difere da relação nisto em que não se define como um "fazer contato", como algo colocado "entre" os seres, e sim como a condição originária do ser, desde já atravessado por uma exterioridade que o pressiona para fora de si mesmo e o divide.

Podemos falar aqui de "lugares do comum". O nível vinculativo refere-se ao lugar social da interação intersubjetiva, sobre a qual se debruçaram, no plano estritamente lógico-linguístico, autores como Wittgenstein, Quine, Peirce,

---

34. Cf. SODRÉ, M. *Antropológica do espelho*: uma teoria da comunicação linear e em rede. Petrópolis: Vozes, 2003.

Davidson e, no plano lógico-discursivo, os teóricos dos atos da fala, de Austin a Searle. O nível relacional é propriamente o informacional, ou interação midiática, em que sujeitos sociologicamente concebidos como identidades sociais (operação costumeira dos "estudos de mídia") fazem contato por meio de dispositivos técnicos de comunicação.

O lugar da aprendizagem

Seja qual for o nome que se atribua ao comum – lugar, local, comunidade – num *meio vital* determinado, é importante compreendê-lo como uma vinculação constitutiva ao se pesquisar os mecanismos básicos da aprendizagem. O que se entende como "mundo da vida" comporta tanto esse meio quanto a aprendizagem, nos termos de Paracelso: "A aprendizagem é a nossa própria vida, desde a juventude até a velhice, de fato quase até a morte: ninguém passa dez horas sem nada aprender"[35].

Isso se deve ao fato de que a coesão comunitária está assentada em crenças partilhadas e valores, relativos a determinações (bem/mal, justo/injusto etc.) necessárias à vinculação intersubjetiva. Observa Debray que "o universo intersubjetivo é regido por *crenças*, inverificáveis; o universo objetivo, por *saberes*, refutáveis (em geral). O primeiro é o domínio do mito, da tese, da opinião, da doutrina etc.; o segundo, do resultado, da lei, da descoberta, da demonstração"[36]. Todavia, ele está ciente de que o poder da crença não se acaba; sabe, como Paul Valéry, que "toda estrutura social está baseada na crença ou na confiança" ou, como Hobbes, que até mesmo "governar é levar a acreditar". O mesmo ocorre com o saber, que jamais se fundamenta em si mesmo, e sim na aprovação que lhe é dada pela crença, como bem vira Fichte: "A crença não é o saber, mas a decisão da vontade de dar ao saber seu pleno valor"[37].

Essa instância vinculativa ou meio vital se constitui pela partilha de um *lugar* comum construído pela identidade coletiva, que é uma ficção destinada a cimentar afetiva e ideologicamente a unidade do grupo. Dizer que a identidade é uma ficção é afirmá-la como ilusória (por ser um recurso que acena como uma estabilidade de sentido, quando na prática o sentido do humano é instável e movediço), embora tendo em vista que a ilusão é capaz de gerar efeitos de realidade.

---

35. Cf. MÉSZÁROS, I. *A educação para além do capital*. São Paulo: Boitempo, 2005, p. 15.
36. DEBRAY, R. *Curso de midiologia geral*. Petrópolis: Vozes, 1993, p. 28.
37. Cf. HIPPOLITE, J. Op. cit., p. 67.

Um desses efeitos de realidade é o *preconceito*, entendido, em sentido lato, como uma totalidade plausível (apesar do frequente irracionalismo) de julgamentos que serve de base para que possamos *crer* em alguma coisa e, desse modo, *aprender*. Sustenta Wittgenstein: "Nós não aprendemos a prática do julgamento empírico, aprendendo regras; o que nos é ensinado são julgamentos, assim como seu laço com outros julgamentos"[38]. O pensador, para quem o trabalho filosófico consiste essencialmente em elucidações, está-se referindo ao preconceito como parte de toda operação de conhecimento, do modo como adquirimos um saber qualquer, e não de preconceito em sentido negativo como base para a formação das discriminações sociais ou do racismo.

Especulando sobre como chegamos a dizer que sabemos ou temos certeza de alguma coisa, ele mostra que "toda verificação do que se admite como verdade, toda confirmação ou invalidação acontece no interior de um sistema [...]. O sistema não é tanto o ponto de partida dos argumentos quanto o seu *meio vital*"[39]. Por exemplo, o adulto que diz a uma criança já ter estado em determinado planeta. Crédula ou confiante na autoridade da fonte, a criança rejeitaria a princípio outros argumentos contrários e, apenas diante de uma insistência grupal, poderia terminar se convencendo da impossibilidade de tal viagem. Wittgenstein indaga então se a reiteração por parte de um meio vital não é exatamente a maneira de se ensinar uma criança a crer ou não crer em Deus, e daí, a partir de qualquer uma das crenças, se produzirem razões aparentemente plausíveis.

O pensador não está atribuindo qualquer valor cognitivo à estética (entendida como dimensão do sensível e por ele identificada à ética), mas sua argumentação aproxima-se da estesia *lato sensu* como modo ampliado de apreender o mundo. Na terminologia antropológica corrente, esse meio vital equivale a *ethos*, entendido como consciência viva do grupo que impõe o sentido de costume enquanto maneira regular ou mecânica de agir. Já no círculo discursivo da filosofia, impõe-se o termo *hexis*, que também significa costume, mas sem a ideia de automatismo do *ethos*, portanto, costume como *praxis* ou prática de ações com a disposição voluntária e racional para atos justos e equilibrados.

A educação em seus patamares elevados tem a ver com *hexis* e *praxis*. Mas em sua base está o *ethos* grupal, ou seja, a vinculação comunitária, que responde pela formação das crenças. Por isso, diz Wittgenstein que, para co-

---

38. WITTGENSTEIN, L. *De la certitude*. Paris: Gallimard, p. 57.

39. Ibid., p. 51.

meçarmos a crer em alguma coisa, é preciso que funcione aquele "meio vital" dos argumentos, que não consiste de uma proposição isolada, mas de um "sistema inteiro de proposições", mutuamente apoiadas, de tal maneira que "a luz se expanda gradualmente sobre o todo".

Esse mesmo mecanismo se encontra na base de qualquer conhecimento, tal como esclarece Piaget: "O conhecimento não começa no objeto, e sim nas interações. Enquanto estas são feitas de atos isolados, não coordenados, não podemos falar de objeto nem de sujeito. À medida que as interações dão origem a coordenações, há uma construção recíproca e simultânea do sujeito por um lado, e do objeto, por outro"[40].

Pode-se associar a este argumento o conceito de faculdade mimética, que Benjamin vê como inerente à história ontogenética e filogenética do homem: "A natureza engendra semelhanças: basta pensar na mímica. Mas é o homem que tem a capacidade suprema de produzir semelhanças. Na verdade, talvez não haja nenhuma de suas funções superiores que não seja decisivamente co-determinada pela faculdade mimética"[41].

Assim, o que faz fixar-se uma crença – ou desenvolver-se um conhecimento – não é uma qualidade intrínseca de clareza da proposição, mas a solidez do sistema, capaz de estimular, desde a primeira infância, as interações e a faculdade mimética. Neste plano, a força da convicção é maior que a da verdade. Não se trata, portanto, de *saber* o que se diz saber, e sim de aceitar como solidamente fixado aquilo que já se sabe.

E por que esse saber se fixa? Por confiança na autoridade das fontes, por aquilo que se transmite de uma *forma* determinada no interior de um *comum*, um *meio*, tido como vital, por ser fonte de razoabilidade e afeto, logo, de convencimento. Diz um provérbio africano (iorubano): "Só aprende quem respeita". E Wittgenstein: "É assim que eu creio em fatos geográficos, químicos, históricos etc. É assim que eu aprendo ciências. E claro, aprender apoia-se naturalmente em crer"[42]. Dizer que se sabe alguma coisa equivale a ter a coisa como certa, mas a certeza está em quem crê, logo, numa dimensão indefinida ou obscura, e não no fundamento racionalista e transparente da crença.

Desse modo, um saber anacrônico como o que está implícito no racismo pode perder validade histórica, mas ainda assim deixar intacto o "meio vital"

---

40. Cf. EVANS, R. *Piaget: o homem e as suas ideias*. Lisboa: Socicultur, 1973, p. 65.

41. BENJAMIN, W. "A doutrina das semelhanças". *Obras escolhidas* – Vol. I: Magia e técnica, arte e política. São Paulo: Brasiliense, 1993, p. 108.

42. Ibid., p. 63.

em que foi gerado, ou seja, uma forma social, na qual prospera um tipo de sensibilidade capaz de alimentar as crenças sobre a inferioridade humana do Outro. Um exemplo: mesmo abolido o regime escravagista em termos políticos e jurídicos, nada impede que uma sociedade com forte tradição patrimonialista e senhorial preserve relações sociais de natureza escravista por meio de um jogo de posições em que o lugar social do descendente de escravo já esteja ideologicamente predeterminado por escassa visibilidade nos foros públicos, barreiras educacionais e empregatícias. Uma forma social é historicamente assimétrica à modernidade das formas de produção vigentes, desde que não existam condições políticas nem educacionais em que se estabeleça a simetria.

Na realidade, o meio vital nada tem de "natural". É conformado por modelos existenciais, decorrentes, em termos intelectuais e sensíveis, dos sistemas de pensamento, regimes de produção de verdades e ideologias coletivas, que presidem aos saberes e às crenças do senso comum, em outros termos, à comunidade.

Exemplos:

Modelo político-econômico – Parece ter ficado definitivamente claro que a organização econômica e social do capital é uma totalidade que se impõe ao ser humano até mesmo nos meandros mais recônditos de sua existência. Pouco importa que, em determinadas regiões do mundo, o capitalismo não seja pleno ou ainda algo a advir, o fato é que o capital se anuncia como a lei estrutural do valor, pela qual se medem as realidades políticas e os padrões existenciais. *A vida é o que capital fez ou faz dela.*

Modelo jurídico e moral – Não há vida social sem um conjunto de regras que fixe os limites do permitido. Quando se trata de obrigações de comportamento, controladas por uma vontade geral ou por um Estado, entra em cena a obediência às leis, que modernamente decorrem do direito positivo, isto é, de um ordenamento não divino, mas humano e racional. O poder moderno encontra sua legitimação nesse direito. Por outro lado, quando se trata da conduta humana encarada sob o ângulo da conveniência social, mas sem ameaça direta ao poder de Estado, entra em cena a moralidade como um conjunto mais ou menos ordenado de regras relativas à repulsa ou à adesão da comunidade a um determinado tipo de conduta. A moral é o tipo de moralidade que, desde os antigos gregos, foi colocada no centro da reflexão ocidental (filosoficamente determinada como *ética*) como um *problema* de elucidação dos valores, enunciado em termos de consciência e de liberdade. *O valor mercantil do capital produz modernamente sua lei moral.*

Modelo antropológico – Toda sociedade delineia de um modo ou de outro os contornos do modelo humano que atribui idealmente a si mesma. Desde o Renascimento, a modernidade ocidental coloca o homem europeu no centro do seu modelo, primeiro como "civilizado" (frente aos bárbaros ou selvagens), depois como *homo oeconomicus*, essa "descoberta" do século XVIII, destinado a se tornar paradigma antropológico universal, acompanhando ideologicamente a expansão planetária dos comerciantes, soldados e missionários cristãos. Dentro do modelo, esse homem universal é branco, cor que fornece o padrão antropológico – assim como o ouro pode ser padrão monetário – para a classificação da heterogeneidade, para a diversidade da epiderme humana e dos modos de realização simbólica. Desse monismo fenotípico decorre uma espécie de "leucocracia", que é *a dominação social exercida pela "branquitude", o paradigma tradutor da divisão planetária do trabalho em classes biológicas ou étnicas.*

Pode-se pensar em outros modelos, mas os que são aqui apontados contribuem decisivamente para a formação dos saberes e crenças constitutivos do senso comum no meio vital das comunidades modernas. O que se costuma aprender na interação social e na formalização escolar deriva em grandes e pequenas linhas desses modelos que se constroem progressivamente como regimes de produção de verdades ao longo dos séculos.

Experiência e criatividade

A esse mecanismo essencial da aprendizagem, ancorado num meio vital e legitimado pela autoridade da fonte, podem-se associar as concepções de *narrativa* e de *experiência*, que Benjamin, ao analisar a forma tradicional de transmissão de conhecimentos, diz terem-se acabado na modernidade[43]. A palavra "experiência" não deve ser aqui associada ao que as ciências naturais chamam de "experimento". Trata-se mesmo de um processo mediador, autorreflexivo e constitutivo da consciência do sujeito.

Em seu texto, Benjamin apoia-se na distinção entre experiência e vivência. "Experiência" é o que ele filosoficamente designa pela palavra alemã *Erfahrung*, isto é, o conhecimento que se aufere da vida prática. Já "vivência" (*Erlebnis*) é a revelação que se obtém num acontecimento, numa experiência íntima do sujeito. É algo, diz ele, individual, imediato e transitório, cuja duração retém

---

43. Cf. BENJAMIN, W. "Parque central". *Obras escolhidas* – Vol. III: Charles Baudelaire, um lírico no auge do capitalismo. 2. ed. São Paulo: Brasiliense, 1991. Sobre o desaparecimento do narrador, cf. BENJAMIN, W. "O narrador – Considerações sobre a obra de Nikolai Leskov". *Obras escolhidas* – Vol. I: Magia e técnica, arte e política. São Paulo: Brasiliense, 1985.

apenas o instante de uma ocorrência, ao passo que a experiência se define por um trabalho demorado de incorporação à memória das reminiscências e sensações de toda uma base tradicional. Experiência não é a surpresa, nem o extraordinário, mas aquilo que, em toda ação cotidiana, revela-se como constituinte ou originário. É, portanto, um fenômeno grupal ou coletivo, que decorre da imanência originária do todo ao indivíduo e vice-versa.

As formas da experiência em que ancora a narrativa são essencialmente *simbólicas*, isto é, são expressões sensíveis e polissêmicas da organização do real. Sensíveis, porque devem ser mais vividas do que entendidas; polissêmicas, porque se investem de significados múltiplos, senão inesgotáveis, suscetíveis de uma contínua ressignificação pela diversidade temporal e espacial dos intérpretes. A forma simbólica não é uma força estática, mas um potencial de ação para o grupo, na medida em que implica tanto a origem (entendida como *princípio* simbólico de constituição do grupo e não como começo histórico) quanto, virtualmente, o destino.

A originariedade, radicalmente *ética*, confere a alguém, mais velho, mais "iniciado" na vida, a *autoridade*, que serve de fundamento à experiência. Por isso, o sujeito da autoridade, aquele que transforma a experiência incorporada à memória na matéria-prima de uma fala, pode constituir-se como *narrador*, isto é, como agente de uma ação discursiva que organiza seus conteúdos verbais numa forma linear, centrada e conexa. Não se trata de uma mera técnica organizativa: esse agente *simboliza* toda uma ordem social que integra na experiência o singular e o grupal. Sustentada por uma instância enunciativa consistente, a narrativa em questão é propriamente uma *forma simbólica*. Benjamin argumenta que é experiência o que efetivamente se narra, pois "a experiência que passa de pessoa a pessoa é a fonte a que recorreram todos os narradores".

É possível ver na identificação da narrativa à troca de experiências uma retomada da antiga noção de *fronesis* (a "prudência" grega), definida como um saber concreto, perpassado pelo valor: um saber posto à disposição da escolha humana para a realização de um valor (uma virtude) que implica a complexidade do real, a vida como um todo. Implica, por conseguinte, tudo aquilo que, para Aristóteles, é aquilatado pelo *eidos*, isto é, a experiência que possibilita a compreensão da pluralidade dos modos de realização do mundo e que permite a distinção entre uma verdade não arbitrária e a pura aparência das coisas.

O narrador clássico, referido por Benjamin, é a própria correia de transmissão desse saber concreto, no qual se auferem conselhos, ensinamentos éticos e práticos. Esse tipo de narrativa constitui a base comunicativa do grupo social, portanto, as formas primordiais de transmissão do *ethos* comunitário, ou seja, de tradições e modos de ser. Sua temporalidade é necessariamente lenta, já que a interiorização harmônica das experiências demanda, para o ouvinte, o intervalo prudente entre os relatos; para o narrador, o próprio acúmulo temporal como critério de sabedoria.

Narrador não é o mesmo que professor ou preceptor. Mas é forçoso registrar que alguns dos traços básicos da narrativa enquanto articulação de comunidade e comunicação reencontram-se no desenvolvimento da filosofia da educação. Assim é que, já em pleno século XX, a ética comunitária redefine-se pedagogicamente como teoria moral (com Durkheim e Dewey, por exemplo) e a experiência ganha novos matizes. Por isso, vale chamar a atenção para o detalhe de que o arrazoado conceitual de Benjamin depende de *conotações particulares* da palavra "experiência". Por exemplo, a afinidade etimológica entre experiência e "deslocamento no espaço" ou "viagem", portanto, uma experiência sensível de natureza externa.

Conforme observa, num outro contexto, um pesquisador e arabista: "A associação entre viagem e experiência se reflete nas raízes etimológicas das palavras indo-europeias para viagem, que demonstram a proximidade do alemão *Erfahrung* (experiência) e *irfaran* (viajar, no alto alemão antigo, *Althochdeutsch*). Muitas reflexões dependem das experiências em primeira mão de outros, associação entre conhecimento e autópsia (no sentido grego da palavra: o ato de ver com os próprios olhos) ou 'iyán' (testemunho, ver com os próprios olhos)"[44].

Na esfera do saber clássico essa relação entre mobilidade e conhecimento (ou narratividade) – também presente na Antiguidade grega, quando *theóros* era tanto espectador ou sujeito do conhecimento quanto o viajante que vai consultar o oráculo – contrapõe-se evidentemente à predominância do tempo sobre o espaço na modernidade europeia. O "fim" da experiência anunciado por Benjamin é, na realidade, o fim da autoridade espacializada da "autópsia", do ver por si mesmo, em favor da experiência temporalmente autorizada da escrita. A idealização "classicista" consiste em aspirar a uma experiência absoluta, anterior (às modernas formas de narração concretizadas no romance e na informação), supostamente "autêntica".

Mas se nos detivermos sobre a palavra "experiência", veremos que ela própria já inscreve etimologicamente a ideia de deslocamento espacial, de uma travessia a partir de um ponto original. Análoga, assim, ao que semanticamente implica *educar*, isto é, conduzir-se ou conduzir alguém de um ponto

---

[44]. FARAH, P.D.E. *Deleite do estrangeiro em tudo o que é espantoso e maravilhoso – Estudo de um relato de viagem bagdali*. Rio de Janeiro/Argel: Fundação Biblioteca Nacional, 2007, p. 21-22.

para outro – "viajar", em última análise. "Viagem" é de fato uma metáfora espacial adequada para o que está implicado no processo educacional. No latim clássico, tanto *educare* quanto *educere* inscrevem semanticamente esta noção, confluindo para o significado, dentre outros, de criar ou formar espiritualmente alguém.

Educere significa propriamente criar uma criança (a "criação dos meninos", referida por Ésquilo em *Sete contra Tebas*). A radicalidade deste processo é de certo modo análoga ao processo infantil de simbolização, tal como sintetiza Freud por meio da descrição de um jogo de carretel executado por uma criança. Balbuciando *fort* (prefixo indicativo de distância, em alemão) e *da* (presença), à medida que lançava e recolhia o carretel, a criança simbolizaria a alternância de ausências e presenças da mãe, e assim aprendendo a expressar sua insatisfação com a ausência materna[45]. A travessia entre um ponto e outro, uma e outra situação, é a forma celular de uma abstração, a oposição simbólica (*fort/da*), que é a condição da possibilidade de ingresso na linguagem.

Não se trata, porém, de um processo puramente linguístico: essa substituição das ausências e presenças reais por uma invariante abstrata (o símbolo) implica uma aprendizagem, gerada no deslocamento do carretel entre um ponto e outro. É um deslocamento análogo às metáforas da travessia, da viagem, do pôr-se a caminho, de que costumam se valer os que pensam sistemática ou pontualmente a educação. Diz Heidegger: "Aprender quer dizer: fazer com que isso que nós fazemos seja cada vez o eco da revelação do essencial. Para que nós possamos fazê-lo é necessário que nos coloquemos a caminho"[46].

Esta definição explicita tanto a questão da essência – entendida como a busca de singularidade ou conquista da humanidade própria do homem – quanto a metáfora da viagem, a injunção do pôr-se a caminho. Educar equivale a iniciar a consciência na trilha de um estranhamento interno e externo (o educando como o "amável estrangeiro" pensado por Rousseau), que significa a possibilidade de crescer em autonomia.

A primeira etapa desse processo é a socialização, entendida como a transformação do *infans* (literalmente, "aquele que não fala") em pessoa falante e comunitária. A narrativa clássica, enquanto forma simbólica, tipifica justamente esse modelo de humanização do indivíduo, na medida em que o *inicia* no saber concreto necessário à sua integração no grupo. Não se trata propriamente de "ensino" no sentido escolar do termo, e sim de *iniciação*, aquilo

---

45. Cf. FREUD, S. *Para além do princípio do prazer.* Parte II. Rio de Janeiro: Imago, [s.d.].

46. HEIDEGGER, M. *Was heisst denken?* Tübingen: Niemeyer, 1984, p. 85.

que fundamenta a aliança entre os mortos e os vivos, isto é, entre os ancestrais – os fundadores da comunidade – e seus descendentes. Ética é o discurso da fundação, do pai morto.

A narrativa é radicalmente ética porque encarna o discurso originário do seu grupo. E ela acontece "em viagem", ou seja, na diversidade dos lugares ocupados pelo narrador em suas lides cotidianas, como deixam transparecer as descrições da atividade sábia nas sociedades tradicionais, em vários continentes. Aliás, os famosos diálogos socráticos podem ser vistos como uma modalidade dessa narrativa, que acontecia no ginásio de atletismo, nos banquetes, nos salões e no mercado. Os sofistas eram igualmente ambulantes, só que em geral oriundos de locais externos.

Mas Dewey, para quem a experiência é uma categoria essencial à compreensão da formação do indivíduo, lança mão de uma perspectiva teórica e de uma terminologia bem diferentes das de Benjamin ou Heidegger[47]. Para ele, experiência é a interação entre o indivíduo e o ambiente, regulada pela *situação*. Inexiste aí o sentido do originário ou do inaugural, uma vez que a experiência tem como pressuposto um conjunto anterior de saberes, que possibilitam ao sujeito o desenvolvimento de sua interação com o mundo, portanto, de sua experiência. Este aspecto é relevante para a consideração do processo educacional, na medida em que sugere a ampliação do ser comunitário, assim como o desloca das rotinas para capacitá-lo a interagir expressivamente com a pluralidade das situações presentes em sua interação com o mundo.

A metáfora do deslocamento comparece, assim, tanto em Benjamin quanto em Dewey. Mas há outro modo de "deslocar-se" no processo de conhecimento que ultrapassa os modos cognitivos da percepção e da concepção normalmente usados para se descrever a produção do saber. De fato, o sujeito aprende a perceber a diversidade do real e assim conceber ideias ou noções. A partir de certo momento, entretanto, percepção e concepção tornam-se figuras de uma razão repetitiva e de uma estéril imitação. Daí a possibilidade de um terceiro modo, a *criatividade*, que o físico e escritor Amit Goswami designa como "cognição não local", associando o pensamento budista à física quântica[48]. Na verdade, é igualmente um tipo de aprendizagem, diferente daquele que apontamos como sustentado pela inserção do sujeito num contexto determinado (já aqui descrito como um meio vital ou comunitário), pela crença e pela memorização de saberes. A criatividade implica o deslocamento da fixidez do contexto.

---

47. Cf. DEWEY, J. "Experiência, natureza e lógica: a teoria da investigação". *Os pensadores*. São Paulo: Abril, 1980.

48. GOSWAMI, A. *O universo autoconsciente*. [s.l.]: Aleph, 2007, p, 266.

Não é difícil conciliar a filosofia pragmatista com a tradição budista, que sempre foi marcadamente pragmática. Assim, o "não localismo" cognitivo pode ser tomado como uma metáfora para a descontinuidade da rigidez dos hábitos impostos por um contexto determinado. É a mesma propriedade caracterizada pelo pragmatismo clássico (Dewey, Mead) como "inteligência" ou "capacidade de invenção", necessária à renovação continuada da ação humana. Fortemente ligada ao conceito de ação, a criatividade se apresenta como libertadora, porque implica o ultrapasse da racionalidade mecânica e apela para os recursos da imaginação, não raro classificados como "irracionais". Isso acontece nas ciências, nas técnicas, nas artes ou em qualquer variedade da ação humana.

Para nos atermos a um exemplo científico: Os cientistas russos André Geim e Konstantin Novoselov conquistaram o Prêmio Nobel de Física de 2010 por terem isolado pela primeira vez o grafeno, que é uma folha super-resistente de carbono (cem vezes mais forte que o aço e eficiente condutor de eletricidade), de apenas um átomo de espessura. O grau de criatividade do experimento aparece na narrativa dos dois cientistas: para isolar uma folha de grafeno (basta dizer que o grafite comum do lápis é feito de milhões dessas folhas superpostas), eles usaram fita adesiva comum, numa iniciativa que chamam de "experiências de sexta-feira à noite", ou seja, ideias "malucas" que podem, ou não, dar certo.

"Maluquice" deve ser entendida, em termos de ação criativa, como um salto fora do sistema prévio de experimentos físicos, portanto, uma inovação radical, para a qual concorre a influência de campos heterogêneos do conhecimento e em que se misturam as forças da racionalidade com as da intuição. É oportuno levar em consideração a frase de Einstein no sentido de que "a teoria da relatividade não depende por inteiro do pensamento racional". A criatividade não pode ser ensinada, mas é possível criar as condições culturais para seu desenvolvimento. Em termos educacionais, isso implica uma pedagogia capaz de hibridizar modos diferentes de apreender a realidade, conjugando a abordagem lógica e metódica do mundo com a percepção global e intuitiva típica das práticas artísticas.

Na realidade, a capacidade inventiva imanente à ação social ou "terceira forma de cognição" não se limita à ciência nem pode ser apreendida apenas em termos técnicos, uma vez que é de fato uma experiência de conhecimento radical, ao lado de outras análogas como a mística, a poesia e a transformação política, ou seja, de formas como o extraordinário emerge na história. Por que radicais? Porque se referem, no limite, à vida e à morte, que são as marcas originárias (princípio e fim) da comunidade humana. No empenho da criação, redesenham-se essas marcas, abrindo-se novas possibilidades, em níveis variados – nas crenças, na política, nas artes, nos modos de saber e fazer –, de existência humana.

A experiência radical da criação, isto que em termos genéricos se denomina "criatividade", não se contém tecnicamente num único nível (por exemplo, a tecnologia isolada em suas puras circunstâncias instrumentais), pois é uma incitação orgânica a que se repense toda a dinâmica histórica de relacionamento com passado e futuro, com vistas à renovação e à continuidade da existência comunitária.

Considerando, assim, que criatividade é "a gestação de algo novo em um contexto inteiramente novo", o físico Goswami argumenta com o conceito de consciência – não local, no sentido quântico do termo, já que permite saltar para fora do sistema – para descrever essa forma cognitiva como a superação da estabilidade do local pelo impulso de transformação. No pensamento hindu, essa dinâmica pertence à própria essência da natureza, que é a mudança constante, a interminável reformulação de si mesma. As coisas não permanecem tal e qual, devido a três forças complementares – inércia, energia e luminosidade – que brotam da própria raiz da natureza no momento da criação.

A criatividade proviria dessas correntes profundas. Ela refere-se à geração de sentido novo, a deslocamentos no plano da língua para gerar linguagem. A metáfora, por exemplo, é um dos mecanismos mais criativos de linguagem. Se eu digo que essa cadeira tem pés, esses "pés" só comparecem aí por uma licença metafórica a partir de uma descrição particular do corpo humano. Assim a língua avança e se diversifica.

Comparece a essa questão a *apate* (sedução, desvio) sofística nos termos de Gorgias: a linguagem deveria funcionar mais em função da criação de novas realidades do que da representação de uma realidade já dada. E esse novo aparece impulsionado pela força do *kairós*, que é a temporalidade do momento, da ocasião, da oportunidade. No *kairós*, tempo e ação coincidem, provocando o jogo criativo da linguagem, capaz de desestabilizar as formas congeladas ou instituídas da tradição num local determinado.

Mas, como já vimos, tais formas instituídas como "preconceito" ou "imitação" num local são importantes mecanismos de aprendizagem, o que sugere alguma cautela ao se relacionar educação e criatividade. De fato, partindo da reflexão de Alain no sentido de que "só existe um método para inventar: é imitar", Azanha diz ser "claro que todo progresso da cultura humana é devido a homens criativos, mas é claro também que estes foram criativos em relação a um acervo cultural que dominavam e que por isso mesmo foram capazes de superar". Daí, conclui que "ser criativo é no fundo ser divergente. Mas ninguém diverge simplesmente sem pontos de referência. Diverge-se de alguma coisa: de uma opinião, de um modelo, de uma ideia. 'Divergente' é um predicado comparativo, assim como 'maior' ou 'superar'. Não atentando para isso, iludem-se os tolos pedagogos da criatividade"[49].

A dialética da imitação e da divergência pressupõe naturalmente a ideia de uma dinâmica interativa, oriunda de um núcleo de identidade (os necessários pontos de referência), que é capaz de mobilizar as forças cooperativas dos sujeitos, mas também de acolher os distanciamentos ou a liberdade presente em todo movimento de autonomia do indivíduo. Pode-se dar a isso o nome de comunidade para acentuar o fundo coletivo de todo ato criativo, por mais que sua concretização pareça partir de uma individualidade isolada.

O local é igualmente importante, uma vez que a criatividade opera a partir de seu interior, e não como uma força externa. Acionando a impulsão instituinte, o jogo criativo visa o lado de indeterminação presente em toda prática social, ainda quando esta se cerca das garantias do fechamento e das suposições de eternidade.

Mas a criatividade incide sobre qualquer dimensão da existência, qualquer nível de conhecimento. Ela aparece, assim, como uma intervenção cognitiva nos modos de realização do real, uma intervenção mais ampla do que a ação pontual, que resulta do momento privilegiado – único e irrepetível – de uma subjetividade, chamada de "criação" pela Estética. Referida ao trabalho intemporal, geralmente coletivo, de intervenção e transformação dos signos, a criatividade é propriamente uma *experiência*. Entenda-se: uma experiência original de conhecimento que opera, ecologicamente, com os materiais do sensível e da razão num mesmo plano.

Isto significa valer-se da linguagem em toda a sua extensão, portanto, não apenas como articulação semântica, mas como instauração de sentido para além dos limites de uma língua estabelecida, das localizações fechadas, para além das convenções conceituais, com vistas à síntese, ainda que parcial, de um agenciamento simbólico. Dessa maneira, a criatividade aparece, para além da mera aprendizagem, como uma espécie de desafio do possível ao atual, ao instituído ou ao local, isto é, da existência humana compreendida como abertura de linguagem.

Pensada em termos estritamente tecnológicos, a criatividade assume foros estratégicos na competitividade dos países econômica e politicamente emer-

---

49. AZANHA, J.M.P. "Alain e a pedagogia da dificuldade" [Prefácio]. In: ALAIN, E.C. *Reflexões sobre a educação*. Rio de Janeiro: Saraiva, 1978, p. 7-19.

gentes no cenário mundial. As novas fronteiras do conhecimento para onde se movem países como China, Índia e Coreia do Sul são balizadas pelo avanço na criatividade que se traduz em pesquisas inovadoras, capazes de gerar patentes tecnológicas globais.

Esse é um repto educacional e científico para o crescimento tecnológico de um país como o Brasil. No final do primeiro decênio deste século, o país não figurava entre as cem empresas com mais patentes registradas, nem contava com qualquer universidade no *ranking* das 52 mais produtivas do planeta. A criatividade da matriz em que se assenta a tradição de produção do conhecimento no Brasil depende não apenas da velocidade técnica das pesquisas, mas sobretudo de sua articulação profunda com o que de local e comunitário possa refletir-se como originalidade para o âmbito global.

Por outro lado, essa articulação profunda com a originalidade comum torna claro que, por mais economicamente importante que seja a dimensão técnica da criatividade, ela não se reduz ao campo de realização da tecnologia. Ou seja, não implica apenas o *fazer*, mas igualmente o *ser*. É que, em seu inacabamento, em sua incompletude existencial ou em sua liberdade, o sujeito humano é sempre possibilidade originária do impensado, do não dito, do inesperado.

Em sentido amplo, criatividade enquanto prática criativa é a transformação dessa possibilidade em ação mobilizadora do comum. Esse "comum" pode ser interpretado como a força propulsora das inovações necessárias à expansão da tecnociência e do capital-mundo, o que é o caso das ideologias educacionais disseminadas nos países do centro mundial capitalista, e mais agudamente nos países do Hemisfério Sul, postos em situação de dependência tecnológica por efeito da nova divisão internacional do poder e do trabalho.

Por outro lado, a criatividade pode orientar-se em função de um empenho comum na direção da abertura existencial do sujeito, por meio da invenção de outras possibilidades humanas. Este é também um horizonte possível da educação moderna, vislumbrado em mais de uma concepção pedagógica. Neste caso, a escola se investiria igualmente do que se continha na origem grega da palavra (*skolé* significa "ócio"), ou seja, a disponibilidade "ociosa" para o inesperado da criação.

Capítulo 3

Pedagogia e escola

Nada do que vale a pena saber pode ser ensinado (Oscar Wilde).

É impossível ensinar o amor
(F. Nietzsche).

"Nunca deixei minha escolaridade interferir em minha educação" (Mark Twain); "aos sete anos de idade, tive de parar a minha educação para ir à escola" (Gabriel Garcia Márquez); "os anos de adolescência na liberdade das ruas da Cidade de Salvador da Bahia foram minha melhor universidade" (Jorge Amado).

Twain era um conhecido frasista, mas sem dúvida alguma um escritor de tamanha importância em seu país que pôde ser descrito como "a consciência do século XIX". Márquez, um dos maiores narradores do século XX, aposta na liberdade absoluta da imaginação, portanto, na magia do contato direto com o mundo. Amado é o mestre do romance concebido como um afresco realista, em que a cor local e o drama social partem da vida espontânea das ruas. Pode-se pensar que suas frases sobre escola e educação não passariam de *boutades* a que se permitem escritores mundialmente conhecidos. Mas leva também a pensar a síntese irônica para elas contida na frase epigrafada de Oscar Wilde, assim como a impossibilidade enunciada por Nietzsche.

É certo, entretanto, que a relação entre ensino e aprendizagem é terreno fértil para as especulações de pensadores, escritores e artistas. Algumas delas, a despeito de sua boa arquitetura retórica, costumam ser contraditadas pela prática ou pela reflexão política. Um exemplo, bem ao contrário do aforismo de Nietzsche, é dado pelo notável líder político sul-africano Nelson Mandela a propósito do racismo: "Ninguém nasce odiando outras pessoas pela cor de sua pele, por suas origens ou ainda por sua religião. Para odiar, as pessoas precisam aprender. E *se podem aprender a odiar, podem ser ensinadas a amar*".

Esse tipo de embate intelectual é aqui lembrado para sublinhar a distinção normalmente feita no Ocidente entre educação e escola, ou seja, entre a formação do indivíduo em toda a sua amplitude existencial e o fato de aprender disciplinadamente, o que se dá no espaço pedagógico. Mas é distinção que goza de um escopo mais amplo, já que se podem localizar, na história intelectual de civilizações diferentes, pensamentos afins a essa sutileza.

Em Lao-Tse, por exemplo, encontra-se a afirmação de que a compreensão está no agir. Trata-se, entretanto, de um agir guiado por uma razão de ser que não se confunde com a repetição indiferente de um saber, nem com a reprodução mecânica de um gesto técnico. É o que transparece, já em meados do século XX, na reflexão do japonês D.T. Suzuki, conhecido divulgador do zen-budismo, ao apresentar o livro do alemão Herrigel sobre o tiro com arco: "Para ser um autêntico arqueiro, o domínio técnico é insuficiente. É necessário transcendê-lo, de tal maneira que ele se converta numa *arte sem arte*, emanada do inconsciente"[1].

A tradição erudita dos hindus, por sua vez, valoriza aquilo que denomina como *karta*, isto é, o homem que age. Não se trata de uma irrefletida "passagem ao ato", mas da atitude ética em que se compatibiliza discurso com ação: o homem age como pensa e diz. É o que se pode chamar de transitividade da linguagem. Sem a dimensão prática e transformadora dos atos ou dos gestos que espelham a dimensão extrassensível da linguagem, as palavras, por mais importantes que pareçam, podem deslizar intransitivamente sobre si mesmas, sem ancorar no mundo da vida.

Na tradição culta do Ocidente se encontram posições semelhantes a essas, no campo do que se pode chamar de *educação heterodoxa*, isto é, educação sem pedagogia nem didática. É uma tradição que remonta ao sofista Protágoras, para quem a verdadeira educação começava propriamente com a saída da escola. Em pleno século IV a.C., tempo de Sófocles, a transformação da sociedade aristocrática na *polis* civil e urbana cria o espaço para um novo sistema educacional que pudesse estender a antiga *arete*, baseada numa restrita e privilegiada comunidade de sangue, aos cidadãos livres de Atenas. A excelsa virtude deixa de ser aristocrática, torna-se política.

A *paideia* surge, assim, como modelo de uma formação consciente do espírito, portanto, como a imersão numa cultura político-educacional por inteiro. Uma imersão racionalmente orientada pelos sofistas, os primeiros "profissionais" do ensino, tradicionalmente considerados os inventores da didática, essa *techné* que conjugava teoria e arte da educação.

---

1. Cf. HERRIGEL, E. *A arte cavalheiresca do arqueiro zen*. São Paulo: Pensamento, 1983.

Entretanto, para o celebrado Protágoras ("o Homem é a medida de todas as coisas"), ao término da escola, quando o jovem ingressa no âmbito das leis do Estado, é que se revela a possibilidade da verdadeira educação, aquela que, por efeito da inteligência comunitária, leva à *arete* política. É essa a educação implícita na obra de sábios como Maimônides – leitor de Aristóteles e certamente a figura mais importante do judaísmo medieval –, cujos ensinamentos foram valiosos para o comportamento dos judeus sob a opressão.

Nessa mesma trilha, desde as primícias da Modernidade até os dias de hoje, os pensadores da educação estão sempre procurando deixar claro que o modo como a comunidade introduz os indivíduos nas formas de sua reprodução é infinitamente mais amplo que o da escolarização. Retoma-se igualmente a concepção sofística de natureza (*physis*) como fundamento de toda educação, uma ideia que, aliás, atravessaria todo o Renascimento e teria consequências modernas com Rousseau.

Já em *A idiotia* (1450), Nicolau de Cusa distingue a cultura escolar e livresca da aprendizagem obtida pelos espíritos livres e profanos que leem "o grande livro da natureza", ou seja, da grande ordem imutável que articula harmoniosamente Deus, mundo e homens. Ao homem cabe enquadrar-se nessa ordem, propriamente no "estado de natureza", e daí extrair os princípios da vida social e política. Assim, a dispersão e a aleatoriedade imediatas da natureza estão destinadas a encontrar uma unidade enciclopédica graças à razão humana, entendida como a luz de Deus projetada sobre o mundo.

Neste último ponto, o enciclopedismo medieval difere da unificação do conhecimento visada pelos enciclopedistas do Iluminismo, porque não se trata de um projeto de autonomia da razão humana, mas de uma exaustiva restituição teológica do saber a Deus. É esta a linha de força da educação medieval. Desenvolver a luz divina que anima o espírito humano é tarefa de um empenho educacional que, em sua plenitude racional, torna-se primordialmente um processo discursivo. Esse é o discurso que, no pensamento místico e alquímico da Idade Média, junta os saberes das coisas divinas aos das coisas humanas, concebendo o conhecimento como um "espelho do universo", cuja chave é indicada pela metáfora da iluminação universal, mas cujo método está subsumido na viagem através da vida natural, quando se aprende a examinar o mundo e fazer julgamentos.

Na Grécia Antiga a "viagem" – o deslocamento de um ponto para outro – começava aos cuidados de um condutor (*agogos*, em grego). Este não era exatamente o preceptor ou o professor, já que o sujeito da instrução era aquele a quem se atribuía o domínio da *techné didaktiké* (doutrinação e exercícios), isto é, dos meios tidos como adequados para a transmissão de um conhecimento ou ensino (*mathesis*). Pedagogo (*paidagogos*) era o escravo que levava a criança até o local de instrução, intelectual ou física, neste último caso, a escola de ginástica, onde os *paidotribes* instruíam sobre o fortalecimento do corpo.

Essa condução ou viagem, por sua significativa recorrência na história do pensamento educacional, deve ser lida como uma metáfora compreensiva para a dimensão corporal ou pré-intelectual da educação, quando as implicações extraverbais precedem as enunciações formais do preceptor. A posterior transformação do significado desse condutor do infante em agente da instrução não deixa de evocar o narrador da sociedade tradicional, por seus deslocamentos espaciais e na medida em que suas palavras gozavam de boa acolhida no espaço comunitário da linguagem, sendo transitivas o bastante para reconstituir a experiência de formação da consciência do sujeito, bem como influir na dialética do sentido que atravessa as relações intersubjetivas na comunidade. Assim é que os precursores do pensamento educacional na Europa, a exemplo de Erasmo, Rabelais e Montaigne, podem ser vistos como uma mistura de narrador com pedagogo. Em meio a sátiras, fantasias, especulações e incitações à formação do julgamento, esboçavam-se pedagogias que, de um modo geral, valorizavam mais a experiência e os fatos do que os livros.

Conceito de pedagogia

Mas o que é mesmo essa relação ensino-aprendizagem denominada pedagogia?

Resumidamente, é doutrina de fundamentos e orientação das práticas educacionais – uma "teoria mista", portanto. Alguém pode educar-se de forma heterodoxa, imitando, fazendo, criando a partir de modelos diversos, mas não se pode dizer que aí esteja configurada uma pedagogia. Esta é basicamente *discurso*, termo que comporta diferentes sentidos, como Reboul esclarece: (a) "conjunto coerente de frases pronunciadas publicamente pela mesma pessoa sobre um dado assunto"; (b) "conjunto de atos de fala proveniente de um mesmo grupo social" e (c) "conjunto fechado de várias frases, cuja unidade é dada por uma organização interna, de natureza sintática, lógica ou retórica"[2].

Dizer que pedagogia é discurso implica sustentar que as práticas educativas se manifestam sob forma racionalmente linguística, podendo ser assim tanto objeto quanto sujeito de discurso. Ironiza Nietzsche num aforismo: "Na Alemanha, somente há três tipos de profissões que falam muito: o mestre-escola, o pastor e a ama de leite". Por meio do discurso pedagógico, a edu-

---

2. REBOUL, O. *Le langage de l'éducation*. Paris: PUF, 1984.

cação, no limite, fala de si mesma. E pode falar tanto e de tal maneira que a pedagogia não raro enverada conceitualmente pelos caminhos de uma "teoria do ensino", independente daquilo que se tem a ensinar. O discurso de algum modo "emancipa" o professor do conteúdo disciplinar específico, levando-o à capacidade suposta de "ensinar qualquer coisa".

Está aqui em pauta aquilo que Foucault chama de *formação discursiva*, isto é, uma multiplicidade de sistemas de relações que se pode estabelecer entre enunciados localizáveis em seus domínios correlativos[3]. O discurso apresenta-se como um conjunto de enunciados, mas apenas na medida em que estes pertençam a uma mesma formação – igualmente, dita discursiva. No caso da pedagogia, trata-se de um conjunto de orientações metodológicas com uma temática conceitual, sob forma disciplinar. As três modalidades assinaladas se encontram na formação discursiva da pedagogia, sempre destinadas à função específica de provocar efeitos de adesão, portanto efeitos acionados pelas finalidades classicamente acionadas pela velha técnica política de linguagem conhecida como retórica.

Por isso, esse discurso pode ser interpretado como uma retórica, entendida tanto como técnica de persuasão quanto de argumentação[4]. A atualidade dessa antiga técnica grega de linguagem é hoje ratificada pela constante expansão do que podemos chamar de "logotécnicas" ou "tecnologias discursivas", sistematicamente presentes nas formas modernas do discurso social, tais como o jornalismo, a publicidade e as variadas expressões audiovisuais.

Seja considerada como técnica argumentativa, seja como análise estilística, a retórica é objeto de interesse teórico por parte de acadêmicos, norteados pela ideia de uma certa racionalidade do sensível. As abordagens contemporâneas – a "Escola de Bruxelas", por exemplo, onde pontifica Chaim Perelman – não prescindem, entretanto, do ponto de partida aristotélico, cujo sistema apresenta uma imagem quadripartite da retórica: *invenção, disposição, elocução* e *pronunciação do discurso* ou *ação*. Os meios postos ao alcance do *rector* (o orador) para acionar esse esquema são o *ethos* ou caráter do sujeito da fala, o *logos* ou argumentação e o *pathos* ou emoção do ouvinte. Ontem como hoje, os objetivos imediatos da retórica podem ser resumidos como discutir ideias ou ensinar (*docere*, em latim), provocar emoções (*comovere*) e agradar ou deleitar (*delectare*).

É precisamente com essas finalidades que Reboul faz coincidir o discurso pedagógico, na medida em que este persegue efeitos determinados

---

3. Cf. FOUCAULT, M. *L'Archéologie du savoir*. Paris: Gallimard, 1969.
4. Cf. REBOUL, O. *Le langage de l'éducation*. Op. cit., p. 9-10.

113

sobre um público específico, tais como comportamentos e ações. Para ele, a análise desse discurso consiste principalmente na identificação de palavras-chave, com o objetivo de trazer à luz os saberes subjacentes, as representações manifestas ou latentes, atinentes à instituição escolar, e em geral referentes a temáticas como "a natureza da criança", "os valores eternos" etc. Essas temáticas são decididas por dicotomias paradigmáticas do tipo "escola tradicional/educação nova", "criatividade/reprodução de modelos" etc. E se segue daí uma tipologia de discursos: inovador, combativo, funcional, humanista e oficial. Cada um desses tipos tem como fundamento um conjunto de ideias reguladoras e comporta a difusão de slogans, com suas metáforas, ritmos e jogos de palavras[5].

Embora utilize a retórica como instrumento, tanto no jogo da argumentação como no uso das figuras de estilo, o discurso pedagógico transcorre sob a regência da *forma escolar*, que é primordialmente disciplinar, portanto corresponde ao exercício de um poder encarnado num *enunciador*, que se traduz na prática como o sujeito da pedagogia (Estado e professor), coadjuvado por todos os dispositivos de controle (frequência, provas, graduação etc.) do enunciatário, o aluno. É uma enunciação caracterizada por ritos de orientação, mas também de imposição e controle dos enunciados constantes da formação discursiva educacional.

É isso precisamente o que os sociólogos Bourdieu e Passeron chamaram de "violência simbólica", conceito que ultrapassa a ideia delimitadora de violência física para dar conta da coerção embutida nas normas que estruturam um determinado campo social e que são total ou parcialmente aceitas por aqueles sobre os quais se exerce[6]. Para ambos, a função da educação, em qualquer época e em qualquer constelação de classe social, seria consolidar o poder de reproduzir a desigualdade social. A pedagogia não seria, assim, mais do que um repertório de enunciados de dominação.

É criticável (e tem sido criticado) o fechamento do conceito de violência simbólica frente à heterogeneidade das situações sociais e das possibilidades de formulação de pedagogias de libertação. Mas especificamente no que diz respeito ao conceito de pedagogia, por mais heterogêneos que sejam seus enunciados, sua coerência para com a formação discursiva é dada pela iden-

---

[5]. Sobre retórica e educação no Brasil, cf. MAZZOTTI, T.B. & OLIVEIRA, R.J. *O que você precisa saber sobre ciências da educação*. Rio de Janeiro: DP&A, 2000. Estes autores são inclusive bons divulgadores do trabalho de Chaim Perelman.

[6]. Cf. BOURDIEU, P. & PASSERON, J.C. *A reprodução*: elementos para uma teoria do sistema de ensino. Rio de Janeiro: Francisco Alves, 1975.

tidade e permanência dos temas e conceitos. Cada domínio do conhecimento constrói um sistema conceitual que se relaciona a outros, constantes de uma "multiplicidade" discursiva.

A pedagogia consiste justamente num todo de conjuntos discursivos que se apresenta, segundo Vergnioux, como (a) "uma reflexão teórica que busca argumentos e fundamentos nos campos teóricos já constituídos"; (b) "a educação constitui um domínio prático; ela só existe como objeto de conhecimento nos olhares (parciais) que levam para ela outras ciências (as ciências da educação)"; (c) "a consideração dos fins impele a reflexão pedagógica a elaborar uma visão unificada das práticas educativas capaz de lhes dar sentido"[7].

Essas três orientações dariam ao discurso pedagógico uma função sincrética, isto é, uma função de amálgama racional de práticas variadas e tematizações científicas diversas, com o objetivo de produzir uma totalidade capaz de guiar os educadores e legitimar sua atividade de ensino. Divisam-se aí uma heterogeneidade de elementos e uma coerência organizativa, características da multiplicidade discursiva, de que fala Foucault: em vez da sistematização de proposições típica do conceito de estrutura, concebe-se um corte transversal – a "multiplicidade" – que atravessa os diferentes níveis da enunciação pedagógica.

Para fins de análise, as formas discursivas dessa multiplicidade comportam, sempre segundo Vergnioux, quatro tipos de enunciados: (a) "enunciados 'teóricos' oriundos de saberes constituídos (psicologia, sociologia etc.)"; (b) "enunciados 'empíricos' oriundos da observação do campo educativo, da experiência ou da sabedoria docente"; (c) "enunciados que tentam, num discurso construído *ad hoc*, unificar os enunciados precedentes. São enunciados de 'síntese empírica'; num nível mais especulativo, eles visam a síntese; têm como função assegurar a coesão do conjunto"; (d) "enunciados 'reguladores': são os princípios gerais de organização do conjunto discursivo; eles servem de fundamento último à sua coerência; são os pontos de fuga em relação aos quais se organizam e ganham sentido os enunciados de tipo b e c"[8].

A linhagem pedagógica

A heterogeneidade de elementos, a coerência organizativa e a valorização da forma escolar constituem, em princípio, características que permitem o reconhecimento de J.A. Comênio (ou Kamensky) – a despeito de predecessores ilustres como Erasmo, Rabelais e Montaigne – como o primeiro pedagogo da

---

7. VERGNIOUX, A. *Théories pédagogiques, recherches épistémologiques.* Paris: J. Vrin, 2009, p. 49.
8. Ibid., p. 49-50.

Modernidade, isto é, o primeiro a ter concebido, em meados do século XVII, uma "ciência da educação" em sentido amplo e integrada num sistema filosófico, cujo fundamento é uma ideia de natureza capaz de englobar Deus, os homens e o mundo[9]. Bispo protestante, mestre em teologia e filosofia, Comênio junta a fé cristã à esperança no homem para buscar na natureza um modelo de conhecimento universal aplicável a uma educação destinada a conduzir o indivíduo à perfeição social. A sabedoria universal, ou "pansofia", seria veiculada por um projeto de instrução universal, a "pampedia".

Essa pedagogia inaugural é desde já um *discurso misto* ou, em termos foucaultianos, uma multiplicidade discursiva, que abrange domínios variados, desde uma filosofia da educação até uma teoria do ensino e da escola, sistematicamente exposta numa obra intitulada *Magna Didactica*[10]. Contemporânea de Bacon e Descartes, a didática moderna é uma pedagogia racional, com um projeto claro: (a) "demonstrar que, nas escolas, todos devem ser instruídos de tudo"; (b) "atingir, pois, uma organização da escola de tal modo que ninguém venha a encontrar algo que lhe seja desconhecido"; (c) "estabelecer um sistema escolar de tal ordem que se possa tirar partido de suas aquisições durante toda a vida"[11].

Nessa concepção educacional, o ponto de partida de todo saber é de fato a natureza, dada como algo evidente enquanto conceito que abrange o conjunto do real em sua essência e existência. Mas é igualmente um ponto de chegada, já que por ela se criam as condições para uma educação e uma escola universais. Modelada pelo princípio de reativação da suposta essência originária do homem, portanto, por um modelo natural, a educação é o caminho racional para indicar ao homem a saída do *labirinto*, que é a ignorância – o que possibilita sua plena realização como ser humano –, mas também para promover a renovação da Igreja, uma vez que, liberado do labirinto pela educação correta, o homem está realmente preparado para Deus. Comparece aqui igualmente a metáfora da viagem: o sujeito que aspira ao conhecimento é comparável ao *peregrino* que, graças a suas viagens, pode tudo examinar e capacitar-se a fazer julgamentos.

Mas o discurso múltiplo da pedagogia sinaliza a entrada da comunicação na questão educacional, na medida em que o empenho pedagógico centra-

---

[9]. Da mesma época é Ratiquio (ou Ratke), proponente de uma pedagogia naturalista, em que se incluem o ensino na língua nacional (alemão) em vez do latim e a abolição da violência sobre o educando. Não tem, entretanto, a mesma amplitude filosófica de Comênio.

[10]. Cf. COMÊNIO, J.A. *Magna didactica*. Lisboa: Calouste Gulbenkian, 1966.

[11]. Ibid., cap. X.

se na tradução da linguagem secularmente corporificada de um saber para a linguagem de outrem. Frisa Descombes: "De modo geral, sendo a linguagem a linguagem do Outro, não se vê em que idioma os dizeres do sujeito seriam enunciados antes de sua tradução para o uso de outrem. Na realidade, não se diz o que se quer dizer, mas se quer o que se diz"[12]. Para ele, "a pedagogia nasceu no dia em que se chegou à conclusão de que era preciso falar às crianças como crianças"[13].

É que, como bem se sabe, até o século XVIII a criança era tratada como adulto, isto é, ingressava cedo no universo social das pessoas mais velhas por conta do aprendizado de um ofício, em geral numa outra família, sob a tutela de um mestre. Com a transferência das funções educativas para a escola e a extensão de parte dessas funções à própria família da criança, a infância passa a ser vista como um universo à parte, alvo de sentimentos afetivos por parte dos mais velhos.

Daí a importância da obra educacional de Rousseau, que inaugura, nesse século marcado pelo desenvolvimento mais célere do capitalismo, da democracia, a modernidade epistemológica da educação. Quase um século depois da *Magna Didactica*, o *Emílio*, de Rousseau, introduz a educação liberal, (a) destacando-a do campo filosófico geral (logo, da teologia) ao mesmo tempo em que a constitui como objeto específico de conhecimento e (b) caracterizando a infância como uma singularidade no estado de natureza, separada da condição adulta[14]. Essa valorização pedagógica da infância é tão axial para a modernidade que, a partir daí, nenhum pedagogo ou qualquer pensador educacional deixará de colocar a condição infantil no centro de suas formulações, embora em certos casos a categoria "jovem" (que privilegiava a adolescência) fosse mais relevante do que "infância".

A natureza concebida por Rousseau não é, entretanto, a mesma de Comênio. É que, no século XVII, apesar da diferença (judaico-cristã) de posições entre o sujeito e as leis (divinas) responsáveis pela inteligibilidade do mundo, ainda não havia uma separação radical em que o homem podia situar-se como mestre e explorador da natureza. Esta última, até então, era concebida como

---

12. DESCOMBES, V. *L' inconscient malgré lui*. Paris: Minuit, 1977, p. 87.

13. Ibid. Vale frisar o verbo "falar", porque o reconhecimento da especificidade física da criança já ocorre na segunda metade do século IV a.C., na Grécia, quando os escultores deixam de representar as crianças como adultos em miniatura. Platão mostra-se igualmente atento (em sua *República*) à diferença entre crianças e mais velhos na didática.

14. ROUSSEAU, J.-J. *Emílio ou Da educação*. Lisboa: Mem Martins/Europa-América, 1990 [A edição brasileira é da Martins Fontes, 1995].

um universo vivo, com objetivos próprios. Em Comênio, a ordem natural é uma fonte originária de regras e leis que dá margem a uma fusão mágico-religiosa do homem com ela. Já é patente a autonomia do sujeito, mas seu equilíbrio deve ser buscado na lei natural.

Coerente com o espírito do século XVIII, Rousseau é avesso à ideia de uma ordem imutável ou uma lei natural a que a razão humana deva submeter-se ou enquadrar-se. "A natureza é a diferença entre a alma e Deus", diria Fernando Pessoa ("Bernardo Soares"), cerca de dois séculos depois. Sob o influxo da ordem técnica e da produção, torna-se radical a separação entre homem e natureza, que passa a ser concebida como uma realidade original, utopicamente reencontrada (projetada num passado ou num futuro idealizado), mas também objeto de temores e cuidados em face das ameaças de degradação e extinção.

Não se trata de uma concepção absolutamente nova, já que a *História natural* de Caio Plínio Segundo – ou Plínio, o Velho –, um escritor romano do século I d.C., define negativamente a natureza como "*perditus nepotatus*", uma herança perdida. Ao gosto crescente pelo artificialismo, opõe-se a natureza, frágil vítima das intervenções operadas pela cultura humana.

A natureza em Rousseau não mais significa "leis" divinas, e sim um potencial de forças colocado sob o princípio da produção. O indivíduo e a natureza autonomizam-se em face da dimensão transcendente (Deus, em suma), mas no mesmo movimento se inscrevem na economia política capitalista como forças produtivas. Só que, na ideologia naturista praticada por Rousseau, a natureza assume uma função metafísica, uma espécie de patamar para a recusa dos artifícios civilizatórios.

Diz Rosset: "A ideia de natureza [...] deixou de ser nada, passando a designar, com Rousseau, *o que resta* do ser quando se elimina o artifício. O que significa que fica assegurado que 'resta' alguma coisa por trás do artifício universal. O artifício é apenas a face visível das existências; no entanto, estas possuem um lado invisível, sensível ao coração, sendo para a história real o mesmo que, para a filosofia platônica, a ideia é para a aparência"[15].

Ideologicamente, a ordem natural é, assim, o lugar mítico da harmonia humana, porque livre dos constrangimentos impostos pela sociedade civilizada. No debate travado com Voltaire sobre as supostas causas do terremoto que destruiu Lisboa em 1755, Rousseau rejeita os argumentos de ordem sobrenatural para se ater aos relativos à ignorância, por parte da arquitetura civilizada,

---

15. ROSSET, C. *A antinatureza* – Elementos para uma filosofia trágica. Rio de Janeiro: Espaço e Tempo, 1989, p. 268.

da natureza: "Se os homens não morassem em casas", dizia, "elas não lhes teriam caído em cima". Não morar em casas à beira do mar era apanágio dos "homens de natureza" que povoavam o Hemisfério Sul.

O Brasil tem sua parte na nova inflexão dessa ideia, quando se considera a enorme influência intelectual de textos como os *Ensaios*, de Montaigne, que, inspirado na *História de uma viagem feita na terra do Brasil* (1578), de Jean de Léry, fez repercutir a louvação do "homem de natureza", chamado de "bom selvagem" no século XVIII. Sob o influxo do individualismo estoico e cristão, é a própria natureza do homem – em sua forma mais íntima, a liberdade – que provê as qualidades requeridas para a constituição de seu estado civil. A livre individualidade permite ao ser humano auferir tudo o que a natureza lhe oferece, donde o imperativo de retorno mítico a um estado (natural) de plena liberdade.

Partindo do princípio de que a sociedade é a fonte de todos os males, Rousseau atém-se ao seu princípio da bondade original do homem por natureza para advogar total liberdade física para a criança, com vistas à descoberta da liberdade interior. A criança é o "bom selvagem", isto é, o ser humano concebido em sua liberdade natural, mas destinada a tornar-se ética por efeito da disciplina da imaginação, da subordinação do corpo à alma.

A educação deixa de definir-se pela incorporação intelectualizada de ensinamentos acabados, sem transformações, passando a favorecer o aprendizado da vida em liberdade. Mesmo com a ressalva de que o modelo da mestria deverá ser sempre respeitado (uma vez que a criança não pode prescindir do adulto para se formar enquanto homem e cidadão), a pedagogia se despe do velho controle rígido e da ênfase nos esforços exaustivos de memória. A antiga imposição de regras dá lugar aos interesses naturais, às emoções e aos instintos da criança, que deixa de ser considerada um homúnculo ou um indivíduo de dimensões reduzidas. Na verdade, *inventa-se* a *infância* como um estádio rigorosamente diferenciado da condição adulta.

O marco teórico dessa invenção é o *Emílio*, um romance pedagógico dividido em cinco partes, correspondentes a diferentes fases etárias do personagem, desde seu nascimento até o casamento (com "Sofia", personificação da "sabedoria"). Até os 12 anos de idade a educação sentimental detém o primado sobre a educação intelectual, pois "mais importante é a prática de bons atos do que a aquisição de grandes conhecimentos – seja por meio de livros, seja de lições". Inicialmente, predomina a "razão sensitiva", reservando-se para mais tarde a razão moral. A função do educador seria, portanto, manter o educando afastado dos males sociais, preservando-o em sua bondade original, que corresponde a um suposto estado de natureza: "Assim, Emílio só terá por companheiro de infância um preceptor que nada lhe ensina e o faz encontrar tudo, descobrir, inventar".

Esta seria a teoria a se adotar para formar verdadeiramente a criança, pois, segundo Rousseau, todas as demais "procuram sempre o homem, na criança, sem pensarem no que ela é, antes de se tornar homem". Além disso, o pensador considera que, para a "educação do espírito, é mais importante uma inteligência esclarecida que uma grande acumulação de saber". No método proposto estão presentes alguns princípios fundamentais da educação moderna: o ensino prático e a descoberta de conhecimentos a partir do contato direto com a vida. A descrição do passeio de Rousseau com Emílio na floresta (os prados) permanece, para muitos educadores posteriores (Montessori, Freinet etc.) como uma figuração paradigmática desse imperativo de contato com a natureza e a realidade vivida. No limite, a educação consiste mais em experiências do que em preceitos.

Para o Emílio já adulto, Rousseau retoma a velha metáfora da viagem: visitar lugares diferentes, a exemplo do peregrino de Comênio, é explicitamente predicado pelo pensador – o jovem deveria ser um "amável estrangeiro". Mas essa metáfora deve ser tomada para além da dimensão puramente espacial: o jovem educando é sempre "estrangeiro" no mundo que o precede e que ele não conhece bem.

A importância política e educacional do pensamento de Rousseau foi mais bem aquilatada em sua época pelas experiências pedagógicas de seu discípulo J.H. Pestalozzi, que pode ser considerado uma espécie de Paulo Freire do século XVIII, quando se leva em conta seu projeto de encetar uma "pedagogia do oprimido" junto ao campesinato europeu. Pestalozzi levava a sério a ideia de Rousseau de que, como "as cidades são o abismo da espécie humana", o campo seria o melhor lugar para se experimentar pedagogicamente as leis da natureza. Assim, preocupado com a educação de órfãos e de camponeses, ele criou os primeiros internatos modelares da modernidade e experimentou a vida no campo para melhor inteirar-se da realidade compatível com a ideia de uma escola popular em que trabalhos manuais coexistiam com trabalhos intelectuais.

Por outro lado, ao mesmo tempo em que chamava a atenção para a influência parental no desenvolvimento da criança, Pestalozzi caracterizou o educador como um segundo pai, abrindo assim caminhos teóricos para a psicologização do processo educacional, que teria grande relevância no século XIX como pano de fundo ideológico para o desenvolvimento da escola laica. Ao mesmo tempo, com a entrada em jogo da psicologia, abriam-se caminhos para as tentativas de se constituir a pedagogia como um discurso teórico autônomo.

São de fato inaugurais as ideias de Rousseau e de Pestalozzi na história oficial da educação ocidental, e várias das concepções pedagógicas ao longo dos séculos seguintes lhes são tributárias. Mas não são certamente ideias únicas sobre educação no século XVIII, como bem o demonstra a história da pedagogia. Num leque amplo de autores (La Mettrie, Locke, Helvetius, Diderot, Tolstoi, Abbé de Saint-Pierre, De Boneval, Condillac, Herbart, Spencer e outros), o fenômeno educacional oscila doutrinariamente entre teorias sobre as influências sociais e os condicionamentos biológicos, entre civilização e vida selvagem etc.

Sem formular nenhuma teoria explícita, o enciclopedista Diderot deixa claro que sobre essa questão nenhuma certeza é possível, já que se trataria de um "jogo", como o teatro, apreensível prioritariamente por metáforas. A educação seria um efeito de encontros, como resume Vergnioux: "O espaço da pedagogia é, pois, um espaço de múltiplos *centros*. O do saber, recortado em elementos tão simples quanto possível; o da sensibilidade e da abordagem intuitiva (o gosto, o temperamento); o da ação e da experiência, do trabalho e do esforço; o da troca, entre o discípulo e o mestre, mas também com o mundo"[16].

O "centro" da educação moral ganha relevância no século XX, podendo-se tomar como referências importantes a sociologia de Durkheim e o pragmatismo filosófico de Dewey. Mas são marcantes as diferenças entre estes dois teóricos. Dewey privilegiava a filosofia da educação, e com tal intensidade quanto a essa dimensão especializada, que chegava a apostar numa necessária reformulação do campo filosófico pelo viés educacional. Não certamente qualquer processo educacional, mas aquele que promovesse ou aperfeiçoasse o sistema da democracia, o que lhe valeu o epíteto internacional de "filósofo educador".

Durkheim, ao revés, marcado pelo positivismo comteano, pregava a inutilidade da filosofia e das velhas utopias educacionais, advogando o advento das "ciências da educação", em que reinariam os saberes positivos da sociologia e da psicologia. A primeira explicaria a estreita afinidade da educação com o desenvolvimento social; a segunda tomaria o lugar da pedagogia, atravessada pelo discurso filosófico do passado. Já nos primeiros anos do século, o sociólogo francês (que era formalmente professor de pedagogia antes mesmo de incorporar epistemologicamente a sociologia) enuncia em alguns de seus cursos na Sorbonne o postulado da possibilidade de uma educação moral racional, independente da religião e da metafísica[17]. Sem desejar o título, mas

---

16. VERGNIOUX, A. *Théories pédagogiques, recherches épistémologiques.* Op. cit., p. 85.
17. Cf. DURKHEIM, E. *L'Éducation morale.* Paris: Alcan, 1938.

como um verdadeiro pedagogo, ele discorre teórica e praticamente sobre a educação, sugerindo quadros de referência para a ação moral no âmbito da atividade educativa.

O principal objetivo da demonstração racional do postulado durkheimiano – a dedução de regras morais como invariáveis que fogem ao arbítrio individual e se impõem à nossa vontade – é a construção da ideia de uma "autoridade regular", a quem cabe exercer a *disciplina* indispensável à moral, entendida como um sistema de hábitos e de preceitos. Durkheim retifica Rousseau: na fase da educação moral, a apregoada liberdade do educando deveria ser substituída pela disciplina.

Essa mesma ideia de "educação moral" comparece em Dewey, embora de modo mais aberto do que o predicado por Durkheim com o seu fechado disciplinamento das condutas. O pragmatista norte-americano argumenta com duas categorias fundamentais, *vida* e *experiência*[18]. O que muito importaria é a continuidade da vida em sua dimensão fisiológica e cultural que, para ele, "abarca os costumes, as instituições, as crenças, as vitórias e as derrotas, os ócios e as ocupações". Na cosmovisão de Dewey se entrevê uma matriz de pensamento em nada distante das reflexões posteriores de Walter Benjamin sobre narrativa e experiência. Pragmaticamente, vida e comunicação se equivalem, na medida em que aquilo que se transmite entre os indivíduos e as gerações são hábitos de fazer, pensar e sentir. A experiência, por sua vez, comporta o princípio da continuidade mediante a renovação. E a vida abrangeria toda a extensão da experiência, "tanto racial como individual".

A educação em sentido amplo é – na perspectiva politicamente liberal de Dewey, sustentada pelo pragmatismo de William James, assim como pelo evolucionismo biológico de Charles Darwin – o instrumento dessa continuidade vital, que requer comunicação ativa e adaptação dos indivíduos ao meio em que vivem. Por isso, toda comunicação é educativa, ou, como ele explicita, "há mais do que um vínculo vocabular entre comum, comunidade e comunicação". Viver em comum educa por si só – a escola é apenas um meio particular de atingir essa mesma finalidade.

Existiria, assim, apenas uma teoria moral, igualmente válida para a vida escolar e para a vida social. Donde o imperativo de que, na sociedade moderna, seja superado o fosso entre a comunicação social – que transmite saberes

---

18. Cf. DEWEY, J. *Democracia y educacion* – Una introducción a la filosofia de la educacion. 6. ed. [s.l.]: Morata, 2004. Deve-se a The Macmillan Company a edição original (1916), que precede em duas décadas o livro citado de Durkheim, embora o curso do sociólogo sobre o tema data da primeira década do século XX.

e experiências dos indivíduos de modo vivo e imediato – e a transmissão escolar, "distante e morta, abstrata e livresca". Nada, portanto, de pedagogias abstratamente centradas sobre um programa ou sobre a criança, e sim a eleição de "centros de interesses", em função da dinâmica própria dos educandos, de como utilizam as coisas e lhes atribuem significações. As teorias devem ser postas à prova das ações e da utilidade sociais.

O caso brasileiro

Durkheim e Dewey são os eixos teóricos em torno dos quais gira o início da modernidade pedagógica no Brasil. Anteriormente, no período colonial e no império – portanto, numa sociedade em que trabalho manual equivalia a trabalho escravo – a alfabetização e a formação superior eram privilégios das elites: "Quase toda a elite possuía estudos superiores, o que acontecia com pouca gente fora dela: a elite era uma ilha de letrados num mar de analfabetos", escreve Carvalho[19].

O letramento em alto nível desenhava-se, assim, como importante instrumento de unificação ideológica e consolidação do poder sociopolítico do estamento dirigente. Até mesmo na República Velha o domínio da elite sobre a pequena burguesia urbana era cimentado pela proibição do voto para os analfabetos. Mostravam-se aí igualmente, sem disfarces, os efeitos de poder da divisão entre trabalho intelectual e manual, como observa Buarque de Holanda: "O trabalho mental, que não suja as mãos e não fadiga o corpo, pode constituir, com efeito, ocupação em todos os sentidos digna de antigos senhores de escravos e dos seus herdeiros"[20].

O que se disfarçava mesmo era a realidade bruta do regime escravista – a forma social mais bem organizada do país até a República, na visão do ensaísta Alberto Torres – a tal ponto que certos enunciados do discurso descritivo do fenômeno eram vetados nos espaços oficiais e, em consequência, nos espaços de escolarização. Narra Rufino: "A escravidão chegou ao apogeu durante o império, quando 4/5 da população trabalhavam à força, sob torturas; pois bem, as palavras *escravidão* e *tortura* não podiam, oficialmente, ser proferidas no parlamento"[21].

Isso se consolidava no modelo de ensino dos jesuítas (cujas escolas dominaram o panorama educacional brasileiro durante cerca de duzentos anos),

---

19. CARVALHO, J.M. *A construção da ordem – A elite política imperial (teatro de sombras)*. Rio de Janeiro: Civilização Brasileira 2008, p. 65.

20. HOLANDA, S.B. *Raízes do Brasil*. São Paulo: Companhia das Letras, 1995, p. 83.

21. RUFINO, J. *O que é racismo?* São Paulo: Brasiliense, 2005.

que transmitiam letras, artes e filosofia aos privilegiados, ao mesmo tempo em que desconsideravam a necessidade de formação técnica para trabalhadores. A produção da obediência era o único traço de união ideológico entre a educação letrada e o ensino eventualmente destinado às camadas subalternas da população.

No arremedo do sistema nacional de educação organizado com a vinda da corte para o Brasil, era enorme o descompasso entre o ensino e o mundo prático. O Primeiro Império já revelava preocupação com a garantia de educação primária gratuita para todas as crianças *livres*, isto é, brancas – nada se previa para descendentes de escravos. O Segundo Império abriu as portas para as escolas primárias particulares, concentrando as atenções, com a instituição do ensino secundário no Colégio D. Pedro II, na formação elitista das novas gerações. Era este, conforme Rios Filho, "o colégio preferido pelos filhos da gente aristocrática, dos militares de alta patente, dos mais importantes comerciantes e gente que tinha destaque na sociedade"[22].

É também no Segundo Império que os jesuítas, expulsos havia um século pelo Marquês de Pombal, recebem nova autorização para instalar-se no Brasil. E assim, contra um pano de fundo histórico em que ideais jesuíticos de formação literária misturavam-se ao ideário cientificista do positivismo comteano, desenvolveram-se as doutrinas pedagógicas brasileiras desde o Segundo Império até o final da República Velha, quando a elite e a pequena burguesia urbana em ascensão ainda se situavam em margem oposta à dos trabalhadores manuais, basicamente ex-escravos e agricultores, classificados como cidadãos de segunda classe, impedidos de votar[23].

Os abolicionistas tiveram consciência aguda desse estado de coisas. Rui Barbosa, por exemplo, como relator da Comissão de Instrução Pública da Câmara de Deputados, foi autor de projetos de reforma do ensino, tanto primário quanto secundário e superior, avaliados por especialistas como uma notável radiografia do sistema educacional brasileiro. Para ele, a educação primária e secundária não era um problema meramente pedagógico, mas principalmente político, por ser essencial ao exercício da cidadania, à abertura de novos horizontes sociais.

Era semelhante a essa a posição de Joaquim Nabuco, manifestada em vários de seus discursos políticos e conferências e com argumentos análogos aos

---

22. RIOS FILHO, A.M. *O Rio de Janeiro imperial*. Rio de Janeiro: Topbooks/UniverCidade, 2000, p. 407.

23. Cf. GHIRALDELLI JR., P. *História da educação brasileira*. São Paulo: Cortez, 2006.

de grandes educadores europeus de seu tempo e, mesmo posteriores, como Gramsci. Por exemplo, "a liberdade sem o trabalho não pode salvar este país da bancarrota social da escravidão, nem tampouco merece o nome de liberdade: é a escravidão da miséria. O trabalho sem instrução técnica e sem a educação moral do operário não pode abrir um horizonte à nação brasileira"[24]. Para ele, muito mais do que de reformas políticas o país precisava de reformas sociais, como a abolição completa e "o derramamento universal da instrução".

Não se tratava, para o abolicionista, da educação beletrista, destinada às elites: "Os sacrifícios que temos feito para formar bacharéis e doutores devem agora cessar um pouco enquanto formamos artistas de todos os ofícios. É tempo de pensarmos na educação do operário de preferência à educação do bacharel"[25]. Apesar do elitismo de sua formação pessoal tanto no Brasil quanto na Europa, Nabuco via a escola como a instituição mais útil ao Estado desde que educasse os antigos escravos e disseminasse ideias de justiça e de solidariedade junto aos ricos. No operário, dizia ele, "está o germe do futuro da nossa pátria, porque o trabalho manual, somente o trabalho manual, dá força, vida, dignidade a um povo, e a escravidão inspirou ao nosso um horror invencível por toda e qualquer espécie de trabalho em que ele algum dia empregou escravos"[26].

Não deve causar estranheza alguma o fato de que os próceres abolicionistas – Joaquim Nabuco, Rui Barbosa, José do Patrocínio, Luiz Gama e outros – fossem atravessados por uma espécie de "espírito" educacional. O abolicionismo era em si mesmo um movimento educacional no sentido amplo da palavra, porque se tratava no limite de educar ou preparar as elites dirigentes para o ingresso da nação brasileira no século XX sob o signo de uma modernidade (de inspiração liberal e europeia) incompatível com a escravatura e já muito atrasada frente à conjuntura internacional. Os intelectuais abolicionistas eram educadores coletivos ("macropedagogos", que se dirigiam não ao indivíduo-criança, mas à nação-infante), porque representavam aquilo que Nietzsche chamaria de "autoridade imperiosa em matéria de cultura" (a exemplo de Goethe, Hegel ou Schopenhauer na Alemanha) e, por isso, podiam ser implicitamente reconhecidos como "instrutores públicos" ou indicadores da necessidade histórica de se mudar toda uma estrutura anacrônica.

---

24. NABUCO, J. *Campanha abolicionista no Recife*: eleições de 1884. Brasília/Rio de Janeiro: Senado Federal/Fundação Casa de Rui Barbosa, 1991, p. 80 [Discurso na sessão magna do Montepio Pernambucano].

25. Ibid., p. 141 [discurso aos artistas].

26. Ibid., p. 138.

Curiosamente, à margem da estrutura educacional excludente, contra a qual deblateravam os abolicionistas, desenvolveu-se uma elite importante de afrodescendentes[27] nas artes plásticas, na música, na arquitetura e na literatura, como observa Araújo: "No século XVIII muitos dos principais artistas brasileiros eram negros ou mulatos, e todos, via de regra, pertenciam a confrarias que estabeleciam os contratos para a confecção de imagens, para pintura dos tetos etc."[28] Em Minas, Bahia, Pernambuco e Rio de Janeiro, principalmente, a presença da arte escrava nas igrejas dava aos obreiros negros e mulatos uma visibilidade que, embora não lhes garantisse qualquer ascensão social, era uma via de maior liberdade na movimentação urbana e, mesmo, de fama. Isto foi bem corroborado por Mário de Andrade: "Nossos mestiços do fim da Colônia glorificam a "maior mulataria", mostrando-se artistas plásticos e musicais. Só bem mais tarde é que darão representações literárias notáveis"[29].

Em torno das confrarias, como se pode inferir, desenvolviam-se formas de educação heterodoxa, que contornavam a exclusão de ex-escravos e afrodescendentes por parte do sistema educativo oficial, afastado dos estratos pobres ou subalternos da população. O resultado recente de uma longa pesquisa empreendida pela historiadora Costa Acioli em arquivos de irmandades religiosas, no Museu do Estado, no Instituto Arqueológico, Histórico e Geográfico de Pernambuco e em jornais da época aponta para a presença maciça de escravos e ex-escravos entre os mais de mil artífices e artistas que trabalharam na construção de igrejas e na produção de imagens sacras, além do douramento de cornijas dos altares e das sacristias[30].

Do ponto de vista do reconhecimento histórico por parte da sociedade global, tudo isso foi, como ressaltou Mário de Andrade, "uma aurora que não deu dia", uma vez que a marginalização socioeconômica do afrodescendente mantinha-o longe do sistema educacional, e consequentemente dos circuitos institucionais que levam ao reconhecimento cultural. De fato, embora donos de um ofício e de maior visibilidade urbana, não conseguiam elevar-se social-

---

27. O termo "afrodescendente" não tem rigor conceitual numa sociedade mestiça – onde a maior parte dos indivíduos de pele clara ou denominados "brancos" pode também ter ascendência africana –, mas vem sendo usado para assinalar uma afinidade com o universo simbólico alternativo ao da Europa.

28. Cf. ARAÚJO, E. (org.). *A mão afro-brasileira*: significado da contribuição artística e histórica. [s.l.]: Tenenge, 1988.

29. ANDRADE, M. "O Aleijadinho". *Aspectos das artes plásticas no Brasil*. São Paulo: Martins, 1965, p. 18.

30. Cf. ACIOLI, V.L.C. *A identidade da beleza* – Dicionário de Artistas e Artífices dos séculos XVI ao XIX em Pernambuco. [s.l.]: Massangana/Fundação Joaquim Nabuco, 2010.

mente, a exemplo dos agricultores e comerciantes. Posteriormente, ao longo do século XX, o ingresso do negro na vida artística brasileira buscaria sempre atividades que não tivessem como pressuposto uma organização institucional rígida, como eram os casos da música ou dos esportes.

Mas já estava claro para determinadas frações de classe descontentes com a oligarquização da vida pública que o sistema educacional vigente contribuía fortemente para reforçar as desigualdades sociais. A consciência disso aparecia às vezes de forma reivindicatória, porém sem maiores elaborações programáticas, como se observa, por exemplo, no manifesto dos revoltosos de 1924 em São Paulo, dirigido aos "cariocas e fluminenses": o último dos itens correspondentes às exigências feitas pelos insurretos era "a obrigatoriedade do ensino primário e profissional". Era um item apenas ocasional, uma vez que o incipiente movimento tenentista visava basicamente combater as práticas oligárquicas da República Velha, portanto, tinha um acentuado cunho militar e conspiratório, sem a percepção dos problemas sociais que adviria mais tarde com a experiência da Coluna Prestes.

Só no novo período republicano (pós-1930) é que veio a ganhar visibilidade a questão da educação pública (primária e secundária), destinada aos mais pobres, porque a antiga unificação ideológica das elites – favorecida pelo letramento e pela educação superior – passava a dar algum espaço para a inclusão de frações de classe subalternas, necessárias às tendências político-ideológicas de constituição de um povo nacional. A burocracia estatal e a economia, agora aspirante à produção industrial e ao mercado interno, eram as principais forças de pressão para a formação de um novo tipo de mão de obra. Dentro desta conjuntura, os militantes da Frente Negra levantavam igualmente a bandeira da educação como via de resgate da condição social dos descendentes de escravos.

Os historiadores que datam a modernização educacional a partir da influência de Dewey costumam esquecer não só as predicações de Joaquim Nabuco, mas também os experimentos precursores de Manoel Bonfim que, em 1897, transformou o *Pedagogium* – fundado em 1890 no Rio de Janeiro como um misto de museu pedagógico e centro impulsionador de melhorias no ensino – num laboratório de psicologia aplicada à educação. Bonfim, um dos mais importantes explicadores do Brasil, atribuía um papel central à educação na constituição psíquica dos indivíduos e na formação de uma cidadania crítica e responsável.

Mas o gesto modernizador que de fato influenciaria o espírito público das reformas provinha da ideia (internacional, aliás) da *Escola Nova*, que já se havia disseminado por Estados Unidos e Europa. Influenciado por Dewey,

Anísio Teixeira enfatiza a democratização no processo educacional, valorizando a escola pública (como espaço democratizante, de ensino ativo e participativo), desfazendo a linha de separação entre ensino qualificado para a elite nacional e ensino utilitário (socialmente desqualificado) para a classe pobre. Tanto para Dewey como para Teixeira, a igualdade de oportunidades dos indivíduos seria garantida pela educação.

É certamente mais adequado falar dos educadores brasileiros, com exceção de Paulo Freire, como "reformadores educacionais", em vez de pensadores no sentido estrito ou acadêmico da palavra. Na verdade, isso não é característica exclusiva do Brasil, mas de toda a América Latina, onde, segundo Pansardi, "o discurso da reforma educacional constituiu uma verdadeira "revolução passiva", que transformou o discurso da redemocratização, da constituição cidadã, no discurso da "qualidade na educação"[31]. A explicação disso, dada pelo sociólogo P. Anderson, estaria no fato de que a democratização se deu sobre a derrota e não sobre a vitória das classes populares.

É essa igualmente a linha de pensamento de Saviani em sua crítica ao escolanovismo como exemplo notável da pedagogia liberal burguesa, salientando que, ao enfatizar a "qualidade de ensino" (escolas experimentais ou núcleos limitados a pequenos grupos de elite), a Escola Nova "deslocou o eixo de preocupação do âmbito político (relativo à sociedade em seu conjunto) para o âmbito técnico-pedagógico (relativo ao interior da escola), cumprindo ao mesmo tempo uma dupla função: manter a expansão da escola em limites suportáveis pelos interesses dominantes e desenvolver um tipo de ensino adequado a esses interesses. É esse fenômeno que denominei "mecanismo de recomposição da classe dominante"[32].

Evidentemente, o discurso escolanovista não era uniforme e contou com intelectuais realmente preocupados com a universalização do ensino, a exemplo de Anísio Teixeira – assim como de seu seguidor, o antropólogo, político e escritor Darcy Ribeiro – que se destacou principalmente por suas ações propositivas de reforma, criação de centros de estudos e universidades e do ensino público e gratuito. Fernando de Azevedo, o redator do "Manifesto dos Pioneiros da Educação Nova" (1932), embora seguidor de Durkheim, acompanha o deweyano Teixeira no tocante à escola pública e gratuita, preconizando a formação de professores e pesquisadores nacional-desenvolvimentistas,

---

[31]. PANSARDI, M.V. "Pensando as relações entre democracia e educação: do nascimento da social-democracia à hegemonia neoliberal". In: SCHLESENER, A.H. & SILVA, S.R. (orgs.). *Política, gestão e história da educação no Brasil*. [s.l.]: Universidade Tuiuti, 2010, p. 92.

[32]. SAVIANI, D. *Escola e democracia*. 41. ed. rev. [s.l.]: Autores Associados, 2009, p. 9-10.

articulando o processo educacional com as ciências sociais e concebendo-o não como fim em si mesmo, mas como meio de modernização social.

Paulo Freire é uma exceção, por destoar do liberalismo puro e simples e valorizar a tomada de consciência das condições sociais em que se dá o processo educacional. Em vez da autonomia da escola pública, sua ênfase recai sobre a autonomia da consciência do educando e sobre práticas escolares afinadas com a compreensão dos conteúdos do saber.

Idealismo e utopia lastreiam as ideias reformistas. De fato, segundo Cunha, os reformadores afirmam-se, na historiografia da educação superior brasileira, como "historiadores idealistas" (em contraposição às posições positivistas): "1) os que construíram a história do ensino superior a partir de um ideal fixado no passado, e o exemplo seria Henrique de Lima Vaz com *Cultura e universidade*; 2) os que a construíram a partir de um ideal futuro, e o exemplo seria Darcy Ribeiro com *A universidade necessária*; e, finalmente, 3) os que projetavam o presente no passado, e o exemplo era Fernando de Azevedo com *A cultura brasileira* e outras obras"[33].

Evidentemente, os nomes tomados como marcos paradigmáticos não esgotam a história da pedagogia brasileira. Uma historiografia atenta não deixará de lado figuras como Lourenço Filho, que não só ocupou lugares importantes na esfera educacional, mas também publicou trabalhos didáticos relevantes, a exemplo de sua *Introdução ao estudo da Escola Nova* (1930); José Mário Pires Azanha, que se distinguiu como educador e homem público, tendo sido o primeiro coordenador da "Cátedra Unesco de Educação para a Paz, Democracia, Direitos Humanos e Tolerância"; Cecília Meireles, cuja obra poética integra o cânone da literatura brasileira, mas que também advogou, no campo educacional, em favor da escola laica.

Entretanto, a grande inovação em todo esse panorama é o fato de que, desde a década de 1990, os movimentos sociais populares, ditos "rurais" ou "do campo", põem a educação entre as suas demandas principais, sob a liderança do Movimento dos Sem Terra (MST), que se firmou como o movimento mais bem organizado no território nacional. Aí se acham presentes a inspiração teórica de Paulo Freire e o fundo utópico que lastreia o direcionamento político de um projeto popular para o Brasil, ideologicamente apoiado na educação. Distinta do conceito abstrato de educação e voltada para as classes exteriores ao poder econômico-político, a educação popular induz os movimentos sociais a se constituírem como verdadeiros *sujeitos pedagógicos coletivos*.

---

33. CUNHA, L.A. Diretrizes para o estudo histórico do ensino superior no Brasil (1984), apud GHIRALDELLI JR., P. *História da educação brasileira*. Op. cit., p. 184-185.

Nessa conjuntura prático-teórica, a palavra "campo" ultrapassa as tradicionais atividades produtivas relativas ao perímetro não urbano (floresta, pecuária, minas e agricultura) para acolher os espaços pesqueiros, caiçaras, ribeirinhos e extrativistas, conforme explicitam as "diretrizes operacionais para a educação básica nas escolas do campo". Explica Ribeiro: "Contrapondo-se ao rural como negação histórica dos sujeitos que vivem do trabalho da/com a terra, esses movimentos ressignificam a si mesmos, enquanto sujeitos políticos coletivos, e à sua educação, negando o rural e assumindo o campo como espaço histórico da disputa pela terra e pela educação. *Campo*, portanto, não quer significar o perfil do solo em que o agricultor trabalha, mas o projeto histórico de sociedade e de educação que vem sendo forjado no e pelos movimentos campesinos"[34].

Essa reinterpretação de uma palavra muito popular tem efeitos de *praxis* (teoria e prática) sobre a movimentação social organizada, principalmente se a associamos ao conceito filosófico (heideggeriano) de *lugar* como "aquilo pelo qual vem determinada a interna possibilidade de algo". O *campo* é propriamente um *lugar* de transitividade ou mobilidade dos sujeitos na dinâmica de rompimento dos espaços fixos traçados pelas elites dirigentes (*endocoloniais* ou suportes internos da eurocolonialidade) para os segmentos econômica e politicamente subalternos do povo nacional.

Por exemplo, na tentativa de determinação de quem é ou o que é o negro na sociedade brasileira (em face da evidência histórica da sua cidadania de segunda classe), percebe-se que, acabada a velha argumentação biológica para a especificidade de um genótipo branco, o negro é um lugar móvel: pode ser ocupado por uma enorme variação da cor da pele, a depender do jogo das relações sociais ou dos posicionamentos político-ideológicos. Não existe, portanto, nenhuma identidade racial negra, e sim uma categoria social de confusa identificação fenotípica (com exceção dos casos de peles inequivocamente escuras), embora com claras identificações culturais, em amplas parcelas da população direta ou indiretamente relacionadas com afrodescendentes, no tocante a tradições lúdicas e religiosas (os cultos afro-brasileiros) que se configuram como uma marcante diversidade simbólica.

Mas como bem se sabe, existem os espaços de uma *relação racial* ideologicamente traçados ao longo de uma história escravagista de quatro séculos na sociedade nacional, que preside ao poder endocolonial dos estamentos dirigentes e favorece a continuidade dos mecanismos seletivos e excludentes

---

34. RIBEIRO, M. *Movimento camponês, trabalho e educação* – Liberdade, autonomia, emancipação: princípios/fins da *formação humana*. São Paulo: Expressão Popular, 2010, p. 41.

(dentre os quais, a educação) das camadas populares. As gradações fenotípicas mais claras aprendem a se distinguir, fundadas no imaginário colonialista da branquitude. Os sujeitos de pele clara já nascem investidos da aura familiar que cota, por preconceito cognitivo e gradativa confirmação social, o não escurecimento fenotípico como uma "natural" vantagem patrimonial. Uma educação que girasse em torno de um "centro pedagógico" descolonizante e democrático deveria necessariamente pautar-se por uma ética de desconstrução do paradigma leucocrático.

Justifica-se, assim, a existência de um *lugar* "negro" (entenda-se: não o lugar marcado do negro, mas o negro como *lugar* lógico-político) dentro da dinâmica contraditória das relações sociais. Há claras evidências de que "a noção de 'cor' herdada do período colonial não designava, preferencialmente, matizes de pigmentação ou níveis diferentes de mestiçagem, mas buscava definir lugares sociais, nos quais etnia e condição estavam indissociavelmente ligados"[35]. Não raro, ao obter sua alforria, o negro "mudava de cor", propondo-se como "pardo" e, a depender do matiz fenotípico, como "moreno".

É possível, assim, a analogia política do "lugar" negro com o *campo* dos movimentos populares que esboçam um projeto histórico de sociedade e de educação. Um movimento dessa natureza pode de fato ser associado à luta organizada dos negros brasileiros contra o racismo há cerca de cem anos. Diz Rufino: "É o movimento social de maior duração do país. Seus precursores são os clubes e pequenos jornais negros de São Paulo, Rio, Salvador, Porto Alegre etc.; e sua primeira organização nacional, a Frente Negra Brasileira, fundada em 1931. Há trinta anos, com a redemocratização do país e a volta do direito de reunião e associação, organizações negras pululuaram por toda parte"[36].

Numa associação dessa ordem se vislumbra, ainda que utopicamente, o horizonte de uma reconstrução pedagógica da escola, de maneira a preencher o espaço deixado vazio pelos reformadores educacionais de linhagem elitista – por mais que vários deles se caracterizem pela esquerda política –, ou seja, o espaço que leva à descaracterização do negro como exclusivo trabalhador manual (e, consequentemente, "lugar" rebaixado na escala salarial), de revisão da história do negro na cultura nacional e de combate ativo ao racismo.

Daí a importância da desconstrução no espaço público e na escola dos discursos que ainda hoje veiculam estereótipos negativos relativos ao negro e

---

[35]. MATTOS, H.M. *Das cores do silêncio* – Os significados da liberdade no sudeste escravista. Rio de Janeiro: Nova Fronteira, 1998, p. 98.

[36]. RUFINO, J. A metamorfose do negro. In: LOPES, N. & COSTA, H. *Nação quilombo*. [s.l.]: ND Comunicação, 2010, p. 16.

seu continente de origem. Apenas um exemplo: "Faz um século, não éramos quase nada. Um país formado de índios na Idade da Pedra, africanos na Idade do Bronze, e colonizado pela nação mais atrasada da Europa Ocidental. Os dois primeiros não possuíam escrita. Em 1900, Portugal tinha a mesma taxa de alfabetização (15%) que a Europa antes de Gutenberg. Os imigrantes da Europa Central fizeram diferença. Mas não foram tantos assim"[37].

Este tipo de análise ainda acontece em pleno terceiro milênio, quando já existe toda uma movimentação civil empenhada em desconstruir os clichês discriminatórios típicos do século XIX. No entanto, resulta de um quadro teórico em que a educação é pensada exclusivamente pelo viés economicista do "capital humano", termo-chave no discurso das organizações internacionais que tentam estabelecer um mercado mundial da educação. Trata-se de um discurso política e ideologicamente *endocolonial* (o colonialismo interno, enquanto incorporação acrítica de valores coloniais do centro mundial), já que explica o suposto "não ser nada" nacional por uma espécie de defeito qualitativo da colonização: a diferença se faria pelos imigrantes centro-europeus (alemães, austríacos, poloneses, tchecos e outros), que ainda assim teriam sido em número insuficiente.

É verdade que, embora tenha construído um império ultramarino nos séculos XVI e XVII, Portugal conheceria a decadência no século seguinte, perdendo de longe nas comparações que se faziam entre as monarquias europeias. "Em Portugal não há ciência, nem há política nem há economia, não há educação, nem há nobreza e nem há corte", segundo um português da época[38]. A prosperidade portuguesa estava na exploração da colônia brasileira, que foi sufocada durante três séculos. Mas, por outro lado, não há nenhuma evidência histórica de que os imigrantes da Europa Central tenham chegado aqui com recursos técnicos inovadores. A conclusão mais óbvia é que sua suposta maior qualificação antropológica estaria no acordo com as diretrizes eugenistas de valorização dos cabelos louros e olhos azuis.

Se incorporarmos à perspectiva crítico-desconstrutiva o conceito de ideologia como visão de mundo parcial em favor de uma classe, torna-se viável recorrer aqui à figura semiótica do *ideologema* (uma específica representação imaginária do real-histórico), para melhor trazer à luz o funcionamento do discurso endocolonial, que ao mesmo tempo constrói e recalca ou esquece facetas essenciais do real-histórico. No caso em questão, ele (a) *constrói* como

---

37. CASTRO, C.M. "O milagre brasileiro". Revista *Veja*, 14/07/10.

38. Trata-se do diplomata José da Cunha Brochado, citado por GOMES, L. *1808*. São Paulo: Planeta, 2007, p. 60.

ideologema a ideia – positivista – da África como uma unidade civilizatória dentro de uma escala evolutiva de desenvolvimento ("Idade do Bronze"), desconhecendo que existem dezenas de "Áfricas" dessemelhantes em seu modo de presença continental; (b) *recalca* que os países colonizados por europeus de qualquer latitude tiveram seu desenvolvimento obstaculizado pelas práticas monopolistas do setor comercial metropolitano (as famosas "companhias de comércio" do mercantilismo burguês), pelo confisco de terras e pelo bloqueio de atividades potencialmente competitivas suscetíveis de criar um mercado interno e (c) *esquece* de dizer que, em nenhuma região do mundo, a colonização produziu efeitos benéficos para os povos subjugados.

Mais especificamente, no que tange a índios (também conhecidos como "negros da terra"), a citada análise parece desconhecer as valiosas indicações de Buarque de Holanda quanto ao que se chamou de "aculturamento às avessas", isto é, o papel propriamente civilizatório dos indígenas na colonização de São Paulo, que ensinavam aos portugueses e bandeirantes as regras de higiene, de alimentação compatível com o entorno, de vestuário ecológico e de calçados, sem as quais eles não teriam conseguido sobreviver no ambiente inóspito[39]. É o que corrobora o jornalista Pompeu de Toledo em sua história da capital paulista, citado por Gomes: "O tupi foi a língua mais falada em São Paulo até o começo do século XVIII, quando o português se tornou o idioma dominante. A rede de dormir, também herdada dos índios e às vezes chamada de 'rede de carijó', era usada pela maioria da população até o início do século XIX, quando foi finalmente suplantada pela cama. As casas não eram mais do que adaptações da oca indígena. Durante os dois primeiros séculos da colônia comia-se comida de índio, usavam-se armas de índio e até se falava, tanto quanto o português, ou talvez até mais, a língua geral dos índios"[40].

No que diz respeito aos negros propriamente ditos, o analista se ressente de leituras sobre os escravos oriundos da África Ocidental, em especial os iorubás, que haviam criado até o início do segundo milênio uma das mais antigas e desenvolvidas formas de vida na África Subsaariana, com complexas instituições religiosas, sociais e comerciais, além de centros urbanos pontilhados de monumentos públicos e ruas pavimentadas. Uma parte significativa da diáspora africana nas Américas é de origem iorubana. Mas os povos de outras etnias africanas concorreram igualmente para a composição intercultural da mão de obra técnica perfeitamente adequada à produção escravista brasileira.

---

39. Cf. HOLANDA, S.B. *Caminhos e fronteiras*. 2. ed. São Paulo: Cia. das Letras, 1995 [a primeira edição é de 1957].

40. GOMES, L. *1808*. Op. cit., p. 116.

Na transição dessa forma produtiva à forma capitalista, começaram a aparecer os discursos de favorecimento à imigração europeia, que não só deveria trazer mão de obra compatível com a industrialização prevista, mas também submergir gradativamente pela fenotipia clara os matizes escuros identificados com o analfabetismo e o atraso social.

Surgem daí os discursos de eugenia, assim como os enunciados do racismo de dominação. Ainda na primeira metade do século XX, Monteiro Lobato – o escritor infantojuvenil (logo, um educador heterodoxo) de maior sucesso em sua época e depois, para quem era difícil "ser gente no concerto dos povos" com negros africanos criando aqui "problemas terríveis" – dizia em carta ao amigo Godofredo Rangel que "a escrita é um processo indireto de fazer eugenia e, no Brasil, os processos indiretos "work" muito mais eficientemente".

Lobato era um militante do movimento eugenista. "Processo indireto" é, para ele, o racismo sem doutrina gritada, da cordialidade patronal ou paternalista (tanto em que seus textos ficcionais se pode encontrar um ambíguo afeto para com os negros) e presente de modo oblíquo nos discursos eugenistas que transitaram de fins do século XIX até o terceiro milênio. Esses discursos, que atingem a consciência infantil com toda a carga emocional dos estereótipos, recalcam a importante história da participação de negros e mulatos nas técnicas, artes e letras de elevado alcance simbólico na sociedade brasileira.

Ora, a filosofia educacional contemporânea comprometida com o avanço pedagógico (por exemplo, a do liberal Richard Rorty) é inequívoca quanto à importância de se alargarem discursivamente os horizontes sociais por meio de terminologias afirmativas de uma determinada condição humana. Por isso, nenhuma educação comprometida com a realidade humana da formação social brasileira, portanto, com um projeto de descolonização cultural, poderia deixar de inserir em seu *centro* pedagógico a desconstrução da retórica de rebaixamento dos sujeitos da diversidade simbólica, chamando a atenção ao mesmo tempo para o papel verdadeiramente civilizatório que tiveram índios e negros na formação da sociedade nacional.

Novos *centros* pedagógicos

Como se infere, pode haver um deslocamento do que foi chamado de "centros" pedagógicos, segundo a variedade das situações nacionais, assim como das concepções inovadoras em métodos e técnicas, embora não raro se possa vislumbrar uma linha de continuidade metodológica em torno dos esforços crescentes de proteção da infância ou de melhoria do bem-estar da criança. O alemão Friedrich Froebel, por exemplo, ainda no século XVIII, partilha com

Rousseau o mérito de realçar a especificidade da infância no processo educativo. Froebel cria o jardim de infância (*Kindergarten*) como um espaço onde a criança, até os oito anos, deve autodesenvolver-se por meio de brincadeiras que as levem a uma representação adequada do mundo. Pode-se divisar sua continuidade na italiana Maria Montessori que, já no século XX, debruça-se sobre a educação das crianças (em especial, as deficientes ou excepcionais), criando materiais especializados e capazes de favorecer a vontade e a atenção. Até mesmo uma pedagogia bastante politizada, em bases marxistas como a do francês Célestin Freinet, também em pleno século XX, mostra-se em continuidade com a inserção da criança no centro das metodologias educacionais, assim como com a invenção e a facilitação de materiais destinados a proporcionar aos jovens estudantes um desenvolvimento "natural", equilibrado e completo.

Ao lado das pedagogias centradas na escola, têm grande repercussão ainda hoje aquelas que priorizam a epistemologia, isto é, a descrição científica do desenvolvimento da criança com vistas à sua adequada inserção no processo educacional. É o caso do suíço Jean Piaget, que sustenta ser a coordenação dos esquemas sensório-motores, e não a linguagem, que responde pela formação do pensamento. Para ele há toda uma série de operações cognitivas que prescindem da linguagem, como classificar, sequenciar e pensar com responsabilidade. Trabalhando o desenvolvimento humano em estágios ou períodos, Piaget se debruça sobre as características do pensamento sensório-motor, pré-operatório, concreto e formal, para demonstrar como o desenvolvimento psicológico precede a aprendizagem e como a interação entre os sujeitos sociais tem peso mínimo diante das determinações individuais ensejadas por cada um dos estágios sucessivos de desenvolvimento mental. Sua abordagem, por ele mesmo denominada de "epistemologia psicogenética" define-se, em termos acadêmicos, como uma teoria de formação ou construção de conceitos, com uma pedagogia construtivista correspondente.

Nesse aspecto da preocupação epistemológica com a formação de conceitos converge para as posições de Piaget a teoria do russo Lev S. Vygotsky, seu contemporâneo, que discorda, entretanto, da precedência do individual sobre o social[41]. Para ele, é a cultura, logo o sistema simbólico (a linguagem), que molda dos modos de pensar, donde se deduz que a interação social é fundamental para o desenvolvimento do *conceito*, essa construção que, embora abstrata, carrega os traços essenciais dos objetos concretos. Diferentemente de Piaget, que não estava preocupado com as situações de aprendizagem em

---

41. Cf. VYGOTSKY, S.L. *A formação social da mente*. São Paulo: Martins Fontes, 2004.

sala de aula, Vygotsky põe a escola no centro de suas pesquisas e reflexões, propondo a distinção de zonas de desenvolvimento inerentes a cada indivíduo na medida de sua inserção no grupo social: a "zona de desenvolvimento real" seria constituída de conceitos já dominados graças à aprendizagem interativa, enquanto a "zona de desenvolvimento proximal" diz respeito ao potencial de aprendizagem assistida por adultos ou por instituições especializadas, em que a escola avulta como recurso maior.

A chamada "escola soviética" (centrada na psicologia), capitaneada por Vygotsky e Alexander Luria, exerce ainda hoje uma grande influência internacional. É relevante a continuidade que lhe dão nos Estados Unidos os trabalhos de Jerome Bruner, Michael Cole e James Werstch, todos eles afinados com os postulados da psicologia histórico-cultural e debruçados sobre a complexidade das relações entre desenvolvimento cognitivo e cultura.

Inicialmente discípulo de Piaget (mas depois também centrado na escola soviética), Bruner ressalta a importância do pensamento intuitivo na aprendizagem, caracterizando-o como algo implícito, intermitente, dificilmente verbalizável, mas bastante associado à familiaridade com o campo[42]. Resulta fundamental, assim, a contextualização do ensino de tópicos ou habilidades específicas, que permite o aluno avançar, transferindo o aprendido para situações e princípios análogos, ampliando o conhecimento e desenvolvendo aptidões para a pesquisa. Para Bruner, a fonte da dificuldade em se aprender alguma coisa não está no conteúdo, mas na forma de sua transmissão.

Michael Cole junta a psicologia à comunicação (é professor no Departamento de Comunicação da Universidade da Califórnia, em San Diego) para pesquisar as relações entre contexto cultural e cognição[43]. Manejando o conceito de "validade ecológica", ele se empenha em conhecer as atividades rotineiras dos sujeitos pesquisados, substituindo, nas tarefas que envolvam raciocínio lógico ou memória, representações abstratas por objetos familiares da vida cotidiana. Os resultados de seus estudos em psicologia cultural levam-no a concluir que, nos processos cognitivos, as diferenças culturais não se devem à falta de uma condição supostamente necessária, e sim às situações em que se aplicam os processos cognitivos específicos. A escolarização constitui, para ele, uma importante situação aplicativa, já que suas conclusões são indicativas do forte peso da intervenção pedagógica no desenvolvimento cognitivo dos indivíduos.

---

42. Cf. BRUNER, J. *A cultura da educação*. Porto Alegre: Artmed, 2001.

43. Cf. COLE, M. *Cultural Psychology*: A Once and Future Discipline. Cambridge: Harvard University Press, 1996. • COLE, M. & COLE, S. *O desenvolvimento da criança e do adolescente*. Porto Alegre: Artmed, 2004.

Com uma formação multidisciplinar – transitando academicamente por departamentos de Comunicação, Psicologia, Antropologia e Educação – James Werstch é conhecido como um dos principais tradutores e divulgadores do trabalho de Vygotsky no Ocidente. Pondo em foco o conceito de *atividade* (baseado no materialismo histórico e central entre os membros da escola soviética), Wertsch desenvolve a teoria de A.N. Leontiev no sentido de considerar a atividade em sua "estrutura funcional"[44]. Isto significa que as mesmas ações características de uma determinada atividade passam a definir um outro tipo de atividade, desde que se altere a situação. As atividades passam, assim, a serem analisadas em níveis diferenciados, que variam de objetivos a modos de realização das ações.

No desenvolvimento da teoria da atividade, reinterpretam-se conceitos hegelianos e marxianos. Por exemplo, o conceito de *trabalho*, marca divisória da atividade humana frente à animal, leva ao conceito de *mediação*, que não se limita a instrumentos físicos, pois inclui o sistema de signos pelo qual os homens organizam a *interação* social. Esta última é a base da lei genética do desenvolvimento humano, formulada por Vygotsky, segundo a qual o primeiro nível de realização de uma atividade é interativo ou interpsicológico, antes de qualquer internalização, de natureza intrapsicológica. O que de fato se internaliza, como princípio do desenvolvimento humano, é a *cultura*. E para isso são fundamentais tanto os instrumentos técnicos nas ações medidas quanto os recursos semióticos ou simbólicos, que lançam mão de textos e narrativas.

Do formal ao essencial

Este sumário passeio a partir do campo pedagógico[45] não visa evidentemente detalhar a complexidade dos pontos abordados por autores e escolas, e sim fornecer uma imagem da natureza mista, ao mesmo tempo teórica e prática, de toda pedagogia, chamando a atenção para a continuidade de determinados "centros" teóricos ao longo dos séculos, assim como para o deslocamento de suas ênfases, segundo a variação do campo disciplinar. É importante a percepção dessa continuidade para bem se entender o movimento progressivo da pedagogia: ela avança a partir do registro histórico de suas teorias e das formalizações postas em prática pela instituição escolar.

---

44. Cf. WERTSCH, J.V.; DEL RIO, P. & ALVAREZ, A. (orgs.). *Estudos socioculturais da mente*. Porto Alegre: Artmed, 1998.

45. Para uma historiografia detalhada desse campo, cf. GAMBI, F. *História da pedagogia*. São Paulo: Unesp, 1999.

Por outro lado, trata-se de exibir nessa mesma imagem aquilo que Mészáros chama de aspectos formais, e não essenciais, do processo educacional enquanto *forma sociometabólica* das condições de reprodução do modo de produção dominante[46]. Vista sob este ângulo crítico, a "internalização" de que fala a escola soviética interpretada pelos teóricos norte-americanos (Bruner, Cole, Wertsch), por mais acerto psicológico de que se revista, define-se pelo nível inessencial, porque permanece no terreno estrito da pedagogia, sem questionar o escopo amplo da educação vigente, em que a internalização cumpre as funções hegemônicas de assegurar os parâmetros reprodutivos da lei do valor, legitimando as posições atribuídas aos indivíduos na hierarquia social pelo sistema do capital.

Nos termos desta concepção crítica, as mudanças institucionais isoladas ou as meras reformas de natureza técnica no âmbito educacional que incidem sobre os efeitos sociais do capital deixam intacta a divisão alienante entre trabalho material e trabalho intelectual, portanto, a clássica separação entre *homo faber* e *homo sapiens*, homóloga ao primado de uma minoria de sujeitos plenos sobre uma maioria social intelectualmente subalterna. É uma argumentação claramente gramsciana.

A transformação educacional deveria, assim, ser isomórfica com a transformação social, uma vez que nenhuma pedagogia conseguiria por si só retroagir sobre a lógica autoritária do capital espelhada na homogeneidade dos dispositivos formais da educação. Diz Mészáros: "O que precisa ser confrontado e alterado fundamentalmente é *todo* o sistema de *internalização*, com todas as suas dimensões, visíveis e ocultas. Romper com a lógica do capital na área da educação equivale, portanto, a substituir as formas onipresentes e profundamente enraizadas da internalização mistificadora por uma alternativa *concreta* abrangente"[47].

Balibar acrescenta um aspecto (geralmente pouco considerado nos debates educacionais) às reflexões de Mészáros. Refletindo sobre a importância contemporânea da escolarização e da família, ele vai além do argumento centrado no lugar funcional que elas assumem na reprodução da força de trabalho, sugerindo que a importância mesmo das duas instituições reside no fato de que "elas subordinam essa reprodução à constituição de uma etnicidade fictícia, isto é, à articulação de uma comunidade linguística e de uma comunidade de raça implícita nas políticas da população (o que Foucault chamava, com um termo sugestivo, mas equívoco, o sistema dos 'biopoderes')"[48].

---

46. MÉSZÁROS, I. Op. cit., passim.

47. Ibid., p. 47.

48. BALIBAR, E. La nation historique. In: BALIBAR, E. & WALLERSTEIN, I. *Race-nation-classe*: les identités ambigües. Paris: La Decouverte, 1988, p. 140.

Até mesmo nos países que fizeram alguma experiência socialista em bases marxistas, existiram esses "biopoderes" raciais. No VI Congresso do Partido Comunista Cubano, em abril de 2011, o próprio Presidente Raul Castro admitiu que os burocratas do partido vinham impedindo o acesso de negros, mestiços e mulheres a postos de direção na administração pública daquele país. Por outro lado, mediado pela escola em todo e qualquer país, o pertencimento à comunidade linguística, embora formalmente igualitário, cria na prática divisões de natureza literária e tecnológica, que atribuem aos indivíduos destinações sociais diferentes. Uma alternativa educacional concreta exigiria contornarem-se essas divisões.

Presumindo-se, como Mészáros, que essa alternativa tenha como ponto de partida "uma intervenção consciente em todos os domínios e em todos os níveis da nossa existência individual e social", não se pode deixar de considerar o pensamento educacional de Paulo Freire uma realização cultural de alcance universal no sentido da educação como prática libertária. É que Freire, pressupondo uma simbiose da consciência do mundo e da consciência de si, põe um "método de conscientização" no centro de sua obra teórica e de sua prática pedagógica.

E ele dá pleno crédito às influências sobre seu pensamento: "Acredita-se geralmente que sou autor deste estranho vocábulo 'conscientização', por ser este o conceito central de minhas ideias sobre educação. Na realidade, foi criado por uma equipe de professores do Iseb por volta de 1964. Pode-se citar entre eles Álvaro Vieira Pinto e o Professor Guerreiro Ramos. Ao ouvir pela primeira vez a palavra, percebi imediatamente a profundidade de seu significado, porque estou absolutamente convencido de que a educação, como prática de liberdade, é um ato de conhecimento, uma aproximação crítica da realidade"[49].

Com Freire, porém, o conceito de conscientização tem uma incidência prática sobre a realidade nacional muito maior do que aquela pretendida pelo Instituto Superior de Estudos Brasileiros (Iseb), cujas ideias não raro desaguavam num hegelianismo caboclo, nem sempre bem digerido, junto ao círculo reduzido de intelectuais desenvolvimentistas[50]. Inspirado em Marx, Mao e, mesmo, "Che" Guevara, Freire deu à "conscientização" uma destinação prática: um método para a alfabetização de adultos em 40 horas.

---

49. FREIRE, P. *Conscientização*: teoria e prática. São Paulo: Centauro, 2008, p. 29.

50. Os dois volumes de *Consciência e realidade nacional*, de Álvaro Vieira Pinto, fornecem uma súmula dessa corrente de pensamento, ainda embalada pela crença na possibilidade de um desenvolvimento autônomo do país, sob a liderança de uma burguesia nacional.

Normalmente, a pedagogia não é o espaço próprio para a elaboração de novos conceitos, posto que se apresenta de forma prioritária como um discurso de reflexão e inculcação de saberes produzidos no campo geral da ciência e da cultura. Entretanto, com Freire, nascem daí conceitos novos de leitura e escrita. Ler, para ele, não é "caminhar sobre as letras", e sim uma tomada de consciência para melhor interpretação do mundo e intervenção na realidade pela ação. Esta perspectiva daria à leitura e à escrita o caráter de práticas libertárias.

Essas práticas são essenciais na concepção educacional de Freire como caminhos da "educação para o homem-sujeito", isto é, a experiência formativa baseada na integração do indivíduo com sua realidade histórica, com vistas ao desenvolvimento da consciência autônoma e crítica. Lugar, local e comunidade são aqui incontornáveis pressupostos epistemológicos para a formação dessa consciência, que deveria atingir o *enraizamento crítico* a partir do qual se fortalecem o conhecimento da realidade e o poder decisório.

Nesse ponto Freire aproxima-se da perspectiva de Dewey, introduzindo a comunicação como conceito imprescindível para a compreensão dos efeitos sociais da matriz crítica. Comunicação é um processo dialógico, socialmente movido por afeto (confiança, emoção, esperança) e razão, que pode incluir formas institucionais (escola, academia etc.), mas no limite as transcende por ser apanágio da totalidade do campo cultural. A incompletude da cultura demanda, assim, a permanência do processo educacional na vida do indivíduo.

Forma e disciplina

Mas quando se aprofunda a questão essencial das condições sócio-históricas em que surge e se desenvolve a *forma* escolar, é imperativo demorar-se sobre as concepções pedagógicas de Durkheim pela ênfase dada ao poder disciplinar. Disciplina é uma palavra de longo espectro semântico. Por um lado, pode ser entendida como o esforço ou o empenho persistente que leva o sujeito a buscar a realização de um fim, inclusive transcendendo suas limitações pessoais[51]. Por outro, pode ser interpretada como uma série de constrições de natureza moral, com eventuais complementos físicos.

Em Durkheim a disciplina é principalmente um poder, ou seja, um "disciplinamento". Na teoria sociológica durkheimiana, explicar um fenômeno

---

51. Na metafísica hindu, por exemplo, quando se fala das "disciplinas" corporais e físicas do *yogin*, está-se fazendo referência a um esforço ascético (*tapas*, em sânscrito), que leva a poderes criadores tanto no plano cósmico quanto no espiritual. Não há aí qualquer imposição externa.

social implica buscar sua causa eficiente, ou seja, o fenômeno antecedente que necessariamente o produziu para então, se for o caso, estabelecer sua função ou sua utilidade. Educação, para ele, é um processo social destinado a sociabilizar os indivíduos – mais especificamente, a propósito da criança, *forçá-la* a pertencer à sociedade adulta. Em termos elementares, trata-se de arrancar o indivíduo da esfera *natural* do egoísmo ou da onipotência narcísica e habituá-lo à disciplina sociabilizante.

Comparece aí, como se vê, a doutrina do individualismo, tal como fora esboçada por Rousseau (com vistas à explicação contratualista da sociedade), apenas acentuando num primeiro momento a função disciplinar da escola e depois predicando o desenvolvimento da reflexão e da autonomia individuais. Como no *Emílio*, Durkheim concita o educador a buscar – por meio da psicologia escolar – as "aptidões naturais" do educando, com vistas ao momento próprio de sua submissão à autoridade moral, que permite, por parte do sistema escolar, a imposição do espírito disciplinar. Politicamente, a teoria durkheimiana move-se no quadro do individualismo típico do liberalismo oitocentista e, eticamente, dentro do horizonte kantiano: autoridade, regra, vontade e liberdade são conceitos que se fazem presentes como essenciais ao exercício da moralidade.

Mais precisamente, a ênfase durkheimiana na disciplina apoia-se na concepção kantiana de educação[52], que se pode resumir conceitualmente como a combinação de cuidados, disciplina coercitiva e instrução ao lado da formação. Para Kant, a disciplina é o instrumento apto a resgatar o homem de sua natural animalidade, preservando-o para o seu destino, que é a humanidade conquistada pela educação. A pedagogia, portanto, teoria da educação e organização das escolas, define-se como uma "questão de juízo" das mentes mais esclarecidas, que devem (a) em primeiro lugar, domar a selvageria natural do homem por meio da *disciplina*; (b) *cultivar* o homem por meio do ensino baseado na regra e no exemplo; (c) tornar o indivíduo *prudente* (cívico, atento à alteridade), o que implica uma forma determinada de cultura, denominada *civilização* e (d) cuidar de sua *moralização*, isto é, torná-lo capaz de escolher os bons fins que lhe conferem valor junto ao gênero humano.

A forma disciplinar se dá numa assimetria de base entre professor e aluno, em que a relação pedagógica varia de um modelo de dominação pura e simples a estratégias de negociação comunicativa. No primeiro caso, entra em jogo uma disposição hierárquica, em que os conteúdos culturais e os valores são impostos sob regras de obediência instantânea, uma vez que educar equi-

---

52. Cf. KANT, I. *Propos de pédagogie*. [s.l.]: Rink, 1803, passim.

vale aí a adestrar. No segundo, princípios democráticos norteiam as relações entre professores e alunos, convocando para isso métodos pedagógicos de inspiração mais humanista do que teocrática.

Mas seja qual for o modelo ou a estratégia, a forma disciplinar visa principalmente perpetuar os valores típicos de uma sociedade considerada como meio condicionante. Assim, alguns dos valores preconizados em fins do século XIX já não se definem do mesmo modo concebido por Rousseau um século antes. A liberdade, por exemplo. Se no *Emílio* aparecia como um *terminus a quo*, isto é, como um ponto de partida ou uma condição originária da criança imersa no estado de natureza, a liberdade é, com Durkheim, algo a ser alcançado por disciplina e obediência, portanto, após o exercício da educação moral. Não é por amor ao saber ou ao trabalho que os indivíduos se instruem, e sim pela imposição de obrigações por parte da sociedade[53].

O sociólogo francês deixa claro, no entanto, que a disciplina moral não deve ser confundida com coerção verbal ou física. A obediência dos alunos às regras inflexíveis dos mestres deve decorrer do autoconvencimento quanto à sua necessidade, portanto, de uma sutil retórica incrustada no discurso pedagógico. Mas Hannah Arendt desconfia dessa suposta sutileza, afirmando que o sistema escolar "intervém de uma forma ditatorial, que se funda na superioridade absoluta do adulto e tenta instalar o novo como um *fait accompli*, isto é, como se já existisse. É por isso que, na Europa, são sobretudo os movimentos revolucionários de tendência tirânica que acreditam que, para instalar condições novas, é preciso começar pelas crianças, e são esses mesmos movimentos que, quando chegavam ao poder, arrancavam as crianças de suas famílias e limitavam-se a doutriná-las"[54].

A disciplina moral corresponde à passagem das formas nucleares da ideologia burguesa tradicional a formas modernas, ou seja, do par família-Igreja ao par família-escola, como observa Althusser[55]. A escolarização institui uma cena familiar secundária para a criança, reinscrevendo na figura do professor o controle parental, mas com a distância corporal recomendada pela pedagogia, agora regida por diretivas psicológicas. É certo que os castigos corporais continuaram existindo ao longo dos tempos, mas como uma

---

53. A disciplina teorizada por Kant e depois por Durkheim é, na verdade, uma substituição do regime da vara ou violência física a que, em épocas anteriores, era submetido o educando. Disto é ilustrativo o sinete da "Escola Gratuita de Gramática de Louth" (um condado irlandês) que, em 1554, enunciava "*Qui parcit virge odit fili*", isto é, "quem poupa a vara odeia o filho".

54. ARENDT, H. *La crise de l'éducation*. Paris: Gallimard, 2007, p. 12.

55. Cf. ALTHUSSER, L. "Idéologie et appareils idéologiques d'État". *Positions*. Paris: Sociales, 1976.

peculiaridade de determinados ambientes culturais, sempre suscetíveis de serem julgados como anacrônicos por parte dos mais modernos. A disciplina pedagógica é de fundo moral.

A ênfase na forma disciplinar transparece no depoimento de um educador alemão, preocupado com a falência dos métodos educativos libertários que caracterizam a pedagogia contemporânea: "Ter a coragem de educar significa antes de tudo ter a coragem de exercer a disciplina. A disciplina é o filho não amado da pedagogia e, no entanto, constitui o fundamento de toda educação. A disciplina encarna tudo aquilo que os homens detestam: coerção, submissão, renúncia forçada, repressão do instinto, limitação da própria vontade individual [...]. Inicialmente, a disciplina vem sempre imposta de fora, mas no fim deveria impor-se a partir de dentro, transformando-se em autodisciplina. No campo educativo, a disciplina pode ser legitimada apenas pelo amor às crianças e aos jovens"[56].

Uma posição dessas, bastante provocativa no contexto de uma pedagogia assumidamente antiautoritária, expõe sem meias palavras, entretanto, a natureza da forma escolar. Bem se sabe que a escola, como mecanismo de disciplinamento do jovem, é uma forma afim ao *panóptico (panopticon)*, termo e sistema inventados pelo filósofo utilitarista Jeremy Bentham (muito bem lido por Durkheim) em fins do século XVIII. Era esse o nome dado por Bentham a uma penitenciária modelar, sem calabouço nem torturas, dentro da melhor inspiração liberal[57].

A arquitetura panóptica requer uma construção circular, com filas de células abertas para um pátio interno, onde se levanta uma torre de observação. Dentro dela, um inspetor tudo vê sem ser visto. Em sua cela individual o prisioneiro é fixado espacialmente como um ponto sempre controlável pelo olhar do vigia. Isolado, o prisioneiro é individualizado pelo controle coletivo do centro. Este, por sua vez, é anônimo, sem corpo, pois sua força reside na invisibilidade: o prisioneiro não poderá conhecer o momento de sua vigilância, jamais saberá se está ou não sendo vigiado.

Para Bentham, tal poder anônimo é a própria democracia, sistema em que qualquer um poderia assumir o poder ou então vigiá-lo. O princípio da vigilância absoluta (*universal inspection principle*) é o esquema formal do regime liberal – a máquina do poder democrático. Sua eficácia é do tipo *pedagógico*.

---

56. BUEB, B. *Elogio della disciplina*. Milão: Rizzoli, 2008, p. 15.

57. Reprisamos aqui um excerto do nosso *O monopólio da fala*. 8. ed. Petrópolis: Vozes, 2010, p. 16-17.

E Bentham aventa mesmo a hipótese da aplicação do panoptismo às fábricas, aos hospitais, às escolas ou à ordem produtiva em geral. Não à toa, Kant observa que uma das primeiras realizações da disciplina escolar é ensinar as crianças a permanecerem sentadas, contrariando sua inclinação natural para o movimento. Para Foucault, "a disciplina aumenta as forças do corpo (em termos econômicos de utilidade) e diminui essas mesmas forças (em termos políticos de obediência). Em uma palavra: ela dissocia o poder do corpo; faz dele por um lado a "aptidão", uma "capacidade" que ela procura aumentar; e inverte por outro lado a energia, a potência que poderia resultar disso, e faz dela uma relação de sujeição estrita"[58].

O fato é que, doravante, nada escaparia ao poder, multiplicado – não pela violência física ou pelos rituais cerimoniosos, como na monarquia – por esse olho vigilante e onipresente: o olho do próprio vigiado. Essa forma estende-se tentacularmente da produção econômica à reprodução cultural e ideológica, como se verifica, por exemplo, na escola, onde a geometria verticalista do lugar tradicional do professor e os currículos organizados em bases de disciplinas separadas têm muito a ver com a disciplina rotineira, segmentada e repetitiva das linhas de trabalho tayloristas e fordistas.

Uma descrição algo caricatural desse esquema aplicado ao sistema educacional é feita por um jornalista, ao apontar a persistência no século XXI de uma escola conformada por dois modelos do século XIX. O primeiro é a escola como "prisão onde os alunos aprendem em classes-células, dirigidas por professores, guardiões exclusivos dos conhecimentos autorizados"; o segundo é a Igreja: "o ensino pregador do século XIX exigia uma escuta religiosa por parte dos alunos"[59].

Valendo-se das análises weberianas sobre a burocracia gerada pelo capitalismo social, Sennett inclui nesse arcabouço repressivo a própria organização militar como fonte das formas de racionalização da vida institucional, em que figura a educação: "Na sociedade civil propriamente dita, as escolas tornaram-se cada vez mais padronizadas, tanto em conteúdo como em funcionamento; a profissionalização enquadrou nos parâmetros da ordem as práticas da medicina, do direito e da ciência"[60].

Descrições análogas são igualmente encontradas em grandes críticos da cultura, de Nietzsche – com suas investidas contra as especializações requeri-

---

58. FOUCAULT, M. *Vigiar e punir – História da violência nas prisões*. Petrópolis: Vozes, 1975, p. 127.

59. ALBERGANTI, M. *À l'école des robots, l'informatique, l'ecole et vos enfants*. Paris: Calman-Lévy, [s.d.].

60. SENNETT, R. *A cultura do novo capitalismo*. Rio de Janeiro: Record, 2008, p. 29.

das pela divisão do trabalho – a Adorno. Este último refere-se à percepção da figura do professor de primeiro e segundo graus ou do preceptor, pelo patriciado burguês, como um carcereiro, suporte da violência em que se sustenta a própria ordem social. Para ele, essa imagem corresponderia a uma representação de infantilidade do professor "por sua atitude de substituir a realidade pelo mundo ilusório intramuros, pelo microcosmo da escola, que é isolada em maior ou menor medida da sociedade dos adultos [...]. Este é um forte motivo pelo qual a escola defende tão encarniçadamente suas muralhas"[61].

Contra esse pano de fundo opressivo esboçam-se, desde a segunda metade do século XX, sugestões no sentido de desimportância da escola – a "desescolarização" –, pelo menos no que diz respeito à sua magnitude, atribuída pela tradição pedagógica. *Sociedade sem escolas*, livro de Ivan Illich publicado no começo da década de 1970[62], influenciou amplamente as propostas de desescolarização, que a tinham como uma meta a ser atingida tanto por países de Primeiro Mundo quanto por outros em vias de desenvolvimento.

Na verdade, sugestões dessa ordem precedem em muito Adorno e Illich. Nietzsche era bastante explícito ao "ver qualquer professor como um mal necessário, a exemplo do comerciante, como um mal que é preciso tornar o *menor* possível [...]. Uma razão capital da nossa miséria intelectual na quantidade excessiva de professores: ela é a causa de que se aprenda tão pouco e tão mal"[63]. Mas este argumento decorria da posição elitista do filósofo sobre a educação, pois o que ele de fato pretendia era a formação qualificada de excepcionais: "É preciso, ao propagar unicamente os meios de se instruir, elevar o professor ao mais alto grau de qualificação, suprimi-lo em suas formas medíocres. Substituir a *escola* pelas associações de amigos ávidos de saber"[64].

A ideia de Illich, então vice-reitor da Universidade Católica de Porto Rico, de "redes de autoaprendizagem", antecipava a internet, mas incorporava antigos argumentos favoráveis às formas alternativas de educação, assim como outros mais recentes, caros à esquerda política, no sentido de que a escola capitalista, fruto da rica sociedade industrial, beneficiava apenas as minorias sociais, avessas a uma educação verdadeiramente democrática. Com a ideia de desinstitucionalização da escola, ele visava também a reformulação institucional da sociedade, desde a instância econômica até a ideológica, sem poupar

---

61. ADORNO, T. *Emancipação e educação*. São Paulo: Paz e Terra, 1995, p. 109.

62. Cf. ILLICH, I. *Sociedade sem escolas*. Petrópolis: Vozes, 1985.

63. NIETZSCHE, F. *Fragmentos póstumos e aforismos* (III.2 VS 282). Op. cit., p. 325.

64. Ibid., III.2 40 [19], p. 423.

a própria religião. A comparação da forma escolar à velha forma eclesiástica (traduzida na associação entre "aula" e "missa") estava implícita no discurso crítico de Illich e seus epígonos.

Posições menos radicais do que essa apareceram desde a primeira metade do século XX, em meio ao movimento das "escolas democráticas", a exemplo de Summer Hill (1921), na Inglaterra. Segundo este modelo, as crianças devem crescer livres das restrições e das fantasias que lhes são impostas pelos adultos, de acordo com suas peculiares inclinações e pulsões criativas.

Hoje, entretanto, é recorrente o juízo crítico de que "uma certa mitologia pedagógica criou a fábula da "criança criativa" mutilada e acorrentada pelas restrições da pedagogia. Segundo essa concepção falsamente rousseauniana – que não é a de Rousseau –, deve-se deixar a criança desenvolver sua genialidade inata sem outra medida educacional além de seguir seu curso mais ou menos como se estivesse louca"[65]. A crítica de Savater leva em conta uma pletora de relatórios desfavoráveis ao modelo Summer Hill, assim como argumentos semelhantes ao antropólogo Claude Lévi-Strauss, para quem todas as crianças são de fato criativas, mas quanto a suas possibilidades, não quanto à capacidade efetiva de realizá-las. Inexiste uma acabada essência infantil, pronta a ser potencializada.

Um precedente paradoxal

Se bem observadas, todas as grandes críticas ao fechado dualismo *pedagogia/escola* no desenvolvimento do processo educacional convergem para um juízo presente desde o início da modernidade ocidental, isto é, aquele que estende a educação às vivências cotidianas dos cidadãos, para além de qualquer coerção institucionalizada. A "incompletude" cultural encontra seu respaldo social no fato de que um sem-número de experiências formadoras dos indivíduos é externo aos lugares institucionalizados, como emprego e escola.

Vale, assim, detectar, na segunda metade do século em que viveram Rousseau e Pestalozzi, uma posição ainda mais ousada – tida mesmo como "paradoxal" – no tocante à pedagogia. Paradoxal, porque, aparentemente colocado num contexto pedagógico, ele subverte a pedagogia, com um discurso ao mesmo tempo filosófico e político, sustentando que instrução não é nada que se possa *dar* a alguém, e sim algo que se conquista ou se toma. A educação como prática libertária teorizada por mais de um educador no século XX é aqui antecipada e de uma maneira surpreendentemente radical.

---

[65]. SAVATER, F. *O valor de educar*. São Paulo: Planeta, 2005, p. 97.

Trata-se de Joseph Jacotot, propugnador da *filosofia panecástica* (em grego, "o todo está em cada parte"), que prega a emancipação intelectual pelo método do "ensino universal", segundo o qual não existe desigualdade humana em matéria de inteligência e todo e qualquer sujeito é capaz de aprender sozinho, sem o auxílio de um mestre explicador. A concepção de Rousseau sobre o preceptor, mesmo descartando a obrigação de ensinar alguma coisa ao educando, ainda mantinha a explicação como uma função necessária para levá-lo a inventar e preservava zelosamente a assimetria da relação. Jacotot vai além: até mesmo a explicação é desnecessária, visto que o estudante pode aprender sozinho, o que se comprovou na prática com jovens que aprenderam sozinhos a ler, escrever, falar línguas estrangeiras e tocar instrumentos musicais.

Revolucionário exilado e leitor de literatura francesa na Universidade de Lovaina, em 1818, Jacotot descobre por acaso esse método ao perceber que, mesmo sem saber holandês, podia levar estudantes flamengos, usuários dessa língua, a aprender francês[66]. Tentando atender a uma demanda de instrução por parte dos alunos, mas sem o conhecimento do holandês, Jacotot fez de uma edição bilíngue de *Telêmaco* (obra do educador e teólogo católico François Fénelon) um traço comum entre eles e ele. Narra Rancière: "Ele entregou o livro aos estudantes por intermédio de um intérprete e pediu-lhes que aprendessem o texto francês com a ajuda da tradução. Quando chegaram à metade do primeiro livro, ele mandou dizer que repetissem sem parar o que tinham aprendido e se limitassem a ler o restante para se tornarem capazes de contá-lo. Era uma solução de acaso, mas também, em pequena escala, uma experiência filosófica ao gosto daquelas sabidamente caras ao Século das Luzes"[67]. A experiência revelou-se surpreendente, pois os jovens holandeses, entregues a si mesmos, saíram-se tão bem da empreitada como o teriam feito jovens de língua francesa.

Para Jacotot, tratava-se de uma revolução, capaz de subverter a pedagogia vigente. Segundo esta, cabia ao professor transmitir seus conhecimentos aos alunos, por meio de explicações, fazendo-os progredir por graus na direção da ciência em pauta. Como descreve Rancière, "o aluno se elevava, na apropriação racional do saber e na formação do julgamento e do gosto, tão alto

---

66. Cf. RANCIÈRE, J. *Le maître ignorant* – Cinq leçons sur l'émancipation intellectuele. Paris: Fayard, 2009, col. 10/18. Embora haja outros materiais bibliográficos sobre o "ensino universal", o relato sobre Jacotot provém aqui da excelente análise de Rancière. É preciso frisar, todavia, que o destaque dado a Jacotot como um notável paradoxo pedagógico se deve a Gabriel Compayré em sua famosa *Histoire de la pédagogie*, publicada em fins do século XIX.

67. Ibid., p. 8.

quando lhe exigia sua destinação social e estava preparado para dele fazer o uso conveniente a essa destinação: ensinar, pleitear ou governar para as elites letradas; conceber, desenhar ou fabricar instrumentos e máquinas para as novas vanguardas que agora se procurava extrair da elite do povo; fazer, na carreira das ciências, descobertas novas para os espíritos dotados desse gênio particular [...]. Assim raciocinam todos os professores conscienciosos"[68].

O mero acaso levou Jacotot a raciocinar de modo diferente: não era preciso explicar nada, já que todos os homens têm uma inteligência igual, e, além disso, é perfeitamente possível ensinar aquilo que se ignora. De fato, por ignorar o holandês, ele não dera nenhuma explicação aos estudantes flamengos sobre os elementos básicos da língua francesa, e eles simplesmente aprenderam a combinar, sozinhos, as palavras, de uma maneira cada vez mais exata, à medida que avançavam na leitura de *Telêmaco*. Jacotot deu-se conta de que o poder pedagógico do professor está na lógica da explicação, ou seja, no poder de reconhecer "a distância entre a matéria ensinada e o sujeito a instruir, a distância entre aprender e compreender. O explicador é aquele que põe e abole a distância, que a estende e a recolhe no seio da fala"[69].

Dessa distância vive o explicador. A presunção geral é de que o aluno não compreende os raciocínios constantes de uma determinada matéria e de que caberia, portanto, ao professor prover uma explicação adequada. A questão levantada por Jacotot é a seguinte: se o aluno não compreende a matéria, por que então ele compreenderia os raciocínios explicativos, que são, no limite, da mesma natureza da dificuldade da matéria. Caberia, assim, explicar ao aluno o modo de compreender a explicação. Mas aí intervém um vertiginoso princípio de regressão ao infinito, que pode não ter nunca um ponto de parada, a menos que o próprio explicador, arbitrariamente, coloque um ponto final. Ele é o juiz único da compreensão do outro.

Mas por que não se precisa de explicação para aprender a língua materna? Não é sua própria inteligência de que se vale a criança para compreender e aprender, sem nenhuma distância entre esses dois termos? É o que se pergunta Jacotot, ao se dar conta de que é preciso inverter a lógica do sistema explicativo: "A explicação não é necessária para remediar uma incapacidade de compreender. Ao contrário, essa *incapacidade* é a ficção estruturante da concepção explicativa do mundo. É o explicador que tem necessidade do incapaz e não o inverso, ele é que constitui o incapaz como tal. Explicar alguma

---

68. Ibid., p. 11.
69. Ibid., p. 13.

coisa a alguém é primeiramente demonstrar-lhe que ele não pode compreender por si mesmo. Antes de ser o ato do pedagogo, a explicação é o mito da pedagogia, a parábola de um mundo dividido entre espíritos sábios e espíritos ignorantes, espíritos maduros e imaturos, capazes e incapazes, inteligentes e estúpidos"[70].

Essa argumentação causou alguns escândalos em sua época. Continua a ser escandalosamente moderna[71] não só por sua coincidência com teorias educacionais contemporâneas, mas principalmente pelas sugestões que oferece na direção do que ainda não se fez em termos pedagógicos e que, no entanto, abre-se como perspectiva diante da irrupção histórica provocada pelas tecnologias da comunicação e da informação.

Um exemplo de coincidência dá-se justamente com a ideia de Paulo Freire no tocante à educação como tomada de consciência, por parte do homem, de seu estar no mundo problemático ou então com a ideia, originalmente gramsciana, de educação como inter-relacionamento dialético com as exigências da transformação social emancipativa. Já muito antes de Gramsci, Jacotot também não acreditava na divisão natural entre trabalho intelectual e material, ou seja, entre espíritos naturalmente destinados e espíritos naturalmente condenados à ignorância.

Emancipação é palavra-chave nesse método do "ensino universal". Mais precisamente, a emancipação intelectual que se entende como "conscientização" (conceito-chave freireano) da sua condição de sujeito intelectual, por parte de qualquer indivíduo. Jacotot inverte a fórmula cartesiana da igualdade: "Descartes dizia: *eu penso, logo sou*; e este belo pensamento desse grande filósofo é um dos princípios do ensino universal. Nós invertemos seu pensamento e dizemos: *eu sou homem, logo, eu penso*"[72]. Ou seja, deslocado de sua condição (cartesiana) de atributo da substância pensante para a condição de atributo da humanidade, o pensamento demanda ao indivíduo concreto que conheça a si mesmo para atingir a consciência de emancipação, definida como "o inventário das competências intelectuais do ignorante".

Uma vez mais, a aproximação com Freire: ignorante, mesmo analfabeto, o indivíduo conhece e instrumentaliza sua língua para comunicar-se e trabalhar. Entre ele e o alfabetizado ou o sábio, não existe o abismo de duas inteligências

---

70. Ibid., p. 15-16.

71. P. ex., não é sequer mencionada por Franco Gambi em sua *História da Pedagogia*.

72. Cf. Sommaire des leçons publiques de M. Jacotot, apud RANCIÈRE, J. *Le maître ignorant...* Op. cit., p. 62.

diferentes, e sim consciências diferentes das mesmas virtualidades intelectuais. Essa virtualidade faz a diferença entre o "pensar no que ele é", de Jacotot, e o "conhece a ti mesmo" da *episteme* socrático-platônica. Não se trata de um "si mesmo" afinado com o Bem (*to agathon*) da *polis*, e sim de uma autoconsciência do que ele é capaz de fazer dentro de seu mundo. "Um camponês, um artesão (pai de família) se emancipará intelectualmente se ele pensa no que ele é e no que ele faz na ordem social"[73].

O princípio geral é o da igualdade das inteligências contra um fundo de diversidade das vontades, em contraposição à ideologia que, fazendo da individualidade a lei do mundo, sustenta que as inteligências são tão desiguais quanto cada indivíduo humano é de seu próximo. Às evidências apresentadas sobre as diferenças nas competências intelectuais e nas realizações de tarefas, a argumentação do ensino universal leva a que se contraponham ponderações no sentido de que uma tarefa melhor realizada do que outra não resulta necessariamente de uma inteligência maior, e sim do fato de que um dos realizadores não *trabalhou* tão bem quanto o outro, o que pode ter se devido à desigualdade de atenção ou mesmo à desigualdade de *vontades*[74].

"Vontade" não se define como o onipotente motor do "eu quero, logo posso" – portanto, não se trata da metafísica da subjetividade, que outorga autonomia à razão de poder e à vontade de querer – e sim como a potência de agir do indivíduo ou do grupo segundo um movimento que lhe é próprio. Conhecer a si mesmo, nesse sentido, é conhecer sua própria vontade, portanto, sua potência no movimento de transformação que cria a identidade entre ser e agir. Na formulação de Jacotot, o homem é uma vontade servida por uma inteligência. É a vontade de se instruir para fazer algo dentro da ordem social que provoca ou comanda a inteligência, essa igualitária virtualidade intelectiva que consiste em poder ver e fazer comparações pertinentes. Inteligência e igualdade intelectiva são, assim, sinônimas. Não existe aí lugar para uma técnica autoritária de agregação dos espíritos, como a retórica,

---

73. Cf. *Langue maternelle*. Op. cit., p. 59.

74. Essa perspectiva revela-se atualíssima na globalização contemporânea, quando racistas ou extremistas de direita da União Europeia levantam o argumento da desigualdade de inteligências para bloquear a imigração. Em fins de 2010 – fazendo suíte à declaração de Thilo Sarrazin, membro da diretoria do Banco Central Alemão (*Bundesbank*) de que a Alemanha estava ficando mais "burra" pela coexistência com imigrantes de baixo nível educacional – políticos da coligação CDU/CSU propuseram a introdução de um teste de inteligência para imigrantes da Turquia, Oriente Médio e África. Na trilha da lição de Jacotot, pode-se redarguir que a suposta "falta de inteligência" dos imigrantes na competição pelo trabalho não é nenhum fenômeno intrínseco ou "natural", mas um reflexo da desigualdade de atenção ou de vontades, em virtude das condições de pobreza e discriminação social.

porque tudo depende do empenho de ser, e não da capacidade de ser persuadido, dos sujeitos.

Como séculos depois fariam Dewey e Freire, Jacotot coloca a comunicação no centro de seu método. Para ele, um indivíduo desejoso de compreender um pensamento mobiliza sua vontade no sentido de *traduzir* o discurso do outro – melhor ainda, no sentido de *contratraduzir*, já que o outro primeiramente traduziu em palavras aquilo que pensou. A compreensão não aparece então como um poder de desvelamento das coisas ou de estabelecimento de uma verdade, mas como uma potência de tradução. E a comunicação, longe de se definir como a transmissão de uma mensagem ou um saber, é uma ação, um *fazer*. No ato de comunicação, o homem "faz palavras, figuras, comparações, para contar o que ele pensa a seus semelhantes". Seja com as obras de sua mão, seja com as palavras de seu discurso, o homem se comunica, não transmitindo saber, mas traduzindo o que pensa e provocando seu interlocutor a fazer o mesmo, contratraduzindo.

Prolatada ou escrita, toda fala é uma tradução que encontra seu sentido na contratradução, processo (comunicativo) acionado pelas duas operações-mestras da inteligência, a saber, *narrar* e *adivinhar* (outro nome para "sentir operativamente"). Explica-se: O *fazer* da comunicação é precisamente falar, narrar, contar, tanto que, para Jacotot, "falar é a melhor prova da capacidade de fazer alguma coisa"[75]. Mas essa fala é análoga ao trabalho, pois resulta da atividade da tradução, em que as palavras são manejadas pelo falante de modo semelhante ao que faz o artesão com seus instrumentos.

No ato de comunicar-se, o indivíduo trabalha, exercitando-se com palavras e abrindo espaço para que o interlocutor "adivinhe" o sentido do que é dito em sua ação contratradutora. Diferentemente do que possa parecer, nada disso escapa à razão, porque essas operações exigem a *verificação* do que está implicado. No processo de aprendizagem – em que é essencial traduzir, repetir, imitar, compor e decompor – esse exercício faz-se acompanhar de uma verificação progressiva, que pode ser levada a cabo inclusive por um ignorante. Na prática, um sujeito iletrado pode verificar mecanicamente – assim como um computador, máquina eficaz, mas ignorante – se outro está executando as tarefas que lhe cabe num processo de aprendizagem. Por isso, o mestre pode mesmo ignorar o que ensina: o libertário na educação é a vontade do aprendiz.

Fica evidente, entretanto, que o método de Jacotot contempla o mecanismo básico da aprendizagem no processo de instrução sem se deter sobre a

---

[75]. *Langue maternelle*. Op. cit., p. 110.

socialização, necessariamente implicada no processo educacional, de modo mais explícito, na educação em sentido amplo. Evidente também é o fato de que a emancipação intelectual preconizada pelo método não prescinde da figura de um instrutor, professor ou, em seus próprios termos, um *verificador*, que pode ser ou não alguém já emancipado intelectualmente.

Essa "verificação" é propriamente o "ensino" nos termos de Jacotot, mas também nos termos, dois séculos depois, de Paulo Freire. Para o brasileiro, um primeiro saber apontado como necessário à formação docente é *"saber que ensinar não é transferir conhecimento, mas criar as possibilidades para sua própria produção ou sua construção"*. Insistia: esse saber não apenas precisa ser apreendido pelo professor "e pelos educandos em suas razões de ser – ontológica, política, ética, epistemológica, pedagógica –, mas também precisa ser constantemente testemunhado, vivido"[76].

A exigência de um "comum" para o processo de aprendizagem é outra maneira de se explicitar essa mesma questão. Um episódio revelador: Alguns anos atrás, Uri Treiman, professor de cálculo na Universidade da Califórnia, decidiu investigar por que seus alunos negros tinham um desempenho fraco quando comparados a seus colegas de origem asiática. Ele não tardou em descobrir que os dois grupos estudavam de modos muito diferentes. Enquanto os asiáticos ficavam juntos e ajudavam-se mutuamente, os negros estudavam sozinhos, sem apoio dos colegas. Quando se organizou um grupo experimental de estudo coletivo entre os negros, os resultados foram excepcionais: não só se elevaram as notas em cálculo como aumentou grandemente a distância entre aqueles alunos e os outros da mesma origem étnica. Nos termos de Jacotot, ou mesmo de Freire, essa ajuda comunal é um processo de verificação que mobiliza a vontade criativa do estudante, estimulando a sua ação contratradutora.

O ensino gerador de possibilidades criativas de conhecimento é, em princípio, antitético a qualquer relação pedagógica baseada na arrogância autoritária do sujeito suposto do saber (o professor), em que o conhecimento é comunicado ao educando sob a forma de uma notificação judiciária. A falta de escuta ou de acolhida à inquietação do estudante, assim como a falta de respeito à diversidade de saberes dispostos no horizonte do educando, é um obstáculo ao mesmo tempo técnico e ético ao advento da criatividade no interior do processo educacional.

É imperativo prestar atenção aos sinais incipientes de transformação das formas postas em crise. Assim é que, neste início do segundo milênio, começa

---

76. FREIRE, P. *Pedagogia da autonomia:* saberes necessários à prática educativa. São Paulo: Paz e Terra, 2002, p. 52.

a ganhar adeptos aos milhares (sobretudo nos Estados Unidos) o movimento do "ensino domiciliar" (*homeschooling*), em que pais insatisfeitos com a instrução disponível nas escolas – alegadamente, na maioria das vezes, por considerarem insuficiente a formação religiosa ou moral – se tornam preceptores de seus filhos[77]. O que se põe aí em crise não é propriamente a eficácia pedagógica de um projeto de capacitação técnica ou profissional, mas a insuficiência educacional do processo em seus termos mais amplos, ou seja, a insuficiente comunicação de valores e significados atinentes ao sentido da vida humana.

---

77. Vale observar que a legislação brasileira proíbe esta opção.

Capítulo 4

Tecnologia e diversidade

> *Os verdadeiros preceptores de nossa infância são os objetos que nos cercam* (Diderot).

> *Sou um técnico, mas tenho técnica só dentro da técnica* (Fernando Pessoa / "Álvaro de Campos").

Na visão de Rousseau, três são os agentes de educação do sujeito humano: a natureza, os homens e as coisas. O primeiro responde pelo desenvolvimento interno dos órgãos e das nossas faculdades; o segundo, pelo uso que se ensina a fazer desse desenvolvimento; o terceiro, pela aquisição de experiência sobre os objetos.

Diderot privilegia a educação pelas coisas: elas nos instruiriam pela "sensação", uma vez que "sentir é pensar". Este argumento é uma adesão tácita ao sensualismo de Helvécio (com quem, aliás, o enciclopedista travou um longo debate), embora sem a generalização encontrada na psicologia da sensação, que tudo explica pela sensibilidade física, considerando-a "a causa única de nossas ações, de nossos pensamentos, de nossas paixões, de nossa sociabilidade"[1].

Com outra argumentação, indagando-se sobre como o homem pode se conhecer, Nietzsche põe em dúvida a introspecção, a "empresa penosa e perigosa" de cavar em si mesmo e descer aos "poços do próprio ser", para dar o primeiro plano à dimensão dos objetos: "Que a jovem alma se volte retrospectivamente para sua vida e faça a seguinte pergunta: "O que tu verdadeiramente amaste até agora, que coisas te atraíram, pelo que tu te sentiste dominado

---

1. VERGNIOUX, A. *Théories pédagogiques, recherches épistémologiques.* Op. cit., p. 66-67.

e ao mesmo tempo totalmente cumulado? Faze passar novamente sob teus olhos a série inteira destes objetos venerados, e talvez eles te revelem, por sua natureza e sua sucessão, uma lei, a lei fundamental do teu verdadeiro eu [...]. Compara estes objetos [...]. Pois tua essência verdadeira não está oculta no fundo de ti, mas colocada infinitamente acima de ti, ou pelo menos daquilo que tomas comumente como sendo teu eu"[2].

Etimologicamente, objeto – do latim *objectum*, algo lançado à nossa frente – é a noção da coisa que estorva o sujeito. Contraposto ou radicalmente separado do sujeito, o objeto serviu na modernidade à objetivação do mundo pela ciência determinista, que pressupõe o absoluto domínio hierárquico do sujeito. No interior dessa concepção os objetos são entidades físicas, separadas ou independentes do sujeito – condições classicamente postas como requisitos para o conhecimento. Conhecer, diz Gorz, "é sempre, por definição, conhecer um objeto – material ou não, real ou não – como ob-jeto existente em si, fora do eu, distinto de mim e dotado de autossuficiência (de *Selbständigkeit*, no vocabulário fenomenológico). O conhecido não pode ser reputado conhecido senão quando posto como um objeto cuja existência nada me deve. Esta não depende de mim. Não respondo por ela"[3].

O objeto de que fala a ciência clássica existe num nível macro, e não nas microescalas da matéria, diferentemente do que pensa a contemporânea física quântica sobre objetos como *ondas* de possibilidades, em estreita conexão com os sujeitos. Mas mesmo fora da nova física, o conhecimento, como bem assinala Piaget, não começa exatamente no objeto, e sim em suas possibilidades interativas, portanto, nos jogos de linguagem ou nos discursos que a partir daí se desenvolvem. Neste caso, o objeto não é evidente por si mesmo, e sim em virtude de determinações sociais e culturais que fazem parte da experiência originária do mundo e que se constituem pela pluralidade de saberes atinentes à realidade sensível. Seja no "mundo da vida" (Husserl ou, depois, Habermas), seja na esfera dos "preconceitos" que fundam a nossa certeza (Wittgenstein), esses saberes mais pertencem à ideia de *inteligência* (proposta por Jacotot como um universal das faculdades humanas) do que à de *conhecimento* como identificação de um objeto universal.

Ainda assim, até mesmo no interior da concepção clássica de objeto, este pode mudar de natureza e de alcance frente ao sujeito segundo a magnitude de proliferação dos objetos técnicos, como acontece na sociedade contempo-

---

2. NIETZSCHE, F. "Consideração intempestiva: Schopenhauer educador". *Escritos sobre educação*. Rio de Janeiro/São Paulo: Puc-Rio/Loyola, 2009, p. 165.

3. GORZ, A. *O imaterial*: conhecimento, valor e capital. São Paulo: Annablume, 2005, p. 79.

rânea, na qual a interação intersubjetiva abre espaço cada vez maior para uma interobjetividade instrumental, em que objetos se comunicam entre si, e para uma interatividade social, em que os indivíduos interagem aceleradamente por meio da tecnologia eletrônica. Nesse quadro, a tradicional interação escolar pode ficar atrás do *medium* chamado internet em determinados casos (entre os jovens com baixa escolaridade, por exemplo), o que demonstra como a tecnologia é capaz de preceder a educação formal.

Sensualismo filosófico à parte, a reflexão de Diderot já chamava a atenção para o fato de que, muito mais do que em seres humanos, tocamos em objetos, que constroem tecnicamente a ambiência cotidiana onde agimos. É um pensamento que ainda não faz uma separação radical entre a coisa e o espírito, como acontece a partir do início do século XIX, quando o surgimento da biologia e do vitalismo filosófico impõe a descontinuidade entre o orgânico e o inorgânico. Tanto que na estética hegeliana há um lugar forte para o inorgânico, quando se reserva à arte a possibilidade de absorver e se dar como "coisa-que-sente". Hegel, aliás, assinala como necessária a exterioridade objetual ou técnica à dimensão humana: "O homem enquanto espírito ou consciência se duplica" (*der Mensch als Geist verdoppelt sich*")[4], ou seja, o homem existe primeiramente para si, como objeto natural, mas logo depois existe para a *Vergegenständlichung* ("objetualização"), quer dizer, para a criação de artifícios ou objetos transformadores da natureza.

Agora, entretanto, com a tecnologia, trata-se de levantar a hipótese de uma potência própria e soberana do objeto, uma vez que "nós sempre vivemos do esplendor do sujeito e da miséria do objeto", como bem o vê Baudrillard: "Em nosso pensamento do desejo, o sujeito detém um privilégio absoluto, já que é ele quem deseja. Mas tudo se inverte quando se passa a um pensamento da sedução. Aí, não é mais o sujeito que deseja, é o objeto que seduz. Tudo parte do objeto e a ele tudo retorna, como tudo parte da sedução e não do desejo"[5].

Já Simmel fazia indicações nesse sentido, embora numa linha diferente de argumentos. Afirmando que a cultura junta os conteúdos da vida num emaranhado de sujeito e objeto, ele precisa que o termo "cultura objetiva" pode ser usado "para designar as coisas no estado de elaboração, desenvolvimento e perfeição que guia o psiquismo para sua realização própria ou indica o caminho a ser atravessado por indivíduos ou coletividades no rumo de uma existência elevada; por "cultura subjetiva" eu quero me referir à medida de

---

4. Cf. DORFLES, G. *Mythes et Rites d'Aujourd'hui*. [s.l.]: Klincksieck, 1975, p. 173-180. A frase de Hegel encontra-se em *Vorlesungen über die Aesthetik*. Vol. I. Stuttgart: Jubiläumausgabe, 1953, p. 58.

5. BAUDRILLARD, J. *Les stratégies fatales*. [s.l.]: Grasset, 1983, p. 164.

desenvolvimento das pessoas assim alcançadas"[6]. Para o sociólogo alemão, a separação das coisas entre um estado natural e um estado culto é apenas uma metáfora, posto que o homem seria tão cultivado pelos objetos em sua interação com eles quanto se supõe que ele os cultive em soberania. Contemporaneamente, o horizonte tecnológico vislumbrado na *web semântica* (o computador falante e compreensivo), embora distante, oferece de fato uma perspectiva para o objeto compatível com as especulações sociológicas e filosóficas que o aproximam da condição de sujeito.

Com efeito, na teoria que descreve o homem como *faber* (e não platonicamente como *sapiens*), aquilo que a metafísica chama de "espírito" ou "razão" não faz parte de um sistema de leis autônomo, por ser, como diz Scheler, "um prolongamento da evolução da *inteligência técnica* [...] a faculdade de adaptar-se ativamente a situações novas atípicas, sem experiência prévia, por antecipação às estruturas objetivas do meio ambiente, com o fim de satisfazer, por este caminho indireto e cada vez mais indireto, os mesmos instintos fundamentais da espécie e do indivíduo que são próprios também do animal"[7].

Para o pensador, o homem é essencialmente: "1º) o animal de signos (linguagem); 2º) o animal de instrumentos; 3º) um ser cerebral, isto é, um ser que, para o cérebro, especialmente para a função cortical, consome uma parcela muito maior de energia do que os outros animais. Os signos, as palavras, os chamados conceitos, são aqui também somente *instrumentos*, instrumentos psíquicos mais refinados"[8].

Claro, as palavras pertencem à ordem daquilo que o antigo grego chamava de "convenção" (cultura), dimensão em que nos reconhecemos como "criadores", mas o sistema em que elas se organizam nos é imposto como algo natural. Ao usarmos instrumentalmente as palavras, somos propriamente, por estrutura, "criaturas", regidas por um código ancestral, a cuja naturalização se esquivam criadores como os poetas e os artistas. Essa esquiva é uma ação transcendente que seduz a consciência humana por meio das ilusões criativas, que são jogos de embelezamento e de abertura do mundo tradicionalmente chamados de *artes*. Mas estas tornam ainda mais claro que a estrutura regente é de natureza técnica – sejam os artifícios (ou "tecnologias") dos objetos ou da linguagem –, o que torna obscura a separação entre o natural e o cultural.

---

6. SIMMEL, G. *On Individuality and Social Forms*. [s.l.]: The University of Chicago Press, 1971, p. 233.

7. SCHELER, M. *Visão filosófica do mundo*. São Paulo: Perspectiva, 1986, p. 84.

8. Ibid. Além de Scheler, vale consultar um trabalho recente (*Psiche e techne* – O homem na idade da técnica. São Paulo: Paulus, 2006) do italiano Umberto Galimberti, que desenvolve minuciosamente esta linha, mas apoiando-se na *teoria da ação*, cara ao pensamento pragmatista.

Não se endossa aqui nenhuma teoria naturalista da cultura e da vida social, mas se procura frisar que é preciso não se deixar levar pela conotação de "falsidade" implicada no termo "artifício". Na realidade, o natural e o artificial entrelaçam-se, são coparticipantes tanto na invenção de objetos como de signos verbais, necessários à solução de problemas humanos. A inteligência prática baseada no uso de instrumentos é tão vital quanto as refinadas abstrações do espírito ou a comunhão com o meio ambiente natural.

Movidos pelo dualismo radical que impregna o pensamento ocidental, somos levados a supor que, no princípio, esteja o natural, separado da convenção que chamamos de cultura. A realidade, porém, é que o artifício está aí desde o começo enquanto possibilidade de desenvolvimento da inteligência e da racionalidade, convertendo-se progressivamente numa espécie "naturalização, que integra o meio ambiente habitual e doméstico do indivíduo. Ao modo de uma segunda natureza (ou de uma terceira, já que se costuma atribuir ao hábito a qualificação de "segunda natureza"), a tecnologia desenvolve-se também caoticamente (isto é, sem teleologia) dentro da dinâmica industrial e empresarial. Cada novo instrumento ou cada nova técnica amplia, por extensão ou por duplicação, o espaço humano, aumentando a espessura do envoltório protetor ao redor da corporeidade, mas também contribuindo para eventualmente tornar as formas "protetoras" mais importantes do que aquilo que protegem.

Duas pequenas histórias da *doxa* oriental chamam a atenção para essa inversão e seus riscos. A primeira, atribuída a Lao-Tse, relata o esforço de um ancião na aldeia para tirar água de um poço e depois transportá-la em baldes até sua casa. Um jovem aldeão faz-lhe ver que já existiam mecanismos técnicos capazes de extrair o líquido e levá-lo por tubos até a casa. Responde então o velho, dizendo não desconhecer a existência desses recursos, mas que sua utilização dependia de um "coração" técnico que ele ainda não possuía.

Na segunda história, um mestre zen havia encarregado o discípulo de cultivar arroz. No primeiro ano o jovem cuidou para que jamais faltasse água, e o arroz cresceu forte. No ano seguinte ele acrescentou um pouco de adubo à terra, o que acelerou o crescimento e tornou maior a colheita. No terceiro, uma quantidade maior de adubo aumentou ainda mais a colheita, porém o arroz nasceu pequeno e sem viço. E o mestre: "Se você continuar aumentando a quantidade de adubo, não vai colher nada de valor. Você fortalece alguém quando ajuda um pouco. Mas enfraquece se ajuda em excesso".

Embora diversas, as duas anedotas falam no fundo de uma mesma coisa, que é a medida adequada de relacionamento com a exterioridade técnica do homem. Não se trata de rejeitar ou de demonizar a técnica – um produto do engenho humano –, e sim de integrá-la humanamente.

Mais focado ainda na questão educacional é o episódio do diálogo (1995) entre Paulo Freire e Seymour Papert, discípulo de Piaget, pesquisador do MIT (Massachusetts Institute of Psychology) e propugnador do uso do computador para a aprendizagem infantil. Papert foi o criador do *construcionismo*, conhecida teoria pedagógica segundo a qual o estudante programa computacionalmente situações problemáticas, testando hipóteses, com vista à instrução pessoal.

No método de Papert cabia até mesmo a didática freireana de alfabetização por meio de algumas palavras geradoras extraídas do universo linguístico do aprendiz. Freire, entretanto, ainda que convicto da importância da tecnologia na transformação intelectual do sujeito, detectou na atitude prático-teórica de Papert uma ausência de conexão entre o software pedagógico e a realidade social e política do estudante. Em outras palavras, faltava a fonte originária das questões essenciais da educação, que é a cultura.

Sem a dimensão cultural a tecnologia fecha-se narcisicamente em torno de si mesmo, exercendo efeitos de fascinação pela eficácia do desempenho técnico que contempla a cognição individual, mas recalcando o vínculo com a comunidade e com o entorno sócio-histórico, esse mesmo que responde pela transitividade política do conhecimento. A pedagogia de Paulo Freire comporta ou acolhe a tecnologia, mas, por seu compromisso visceral com a emancipação social, não é desencarnada, isto é, não está acima das condições sócio-históricas de produção e transmissão do conhecimento.

Entretanto, faz algum tempo, ingressamos numa era em que os objetos, aceleradamente impelidos pela tecnologia, chegam muito mais rápido do que suas causas ou suas justificativas sociais. O fenômeno é mundial, mas num país de grande população como a China, ele assume matizes paradigmáticos: calcula-se que, em 2020, o número de usuários de celular chineses ultrapasse o bilhão, num panorama social de fundo em que a chamada "dependência digital" transformou-se num dos principais problemas de saúde pública do país – o vício é a secreta vingança do objeto contra a soberania do sujeito.

Assim, o que acontece quando a cultura e o próprio meio ambiente são progressivamente produzidos pela tecnologia, passando a exigir, de algum modo, o "coração técnico" – isto é, um núcleo de identidade sem separação radical entre homem e técnica – de que fala o ancião na história narrada por Lao-Tse?

As mutações urbanas

Para uma resposta adequada é preciso partir da evidência de que essa cultura e esse meio ambiente desenvolveram-se na modernidade *pari passu* com a cidade, que sempre foi um "macro-objeto" (um artifício frente ao entorno natural e um artefato cultural estruturalmente isomórfico às relações produtivas e sociais). Diferentemente do campo, esse macro-objeto é fortemente educativo, na medida em que acelera as interações e desenvolve com mais agilidade as possibilidades de elevação dos ganhos do trabalho[9].

A cidade medieval era "associacionista", no sentido da agregação por um espaço comum de natureza corporativa, onde os indivíduos mantinham relações de dependência frente à natureza e de interdependência próxima uns com os outros. A cidade moderna, por sua vez, coincide com o mercantilismo e com a progressiva liberação dos indivíduos para o comércio e o trabalho. Desde a formação do capitalismo comercial, ela é um aglomerado de indivíduos isolados, supostamente "livres", sob a lei de um mercado de bens e de trabalho. Foi esse o espaço que garantiu o acesso de centenas de milhões de indivíduos (o moderno sujeito da consciência burguesa) à saúde, à educação, à diversidade ocupacional e ao lazer.

A formação desordenada das megalópoles e as violentas consequências da desigualdade social intraurbana ao longo de todo o século XX não elidem a centralidade da vida urbana na tarefa de construção da modernidade. Pelo contrário, torna-se cada vez mais claro que o espaço urbano na contemporaneidade sintetiza de modo inequívoco as complexas relações entre a vida, o tempo e o trabalho. Na "cidade global", figura-chave da economia-mundo, espelham-se as principais mutações do modo de produção capitalista.

Vale registrar inicialmente as transformações que, da Revolução Industrial até as duas primeiras décadas do século XX, fizeram da forma urbana o centro mercantil e realizador da produção industrial. Uma nova economia parece demandar sempre uma nova urbanidade. Não é, porém, uma forma que se imponha abstrata e universalmente como um inelutável fato civilizatório, como fruto de um universalismo alheio aos particularismos sociais e corporais da cidade, a exemplo das utopias cientificistas de arquitetos como Le Corbusier ou daqueles que, agora, concebem a "cidade genérica", isto é, uma urbe totalmente funcional, sem centros simbólicos nem singularidades espaciais. A

---

9. É raríssima a inclusão da cidade como equipamento educativo em planos educacionais comuns. Uma exceção recente se encontra no projeto "Revolução Republicana na Educação" (2011), apresentado à presidência da República pelo Senador Cristóvam Buarque, ex-Ministro da Educação. Criticando projetos anteriores, que focavam na unidade escolar e na arquitetura, em vez de na cidade inteira, o senador propõe fazer uma revolução em cidades pré-escolhidas por meio de uma "Escola Básica Ideal", que seria implantada em cidades com base em critérios de tamanho (cidades de porte pequeno), história (alguma tradição educacional), e compromisso de governantes regionais (governadores e prefeitos) com a educação, além da disposição de participar do financiamento dessas escolas.

formação e o crescimento de uma cidade dependem de condições concretas, ensejadas pelo modo de produção econômico de um grupo social.

O tecido urbano com suas ruas, avenidas e edifícios reproduz-se à imagem da própria economia: centralização progressiva de funções, exclusão sistemática de elementos não operacionais, vigilância e controle dos espaços, socialização capitalista. A fábrica, a usina são modelos históricos dessa socialização e dessa realização da força de trabalho, que desencadeavam as reações das classes sociais, mas que também comportavam solidariedades de tipo comunitário (vizinhança, associações de ajuda mútua, sindicatos etc.). A lógica da produção capitalista e da racionalidade moderna transparecia, assim, na geometria do cenário urbano, que podia produzir com especificidades territoriais os signos dessa lógica, assim como o meio vital de onde se originam as primeiras representações culturais para o processo educacional.

São hoje incontestáveis, entretanto, os sinais de esgotamento da força dos modelos clássicos de produção e representação. A isso se tem chamado, desde meados da segunda metade do século passado, de pós-modernidade ou mesmo modernidade tardia. Advém agora o império dos processos de produção eletrônica de informação e imagens, que incorpora todo o *ethos* pós-moderno de organização da vida social em termos de simultaneidade, instantaneidade, globalidade e criação de um "real" próprio, de natureza tecnocientífica. A sociedade decorrente não se transforma por escolha política, mas por impacto tecnológico.

Na realidade, a "nova ordem" começa muito antes da disseminação das tecnologias eletrônicas: sua base psicossocial estabelece-se com o fortalecimento do domínio visual dos processos sofisticados de reprodução, paralelos às novas formas de urbanização. A cidade contemporânea não mais se define como espaço/tempo da produção mercantil (modelo oitocentista), e sim como espaço/tempo de reprodução de modelos (produção serializada), de operações funcionais, de signos, mensagens e objetos, de equações racionais, enfim, de simulacros industriais, cuja origem é a tecnologia da indústria, cujo referencial é o próprio discurso tecnocientífico e cujo "valor de verdade" é a eficácia, o bom desempenho técnico.

Essa redefinição do contexto urbano e social decorre de novas exigências da economia-mundo, vetorizada por capital financeiro, controle tecnológico da ordem humana e centralidade do *marketing* como estimulador e organizador de relações sociais. A informação e a comunicação, concentradas e aceleradas por dispositivos eletrônicos, deslocam-se dos lugares tradicionalmente marcados pela cultura clássica para se converterem prioritariamente em fluxos invisíveis de dados, que tornam efetivas as possibilidades de planetarização das finanças. Integram, portanto, a financeirização do mundo como estratégias indispensáveis.

Nesse contexto, deixa de funcionar como dominante o modelo oitocentista de uma livre economia de mercado voltada para a acumulação do capital através de uma ética de produção, integradora do sujeito por disciplina individual. Os valores burgueses – autoritarismo familiar, repressão sexual, sobriedade etc. – que serviram para motivar o trabalho durante todo o período clássico da economia política foram abalados pela transformação das relações sociais no interior do modo de produção capitalista que, em sua fase monopolista atual, promove um hedonístico consumo de massa. A acumulação lucrativa do capital passa a prescindir da mobilização intensiva da força de trabalho e, consequentemente, de uma ética trabalhista rígida, em favor da ampliação do tempo de lazer e da estimulação dos desejos.

As mutações do trabalho apontam para a precariedade das relações laborais e para o desemprego, mas sempre no âmbito de circuitos de consumo de bens materiais e simbólicos que percorrem transversalmente as classes sociais, indo dos indivíduos mais ricos ou monetarizados até os pobres e endividados. Com o cartão de crédito facilmente emitido por grupos financeiros, até mesmo o miserável dos guetos urbanos é virtualmente um "sujeito da dívida". Nos novos fluxos financeiros e urbanos, a repressão e o confinamento dão lugar a um *ethos* liberatório que acena com a gratificação psicológica e a mística das relações ou dos "contatos" pessoais por rede eletrônica.

Impõe-se, assim, a criação de um novo "real", ajustável aos novíssimos horizontes da hegemonia do capital. A cultura eletrônica ganha importância estratégica. Ao incorporar todas as técnicas de reprodução imagística desenvolvidas na modernidade, as tecnologias eletrônicas da informação e da comunicação invadem o campo existencial do sujeito com projetos de absorção, oferecendo-lhe um espaço/tempo simulado. Amplia-se a ordem dos simulacros modernos: a realidade histórica (vivida) pode ser reduzida à aparição puntiforme de impulsos eletrônicos. Assim como a fotografia deve mais à química do que aos processos clássicos de representação, a imagem contemporânea deve tudo à eletrônica. É desta natureza física o *espaço* que se expande com o progresso acelerado da tecnologia eletrônica.

Espaço implica o conceito de um modo de constituição das coisas enquanto podem ser vistas, tocadas, apreendidas. As tecnologias eletrônicas ensejam a produção de um espaço/tempo social absolutamente novo, um remanejamento das coordenadas históricas de tempo e espaço. Se já podia ser caracterizado como mais ou menos "divino" o poder panóptico de "ver tudo que se passa", as tecnologias eletrônicas multiplicam mágica e infinitamente o poder de ubiquidade dos sujeitos sociais, agora confrontados a uma realidade simultânea, instantânea e global.

O panóptico oitocentista foi intensificado a tal nível que pode mesmo desaparecer enquanto maquinaria racionalizável. A dissuasão não mais consiste no temor de ser visto por um controlador remoto e inacessível (modelo descrito por Jeremy Bentham, que persiste e se expande nos dispositivos de segurança das ruas e dos edifícios), mas *no próprio ato de ver*, em que o sujeito da visão é literalmente engolido pelo objeto, o "espelho" eletrônico, aqui entendido como metáfora para o funcionamento controlador da maquinaria de visão em sua diversidade técnica. Ou seja, a possibilidade de manipulação ilimitada dos mecanismos interativos transforma as "janelas" (a abertura para o conhecimento e a interação com o mundo) de cada indivíduo em espelhos técnicos, que são as telas eletrônicas.

"Interatividade" é o neologismo criado no ambiente tecnológico para nomear os vários modos de interconexão entre máquinas e entre estas e os homens. Na realidade, toda e qualquer comunicação cara a cara é plenamente interativa, mas o termo ganha vida nova quando as máquinas, "símbolos da inércia e da passividade, parecem animar-se e se tornar ativas", como diz Guillaume, observando: "Nesta acepção, a interatividade denota um progresso da máquina, porém é mais interessante ver aí uma espécie de regressão do homem para a máquina, mais precisamente para um programa preestabelecido que a máquina opera"[10]. Para ele, a interatividade seria aquilo que falta tanto à mídia tradicional para alcançar a comunicação comum quanto o que faltava às massas para que pudessem sair da opacidade e da inércia.

Trata-se, assim, de um progresso híbrido de homem e máquina, acompanhado de um novo tipo de controle social, que passa hoje pelo desdobramento tecnológico dos simulacros e enseja o aumento da taxa de simulação do real-histórico. A sucessão das inovações técnicas (na década de 1970 os satélites de comunicação e os cabos coaxiais digitais; nos anos de 1980 a fibra ótica capaz de transportar por quilômetros um feixe de luz infravermelho; dos anos de 1990 em diante, o desenvolvimento acelerado do digitalismo e das nanotecnologias) leva à absorção pelos dispositivos digitais de todo tipo de tráfego (telegráfico, sonoro, visual) e ao fechamento progressivo dos circuitos de comunicação.

Esse fechamento implica uma circularização sistemática e reticular da realidade, tendente a se expandir em nome da eficiência e da produtividade. Se por um lado essa macroforma reticular leva certamente ao aumento do controle

---

10. GUILLAUME, M. *Le contagion des passions* – Essai sur l'exotisme intérieur. [s.l.]: Plon, 1989, p. 32

tecnológico sobre a vida social, por outro a disseminação das possibilidades técnicas de expressão representa uma ameaça virtual para os velhos *arcana imperii* ou segredos de Estado, contra os quais já se esgrimia desde o século XVIII o princípio liberal da publicidade dos atos de governo.

Por isso teve repercussão mundial, em fins de 2010, o vazamento de documentos secretos da diplomacia norte-americana pelo site *WikiLeaks*, não tanto pelo conteúdo político das revelações, mas pela evidência de que segredos de Estado estão potencialmente ameaçados pelas novas tecnologias da informação. De fato, as fortalezas cibernéticas estão repletas de pontos vulneráveis em meio à complexidade técnica das conexões eletrônicas. A exemplo de uma rede de pesca, os vértices interligados da web deixam pequenos espaços vazios.

Mas a rede não apresenta de fato uma novidade total, como bem argumenta Hénaff[11]. Para este, a cidade, ao se constituir como espaço edificado, tende a assumir a forma de um conjunto monumental (fortificações, palácios, igrejas, praças) centralizador, que implicava um dispositivo técnico de grande envergadura. Primeiro, portanto, o monumento, sustentado pela máquina. A forma reticular não corresponde, entretanto, a uma etapa posterior (a contemporânea), já que a cidade, desde o início, só teria sido possível como rede.

O que se quer dizer propriamente com rede? Formalmente, "é todo conjunto de pontos ou de vértices interligados; essas interconexões formalizam-se sob o modo de *grafos* (vértices enfeixados numa relação ordenada); mais precisamente, uma rede é um dispositivo de relações em que cada vértice, por seus laços com os vértices vizinhos, está virtualmente ligado a todos os outros segundo um requisito de saturação, logo, de sistema. O local atinge o global por ligações sucessivas"[12].

A etimologia da palavra latina *reticulum* (uma trama de malhas, que serve para a captura de algo, como na pesca) é bastante esclarecedora por aludir metaforicamente a redes de ruas, estradas, canais, ferrovias, linhas marítimas e aéreas, assim como ao transporte de líquidos ou de energia, à transmissão de informação e a laços políticos, religiosos, profissionais etc. A rede contém as noções de lugares (topologias) e de fluxos (*reologias*). Uma rede de ruas é topológica, uma rede elétrica é *reológica* (do grego *rheim*, fluir, escorrer).

A rede sempre esteve presente na moderna formação da cidade. Não é uma novidade, portanto. Nova é a possibilidade de que "o novo espaço urbano em constituição obedeça antes de tudo a uma lógica reticular, e isto tanto no

---

11. Cf. HENAFF, M. *La ville qui vient*. [s.l.]: L'Herne, 2008, p. 113-145.

12. Ibid., p. 116.

nível das relações sociais quanto dos sistemas de produção e das trocas de toda espécie"[13].

Essa lógica caracteriza-se pela *descentralização* (não há uma posição única, e sim uma multiplicidade de conexões), pela *interdependência coordenada* dos elementos (o que implica tanto a solidariedade entre vizinhos quanto o comum das associações ou de grupos ligados por um mesmo projeto), pela *abertura* (capacidade de extensão da rede), pela *particularização* (formação de nichos relacionais no interior de um conjunto ou subconjuntos autônomos e legítimos), pela *acessibilidade* (a partir de um ponto, pode-se atingir qualquer outro) e pela *mobilidade* (liberação ou plasticidade dos movimentos). Estas características implicam desterritorialização – e reterritorialização – de espaços tradicionalmente demarcados.

Monumento, máquina e rede são, na verdade, modos sincrônicos de funcionamento da urbanidade. A ascensão organizativa das redes reflete, entretanto, a transformação da economia na direção dos fluxos velozes requeridos pelas novas formas de flexibilidade do capital e da produção, em que as relações hierárquicas demandadas pelo poder político tradicional e pela centralização monumentalista tanto da urbanidade quanto do conhecimento dão lugar a relações sociais menos subordinadoras e mais coordenativas.

Com as redes de comunicação a distância (telefônicas, óticas, celulares, midiáticas), sobrepostas à lógica tradicional da maquinaria monumentalista, delineia-se uma urbe mais administrativa do que política, pós-moderna: homogeneizada, funcionalizada, governada por fluxos cada vez mais abstratos e distantes – telefluxos. Surgiria daí, para analistas como Castells, uma nova lógica das relações de poder, que obriga a uma reformulação dos modos tradicionais de se fazer política, assim como a uma revisão das concepções clássicas sobre a liberdade de expressão[14].

Não se trata apenas, portanto, de agigantamento da informação pública, e sim de uma reorganização do mundo da produção, das finanças, da política e das comunicações, tanto no nível das relações interpessoais como dos dispositivos de mídia. É um novo tipo de urbe, refletida na prática por teóricos e políticos, a

---

13. Ibid., p. 125.

14. É hoje prolífica a literatura sobre essa temática, em geral repetitiva dos mesmos dados e argumentos. Destaca-se como autor, porém, o sociólogo espanhol Manuel Castells, que tem publicado ao longo da última década livros altamente informativos – p. ex., *A sociedade em rede*. São Paulo: Paz e Terra, 2000. • *A galáxia internet*. Rio de Janeiro: Zahar, 2003 – sobre a sociedade em rede ou simplesmente sobre a internet como uma espécie de espinha dorsal da vida contemporânea. *Communication Power* (Oxford UK, 2009) é a sua análise mais recente.

exemplo da Secretária de Estado Norte-americana Hillary Clinton, para quem "a internet é a estrutura icônica da nossa era". No interior dessa urbe, parece infinita a disseminação dos fluxos ou das redes informativas privadas, geradas às vezes por uma única empresa. Por exemplo, uma empresa de crédito possui enorme quantidade de informação sobre um indivíduo, em consonância com informações originadas em seguro de vida, seguro de saúde, cadastro bancário etc. A depender da situação, esses dados podem convergir para arquivos centralizados (databases eletrônicas) em esferas de gestão mais amplas.

Por um lado, toda essa estrutura de controle aponta para a intensificação do velho panóptico: as máquinas de visão, públicas ou privadas, fazem de cada indivíduo o vigilante do outro; gravadores, câmeras e monitores em todas as dimensões imagináveis espreitam desde a movimentação nas ruas até os mínimos gestos nos espaços íntimos. Os pequenos exemplos multiplicam-se: em meados de 2011, na cidade de Newcastle (Inglaterra), a universidade local desenvolveu um sistema de controle de reciclagem do lixo (justificado como "educação social"), em que uma câmara digital fixada sob a tampa do depósito de lixo de um morador serve para identificá-lo e verificar se estão corretos os seus sacos de reciclagem.

São ainda mais abrangentes as perspectivas técnicas nessa direção. Estrategistas de empresas de tecnologia de ponta preveem câmaras digitais dotadas de programas internos capazes de lhes dar uma inteligência hoje inimaginável em termos de reconhecimento visual do ambiente, de objetos e de pessoas. Prevê-se a popularização dos *soft sensors* – softwares "capazes de quase intuir informações a respeito de quem somos, do que gostamos, onde estamos, com quem nos relacionamos e quais são os temas que mais nos interessam. São formas inovadoras de misturar hardware e software de modo que esses novos conjuntos possam nos proporcionar uma melhor experiência com os dados obtidos por uma ampla variedade de sensores, quase onipresentes no futuro"[15].

Do ponto de vista tecnológico, cada cidadão é, virtualmente, um espião e um espionado. Por outro lado, é admissível a ideia de um *panóptico invertido*, em que a vigilância não mais consiste no olhar controlador de outro, mas no olhar do próprio controlado, que é social e tecnologicamente dirigido para as telas e os monitores, através dos quais se espelham as simulações do real, os modelos de mundo a serem consumidos.

Essa inversão configura-se desde a segunda metade do século XX com o alargamento técnico da *esfera pública* pela televisão aberta e generalista.

---

15. Cf. B.D. Johnson, futurista-chefe da Intel, em artigo de C.A. Teixeira (*O Globo*, 20/06/11).

A centralidade do sistema televisivo fornece o modelo de irradiação para os padrões culturais afinados com o mercado. Por outro lado, sem mercado não existe tecnologia da comunicação e da informação com funções públicas. O conceito de indústria cultural ajusta-se a esse modelo empresarial, em que organizações capitalistas setoriais produzem bens simbólicos com a roupagem semiótica do entretenimento para um público amplo e homogêneo que se define então como uma "massa" – mais passiva do que ativa – de consumidores.

Aquilo que, desde a década de 60 do século passado, chamou-se de "meios de massa" é uma consequência da expansão da tevê no interior do modelo da indústria cultural. Embora controlada na maior parte dos países por corporações privadas, a televisão sempre esteve próxima, por ligações diretas ou indiretas, do Estado.

No Brasil, por exemplo, o desenvolvimento da tevê subordinou-se, por um lado, aos investimentos maciços realizados pelos militares em equipamentos de telecomunicações, portanto, em eletrificação do espaço nacional, assim como aos gastos governamentais em publicidade e propaganda. Por derivação, subordinou-se à histórica tradição de personalismo empresarial e clientelismo político. A expressão "serviço público", que consta do marco regulatório estabelecido para a radiodifusão brasileira, é uma fórmula retórica que tenta esconder a formação de uma esfera pública elitista, feita de burocracia estatal e autoritarismo político.

Por *esfera pública* designamos o espaço de comunicação em que cada indivíduo passa do discurso dual à relação discursiva com a massa anônima. Para se entender essa passagem é oportuno retomar a ideia de comunidade como o conceito de uma ausência ou um "nada" constitutivo não apenas do que é visível no vínculo social, mas principalmente do comum que não se vê. Sem explicitar o termo "comunidade", Castoriadis refere-se ao social, entretanto, como um "despercebido imanente" (na realidade, outra maneira de se referir ao "laço invisível" mencionado por Heráclito num de seus fragmentos), como aquilo "que representa a todos e que não é ninguém, que não está jamais ausente e quase nunca presente como tal, um não ser mais real que todo ser, aquilo em que nos banhamos de um lado a outro, mas que não podemos nunca apreender em 'ninguém'[16].

Essa imanência despercebida, presente na antiga *philia* grega, é o comum que cimenta a cidade, que permite ao indivíduo transpor os limites da dualidade para a comunicação com o anônimo social e assumir a forma representativa

---

16. CASTORIADIS, C. "Anthropologie, philosophie, politique". *La montée de l'insignificance des carrefours du labyrinthe*. Vol. I. Paris: Seuil, 1996, p. 116.

atinente a cada sociedade particular. Na modernidade ocidental essa forma é tradicionalmente configurada pela política. Em torno dela se desenvolveu a esfera pública como um espaço de propriedade politicamente comum. É fundamental observar, porém, que o novo espaço público ampliado não tem mais a natureza política característica do período oitocentista, pois é propriamente uma esfera *culturalizada* (por corporações editoriais e de mídia, a serviço do mercado), que no limite esvazia progressivamente a política, convertendo a *vida pública* à vida *em público*, isto é, a uma mera visibilização daqueles aptos à fama por mais efêmera que seja, de modo evocativo da visibilidade da política teatralizada na Corte de Luís XIV em Versalhes.

Frisamos a expressão "esfera culturalizada" para tentar deixar claro que não existe um espaço público cultural ao lado do espaço público político. A irrupção dessa realidade nova na história foi um dos efeitos da Revolução Industrial que, por sua vez, alinhava-se com a expansão da democracia burguesa, para a qual eram estratégicas (aliás, na mesma esteira das proclamações teóricas e políticas de Rousseau) a educação e a cultura como instrumentos da concepção de democracia como valor e como fim, e não mais apenas como mecanismo de governo. A disseminação dos dogmas da "soberania do povo" demandava o livre trânsito de ideias.

Fortalecido na Europa ao longo dos séculos XVIII e XIX como lugar de manifestação da "vontade geral" e não de "vontades particulares", o espaço público sempre foi, portanto, simultaneamente político e cultural. Discursivamente, ele se apoiava em instituições literárias, arenas de debate e meios editoriais, além da imprensa como "agente promotor de cultura". No Brasil, por exemplo, os debates abolicionistas transcorriam em associações e clubes muito antes de chegarem à imprensa. O espaço público consistia de uma conjugação de política e Letras (na acepção ampla, e não apenas literária, da palavra), o que lhe conferia uma dimensão educacional, senão modernizadora, em termos coletivos: o movimento abolicionista pode ser avaliado à luz desta perspectiva.

A associação entre o Parlamento e as Letras era realmente familiar aos intelectuais oitocentistas. Para a instância política era muito importante, senão essencial, como sustentava Dewey, "o aperfeiçoamento dos métodos e condições de debate, discussão e persuasão. Esse é *o* problema do público"[17]. Ou seja, sem uma *retórica* particular, condicionada a uma cultura específica e, assim, capaz de expressar a linguagem das massas num espaço público, a razão pura seria apenas mais um instrumento de dominação.

---

17. DEWEY, J. *The Public and Its Problems.* Athens, OH: Swallow Press, 1980, p. 208.

Por trás dessa retórica se achava o sistema educacional. Mas a "retórica" em si mesma já era o embrião das indústrias de difusão da cultura junto ao grande público, objeto das reflexões de autores como Tocqueville, Proudhom, Baudelaire e outros, desde meados do século XIX. Na primeira metade do século XX se torna mais clara como objeto de análise a noção de "indústria cultural" – expressão cunhada por Adorno e teoricamente reforçada pelo conceito de reprodutibilidade, de Benjamin. Posteriormente, essa expressão estendeu-se à mídia eletrônica, devido à crescente importância do rádio e da televisão. Perdeu força com a tecnologia do digital e foi progressivamente substituída pela expressão "indústrias de conteúdos".

O fato é que, desde fins da primeira metade do século passado, no bojo da transição do paradigma industrial (caracterizado pela tecnologia dos motores) para o paradigma informacional (tecnologia eletrônica), o espaço público passou a ser progressivamente absorvido pelas indústrias de conteúdos culturais, com uma conexão apenas remota com o sistema educacional[18]. Mas durante a maior parte do século XX a indústria cinematográfica funcionou como importante meio de educação heterodoxa, crescendo em influência socializante na razão inversa do declínio progressivo da autoridade familiar, eclesiástica e escolar. O cinema tem sido reconhecidamente uma fonte poderosa de valores e modelos de comportamento.

O espaço público acabou encontrando, porém, no *broadcast* televisivo, ou informação em circuito aberto para um público comum, seu ícone principal. Por sua grande capacidade de transpor as velhas barreiras sociais (classe, credo, sexo e idade) e assim constituir audiências diversificadas, a tevê impôs-se como *medium* prototípico do alcance massivo. Aventaram-se hipóteses críticas sobre seu potencial de concorrência, em termos educacionais, com a família e a escola.

Entretanto, menos de três décadas depois do início do império televisivo, a centralidade do *broadcast* começa a ser alterada pela televisão segmentada, comercialmente programada em função da heterogeneidade das audiências. E ainda na década final do século, a tecnologia digital impulsiona e consolida a fragmentação dos públicos sob a forma de individualidades comunicantes ou interativas. A *interação*, semioticamente regida pelo modelo de uma "massa" anônima e heterogênea, dá lugar à *interatividade*, que implica um processo

---

18. Distanciada da educação formal, a "culturalização" midiática do espaço público contribui para a preservação do arcaísmo político, limitado a ritos de calendário eleitoral. No Brasil, em 2010, dos 130 milhões de eleitores, cerca de 60% eram analfabetos ou analfabetos funcionais. As aparências democráticas são mantidas pelo voto livre, mas socialmente insignificante.

gradativo de apropriação da tecnologia da comunicação pelos usuários. A internet é o *medium* que sintetiza todas as possibilidades expressivas da mídia anterior (imprensa escrita, rádio e televisão) e acena para novas modalidades de trabalho intelectual afinado com o desenvolvimento da rede mundial de computadores.

O *broadcast* é, assim, progressivamente substituído pelo *pointcast*, que é a transformação daquele comum em pontos de mira individualizados, capazes de provocar a fragmentação do espaço público midiaticamente ampliado. Ao olhar analítico, configura-se uma nova realidade, em que pontificam basicamente desde amplas frações de faixas etárias das classes médias até a juventude das periferias urbanas, aglutinadas por meio de redes alternativas de comunicação baseadas na internet e socialmente extensivas por meio de organizações lúdicas de natureza variada (desde *shows* musicais a jogos coletivos). Não têm mais a mesma configuração os efeitos da grande mídia (jornais, revistas, televisão) sobre esse novo tipo de público.

Isso não quer dizer que as novas formas da midiatização simplesmente liquidem as anteriores, ou seja, que a internet seja equivalente ao fim da televisão, por exemplo. Do ponto de vista técnico e mercadológico, especialistas observam que a digitalização e as redes eletrônicas simplesmente acumulam seus efeitos sobre todas as indústrias de conteúdos (cada uma com sua história e suas características de mercado), típicas do que se designava como "indústria cultural"[19]. Um policulturalismo que parece disseminar ao infinito os seus produtos – novelas e séries televisivas, telefilmes, *games*, *best-sellers*, *blockbusters* cinematográficos, redes sociais etc. – num ritmo tal em que a expressão "cultura-mundo" faz par com a velocidade circulatória do capital-mundo.

No que toca à televisão, não houve nenhum abalo negativo causado pelo digital. Muito pelo contrário, a multiplicação dos canais faz-se acompanhar da "manutenção da estrutura globalmente oligopolística do mercado, do crescimento fraco, mas regular em longo prazo, do consumo de tevê, tanto o gratuito como o pago, dos mercados publicitários e do recuo dos setores públicos ali onde eles existiam"[20]. É que, na realidade, a digitalização da indústria televisiva já era visível desde fins da década de 1970 em técnicas de "pós-produção" e em videoclipes musicais; posteriormente, na montagem virtual e na gestão dos fluxos de informações para telejornais; nos anos de 1990, quando se difunde a expressão "televisão digital" e, finalmente, no século corrente, quando a tec-

---

19. Cf. CHANTEPIE, P. & LE DIBERDER, A. *Révolution numérique et industries culturelles*. Paris: La Découverte, 2005, 2010.

20. Ibid., p. 27.

nologia analógica da imagem (o tubo catódico com a varredura de elétrons) é substituída pelo digital nas telas de plasma ou de cristais líquidos[21].

Do ponto de vista do consumo de conteúdos, a disseminação da tevê a cabo, o avanço da tecnologia de alta definição e o uso da internet para baixar programas e criar grupos de discussão possibilitam, na verdade, o desenvolvimento de uma produção cultural de prestígio (séries narrativamente mais apuradas) ocupando um espaço deixado pela grande indústria cinematográfica, que está cada vez mais voltada para os produtos de grande apelo comercial ou *blockbusters*. Em meio ao conhecido rebaixamento cultural de sempre, a tevê a cabo norte-americana, desde o início deste século, provocou uma repartição de públicos capaz de contemplar consumidores de nível educacional mais elevado do que as audiências do passado.

De um modo geral, porém, em virtude da hipertrofia dos dispositivos de mídia, grande ou pequena, a informação converte-se no próprio solo social, ao modo de uma realidade virtual. Constrói-se outra "geografia", diferente da física: torna-se possível "habitar" virtualmente o espaço das redes cibernéticas. Assim, genericamente descrita, essa realidade poderia evocar fantasias futurísticas, a exemplo de *Alphaville*, a "tecnocidade" imaginária onde o cineasta (Jean-Luc Godard, 1965), encena as aventuras de um herói em luta contra a ordem tirânica que tentava exterminar o amor e a liberdade de expressão. Mas a realidade das tecnologias digitais vem tornando obsoleto esse tipo de distopia, na medida em que são progressivamente normalizadas pela gestão territorial, em países de diferentes níveis econômico-sociais, com evidentes benefícios para as populações.

Um pequeno exemplo brasileiro é o projeto "Navega-Pará", desenvolvido pelo Governo do Pará desde 2007, com a finalidade de usar a tecnologia sem fio para estender a internet a todo o estado. Para começar, os sensores instalados na rede garantirão o monitoramento da produção pecuária no estado e do meio ambiente, antes mesmo que as queimadas sejam detectadas por satélites. Os infocentros instalados em entidades de classe (associações de moradores, paróquias etc.) nos espaços urbanos fazem deles verdadeiras "cidades digitais" (conectadas umas às outras por "infovia" estadual) e ao mesmo tempo mobilizadoras das estruturas comunitárias locais. Surgem daí inéditas possibilidades educacionais, como a formação de agentes de inclusão digital para os infocentros, assim como o acompanhamento pedagógico para os milhares de monitores recrutados entre estudantes de graduação das universidades.

---

21. Evidentemente, é lenta a difusão da tevê digitalizada nos países de baixa industrialização. Cerca de quatro bilhões de telespectadores no mundo ainda consomem a tevê analógica, de tubo catódico.

Um exemplo desses é significativo exatamente por ser pequeno, isto é, por não se prestar a nenhuma espetacularização tecnológica, deixando transparecer a normalização técnica da gestão dos espaços que é capaz de configurar a nova *geografia virtual*. Esta é de fato uma nova realidade. Daí partem as metáforas urbanísticas para a descrição do funcionamento de dispositivos eletrônicos "locativos", como a "praça virtual", designativa da interação de grupos sociais diversos por meio de recursos informáticos como e-mails, blogs, twitters etc.

Nessa nova configuração da urbe divisa-se a possibilidade de uma *polis*, entendida como uma democracia participativa assegurada pelo acesso universal às tecnologias eletrônicas. Fala-se, assim, de uma "democracia digital", caracterizada pela transparência da ação parlamentar e pela abertura das decisões executivas. Isso permitiria, entre outras coisas, que a sociedade acompanhe passo a passo a atuação da administração pública ou então que contribua para o processo legislativo federal por meio do compartilhamento de ideias e experiências.

Por outro lado, dá margem a formas novas de participação coletiva na restauração da vida democrática, como aconteceu no mundo árabe em janeiro de 2011 quando multidões de cidadãos enfrentaram nas ruas tanques e blindados das forças armadas para depor os ditadores de países como a Tunísia e o Egito, além dos milhares que foram às ruas na Líbia, na Jordânia, na Arábia Saudita, na Síria e em Bahrein para exigir mudanças nos governos. Tratava-se de movimentos de massa sem dogmas, sem partidos e sem organização convencional, tornando evidente, entretanto, que, sob as velhas aparências políticas, há uma dinâmica social afeita às novas possibilidades comunicativas. Ao invés de armas de fogo, os manifestantes, jovens em sua grande maioria, estavam munidos de celulares (além de pedras) capazes de conexão com a internet, fazendo circular através de redes sociais como o *Facebook* palavras de ordem poderosas em termos locais.

No Brasil, são vários os exemplos das possibilidades de participação coletiva ensejadas por essa "democracia eletrônica", mas vale citar a campanha popular pela exigência de "ficha limpa" para candidatos a parlamentar no país no primeiro semestre de 2010. A partir das "praças virtuais", os milhões de assinaturas e mensagens levaram o Congresso, antes renitente, a votar a lei que veta o registro eleitoral a políticos condenados por crime grave. A "Lei da Ficha Limpa", a despeito das eventuais dificuldades para sua completa aplicação, é provavelmente a mais notável conquista da sociedade civil brasileira na primeira década deste século. Seu valor ultrapassa a esfera jurídico-eleitoral, já que incide de modo educativo sobre todo o campo social.

Não se concebe uma modernização política sem um avanço significativo no processo educacional. E a educação pode efetivamente preceder a política, não necessariamente de forma ortodoxa, a partir do espaço escolar, e sim de uma esclarecida movimentação social articulada com as mutações do "macro-objeto" urbano (a megacidade contemporânea) e com as possibilidades mobilizadoras da rede eletrônica.

Evidentemente, não é o "objeto" técnico em si mesmo (o celular, a rede social, a internet) que desencadeia a mudança na esfera pública, como se fosse um "sujeito" autônomo, tanto que regimes autoritários também podem servir-se dessas novas tecnologias para reforçar seu poder. O mesmo vale para as tecnodemocracias ocidentais, cujo principal modelo é os Estados Unidos, um país com fortes características imperiais em seu relacionamento com o resto do mundo. Já se sabe que o discurso público dos dirigentes norte-americanos no sentido de absoluta liberdade para a internet em todo o mundo faz-se acompanhar na prática do controle subterrâneo operado pelos poderosos dispositivos das agências de informação, que não apenas monitoram o fluxo de mensagens no correio eletrônico e nas redes sociais, mas também intervêm em zonas de crise por meio do falseamento estratégico das informações.

Não é, assim, o simples *ser moderno* do objeto que lhe agrega valor social, mas sua inserção numa trama de relações intersubjetivas capaz de dar-lhe um curso transformador. Apesar da sofisticação do evidente controle geopolítico da rede, é também uma evidência crescente o fato de que a sociedade reforça suas possibilidades de autonomia quando todo mundo está em contato imediato com os outros. Politicamente, a rede parece reencontrar velhos postulados do programa anarquista, a exemplo do que propunha Malatesta no início do século passado: "Organização da vida social por meio das associações livres e das federações de produtores e consumidores, criadas e modificadas segundo a vontade dos membros, guiadas pela ciência e pela experiência, liberta de toda obrigação que não derive das necessidades naturais, às quais todos se submetem de bom grado quando reconhecem seu caráter inelutável"[22].

Na concepção de Malatesta, o anarquismo admite "a existência de uma coletividade organizada sem autoridade, isto é, sem coerção". O caos aparente da rede eletrônica é, na verdade, presidido por uma organização dessa natureza, concretizando em escala planetária a reivindicação anarquista: "Precisamos estar relacionados com os camaradas das outras localidades, receber e dar notícias, mas não podemos todos nos corresponder com todos os camaradas"[23]. Isso é hoje possível com a rede eletrônica, naturalmente. Se antes, para ser considerado necessário, um bem tinha de ser racional e público, hoje deve ser

---

22. MALATESTA, E. *Escritos revolucionários*. São Paulo: Imaginário, 2000, p. 10.

23. Ibid., p. 58.

principalmente mundial. Enquanto os tradicionais atores presentes no multilateralismo (governantes, Ocde, Banco Mundial etc.) se definiam pelas relações *internacionais* entre Estados, hoje atores provenientes "de baixo" invadem a cena multilateral e tipificam relações *intersociais*, de modo proativo em fóruns como Porto Alegre, Seattle, Bombaim etc.

Na prática, as tecnologias se entrelaçam com movimentos sociais, e mesmo com influências externas, que se revelam amadurecidos num determinado momento histórico. Assim é que as revoltas contra os governos de longa duração no mundo árabe (monarquias e ditaduras militares) tinham no centro da movimentação grupos islâmicos (como era bem o caso da Irmandade Muçulmana no Egito) – mas principalmente uma classe média de considerável amplitude, com residências próprias e participação importante no consumo tecnológico – assim como o arrefecimento do apoio norte-americano ao regime ditatorial que até então sustentara. No Brasil, por sua vez, a campanha da "ficha limpa" era de iniciativa da Confederação Nacional dos Bispos do Brasil e de mais 44 organizações da sociedade civil.

É válido, deste modo, associar a imaterialidade do espaço virtual à noção de "território cultural", até agora entendido como um espaço discursivo onde grupos ou minorias tradicionais lançam mão de ferramentas patrimoniais (artesanato, sítios históricos, paisagens, comidas, monumentos etc.) para afirmação de uma diversidade cultural. Mas esse empenho não se resume a uma lógica puramente culturalista, uma vez que as alternativas sociais abertas pela redefinição de significados culturais implicam igualmente a redefinição de aspectos do jogo do poder social, o que é inequivocamente um processo político. Em outras palavras, o campo da cultura é também o campo das diferenças sociais, de modo que as discriminações e as exclusões no tocante aos usos da cultura e da educação se definem como matéria plenamente política.

Daí a formação progressiva de um consenso coletivo (Estado, mídia e agentes sociais) quanto à necessidade de se evitar as restrições de uso dos recursos tecnológicos nesse novo território semiótico em que implica o espaço virtual criado pelos avanços tecnológicos na área das tecnologias de informação e comunicação. Avalia-se que mudanças como a ampliação do acesso ao conhecimento, o barateamento dos equipamentos individuais, a generalização da conectividade planetária e o surgimento de novas atividades econômicas nessa área revelam uma aceleração muito maior do que a prevista.

Numa perspectiva educacional, o grande desafio é, em primeiro lugar, cobrir o hiato entre essa vanguarda tecnológica e a retaguarda da educação no plano interno, para tentar ocupar o espaço correspondente no plano internacional. Em segundo, reduzir as diferenças de uso da informática por parte de estudantes segundo seus níveis de renda e de escolarização: o uso, que é restrito no Ensino Fundamental (sendo aí notáveis as diferenças entre negros e brancos), cresce no Ensino Médio e tende a universalizar-se apenas no Ensino Superior.

A preocupação do Estado com o que se tem chamado de "exclusão digital" resulta do reconhecimento de que a chance de usar computadores, acessar à internet e participar de treinamentos em informática (*NTIC*s é a abreviatura corrente para essas novas tecnologias) é uma dimensão educacional imprescindível a um novo tipo de socialização e a novas modalidades de participação na força de trabalho. Na prática cotidiana, sobretudo entre os jovens, essas tecnologias tornaram-se imprescindíveis ao trânsito informativo sobre temas e causas, servindo tanto para motivar movimentos sociais quanto para auferir das novas realidades urbanas inéditas possibilidades de trabalho.

A inclusão, por meio do fomento de telecentros e de núcleos de formação continuada já é reconhecidamente um caminho para a geração de emprego e renda, donde a progressiva substituição do contraditório político no espaço público em torno da propriedade dos meios de produção, típico dos movimentos sociais no século XX, pelas discussões sobre o acesso ao conhecimento e pela definição dos marcos regulatórios.

É possível, entretanto, questionar essa descrição das novas realidades urbanas, apoiada no que Sassen chama de "narrativa da exclusão"[24]. Para ela, as clivagens operadas pelos fluxos socioeconômicos sobre os espaços tradicionais da cidade (agora, circuitos globalizados) só podem ser classificadas como excludentes se referidas aos privilegiados nos altos circuitos do capital (onde se pratica a oposição *winner/loser*, característica da ideologia competitiva norte-americana), uma vez que os mais jovens não experimentam as novas opções do mercado de trabalho com a mesma consciência de degradação ou desintegração presente em gerações anteriores.

É certo que as ocupações ditas "precarizadas" e prolíficas no setor de serviços (operadores de *telemarketing*, balconistas, porteiros etc.) não costumam ser promissoras em termos de elevação da renda nem exigem maior qualificação educacional. Mas os chamados "territórios da pobreza" fazem uma experiência diferente dos novos espaços urbanos, articulando o consumo cultural (objetos, modas, ritos musicais) com as mutações urbanas. As indústrias culturais e a mídia vêm constituindo há décadas um novo tipo de meio vital, com alterações significativas nas formas de sociabilidade e nas dinâmicas familiares, em que se

---

24. Cf. SASSEN, S. *As cidades na economia global.* São Paulo: Nobel, 1998.

redefinem os campos de força e de autoridade necessários à aprendizagem. A megacidade globalizada, ao modo de um macro-objeto educativo, oferece aos mais jovens ambíguas oportunidades de vivências e performances.

A totalização técnica

Há, evidentemente, um lado crítico nessa tecnologização globalizada da vida social. Do mesmo modo que nos espaços históricos concretos, a luta democrática em torno das formas tecnológicas de cidadania leva em consideração que são igualmente reais as possibilidades de se controlar a distância, digitalmente, todo o espaço social, inclusive a cena doméstica, ao mesmo tempo em que as "cenas" do espaço/tempo tradicional se operacionalizam em circuitos e memórias miniaturizados. Satélites orbitais com milhões de videocâmeras e sistemas computacionais dispostos em massa ao redor do planeta, dotados de algoritmos evolucionários e redes neurais, compõem de fato um novo tipo de sociedade de vigilância, onde se põe em questão, sem violência visível, a ideia clássica de democracia.

Mas qualquer tentativa de descrição definitiva das tecnologias digitais está condenada à rápida obsolescência, porque essas tecnologias não são simplesmente "emergentes", e sim *continuamente* emergentes, uma vez que a tecnociência parece crescer exponencialmente[25]. No cenário das novas possibilidades, desenham-se os *metaversos* (mundos virtuais em terceira dimensão, em geral comercialmente apresentados como jogos) e os *avatares*, que são as representações gráficas dos usuários implicados na realidade virtual.

Esse diagnóstico do grau de intensidade dos sistemas não decorre de nenhuma posição tecnofóbica, e sim do imperativo de uma avaliação realista quanto a integração, unificação e vinculação dos dispositivos informacionais, assim como quanto à permeabilidade das variadas instituições sociais às formas geradas pela moderna informação. Nessa avaliação se incluem as estimativas econômicas sobre as possibilidades de sobrevivência das formas tradicionais de assistência médica, de educação, publicação e circulação dos bens culturais.

Partem desse quadro problemático as especulações de ordem políticosociocultural sobre a produção de um real próprio, de dominância tecnológica. Assim como a realidade do poder ocidental sempre implicou

---

25. Na primeira década do século atual, essas tecnologias compreendem principalmente o computador, além dos dispositivos móveis e sem fios (computadores de bolso, celulares, telefones "inteligentes"), com conexão para a internet e Sistemas de Posicionamento Global (GPS). São todos objetos "nômades", no sentido de que possibilitam ao usuário a construção provisória de seu "território".

uma ação (cartográfica) de mapear, desfazer e refazer territórios (urbanos ou não), o novo real implica também uma reterritorialização do espaço, que se faz acompanhar de novos modos de controle ou gestão da vida social. Nesse novo "território", engendrado pelo desenvolvimento acelerado das possibilidades técnicas das máquinas de informação (as tecnologias digitais) e pela transformação das relações de produção, o poder consiste em *reter o olhar do outro*, na captação infinita da atenção, como que transmutando o planeta em fibra ótica e dígitos, de modo a fazer coincidirem instantaneamente cérebro, olho e mundo.

Toda essa narrativa de novidades e transformações, oscilante entre o jornalismo e a sociologia, traz água para o moinho das conhecidas especulações heideggerianas sobre a técnica. A prática da filosofia como "impressionismo sociológico" evidencia-se no pensador alemão quando ele, situando a ordem racional do mundo ou "metafísica" na base do horizonte tecnocientífico moderno, sustenta que a realização tecnológica (a *Ge-Stell*) implica o ultrapasse da metafísica e da Modernidade[26].

Metafísica é aqui tomada num sentido todo particular, à margem de uma das acepções aristotélicas repisadas pelos manuais de história da filosofia, isto é, metafísica como ciência dos princípios e das causas primeiras, que comporta a reflexão sobre o que está além do imediato ou do sensível. Na formulação heideggeriana, trata-se do conceito do *ser* característico da Modernidade, isto é, da racionalização como vontade de potência e da radicalização da separação entre sujeito e objeto para maior controle do mundo, ao custo da fragmentação do significado da existência.

Afirmar a técnica como realização da metafísica significa deslocar para a *Ge-Stell* (termo heideggeriano para a "armação" do mundo, isto é, o conjunto do pôr, dispor e desfazer) o poder, antes atribuído à pura racionalização intelectual, de enfeixar tudo o que existe num sistema de causas e efeitos controlado pelo homem. Esta afirmação contraria o entendimento corriqueiro que leva um cientista importante a referir-se assim aos Estados Unidos: "Este não é um país metafísico"[27]. Ele quer definir como não metafísica a organização dos aspectos práticos que regem o sistema de ciência e tecnologia daquele país e, portanto, a redução do conhecimento a uma ordem total, indiferente à ecologia, à humanidade e a tudo que não desemboque numa finalidade tecnológica.

---

26. Cf. HEIDEGGER, M. *A origem da obra de arte* e *identidade e diferença* [s.n.t.].

27. A frase é atribuída ao cientista ítalo-americano Vitório Canuto pelo cosmólogo brasileiro Mario Novello (*O Globo*, 03/08/10).

No entanto, Heidegger muito provavelmente não hesitaria em chamar de metafísica a *Ge-Stell* norte-americana, pelo máximo acabamento tecnológico da modernidade, concebida como objetivação do mundo ou exacerbação da relação de domínio do sujeito sobre o objeto. E é precisamente nessa totalização técnica, com todos os riscos implícitos para a humanidade do homem, que o pensador alemão entrevê uma abertura do ser característico da modernidade, isso que ele chama de *Ereignis*, ou seja, o novo acontecimento do ser (portanto, um acontecimento ontológico), capaz de levar ao ultrapasse da metafísica e a uma transformação antropológica do sujeito. Por quê? Porque a *Ge-Stell* dissolveria as posições fixas de sujeito e objeto classicamente traçadas pela metafísica.

A sugestão heideggeriana é explicitada por Vattimo, um dos ativos epígonos do pensador alemão na contemporaneidade, com a observação de que "a tecnologia que de fato deixa entrever a possibilidade de uma dissolução da rígida contraposição entre sujeito e objeto *não é a tecnologia mecânica do motor*, com seu movimento unidirecional do centro para a periferia, mas bem poderia ser, em vez disso, a tecnologia da comunicação, a técnica de coleta, ordenamento e distribuição das informações"[28]. Em vez, portanto, de um centro que move e uma periferia que é movida, um circuito multidirecional como aquele que agora se realiza na comunicação das redes, sem a hierarquia opressiva do unidirecionalismo. Essa tecnologia (comunicacional) é, naturalmente, a eletrônica, que não deixa de evocar a "nova técnica" referida por Benjamin como basicamente distinta da antiga e caracterizada, não pela dominação da natureza, e sim pela "regulamentação da relação entre homem e natureza"[29].

O comentário de Vattimo vai além das intenções explícitas de Heidegger (que, em termos manifestos, era pessimista no tocante à técnica), mas acompanha o espírito da argumentação do filósofo quando este, em mais de um texto, descreve a especialização da ciência e da técnica como "a época das imagens do mundo", isto é, como o empenho de controlar o mundo pelo cálculo tende a dissolver a objetividade das coisas em puras abstrações, levando a uma multiplicação de imagens e linguagens. Isso leva igualmente à multiplicação das "agências interpretativas", que relativizam e reduzem a força unitária das visões hegemônicas de mundo, dissolvendo as pretensões de absoluta objetividade, sejam da ciência, sejam da história.

---

28. VATTIMO, G. *Nichilismo ed emancipazione*: ética, política, diritto. [s.l.]: Garzanti Libri, 2003, p. 26.

29. BENJAMIN, W. *Einbahnstrasse*, p. 147. Cf. ROUANET, S.P. *O Édipo e o anjo*. São Paulo: Tempo Brasileiro, 1981, p. 71.

Essa linha de argumentação choca-se claramente com o pessimismo da Escola de Frankfurt (ressalvada a posição ambígua de Benjamin) no que diz respeito aos efeitos das tecnologias da comunicação e da informação sobre a cultura contemporânea. Além disso, procura responder a toda uma corrente crítica mais recente que associa a valorização fetichista da técnica e o hiperfuncionalismo pragmático da sociedade capitalista avançada à comunicação eletrônica, supostamente responsável pelo crescente processo de esvaziamento da capacidade simbólica do sujeito contemporâneo, isto é, a capacidade de o indivíduo se inscrever na genealogia do sentido por meio da contextualização temporal e espacial dos símbolos. A mídia eletrônica seria o grande ícone desse processo no que diz respeito à configuração atual dos discursos públicos e da produção coletiva de sentido.

Para Vattimo, no entanto, a *midiatização* – que temos entendido como articulação da vida social com os dispositivos de mídia – "deu a palavra a uma multidão de minorias e subculturas, e como isso mesmo tornou evidente o caráter interpretativo da nossa imagem do mundo (rompendo de maneira irremediável sua unidade), a historiografia tornou-se consciente do essencial caráter "retórico" dos nossos modos de reconstruir a história do passado"[30]. Rompe-se aí igualmente a moderna ideia de "sociedade", na medida em que esta dependa da coerência de um sistema, agora em crise diante da irrupção agonística da diversidade, que não se deve confundir com o policulturalismo industrializado nas tecnodemocracias ocidentais.

A diversidade que emerge na globalização contemporânea traz elementos novos para o pensamento. O espírito conservador não pensa desta maneira e a vê com maus olhos, por considerar que, na medida em que desaparece do horizonte social a ideologia da emancipação e em que o futuro perde seu contorno utópico, o passado entraria em cena a serviço de uma diversidade cultural de coloração étnica, introduzida pelo discurso multiculturalista. Para o senso comum de língua inglesa, o diverso é *ethnic*.

Isto é, na verdade, uma simplificação de fundo iluminista. O diverso não emerge historicamente apenas sob o beneplácito paternalista do multiculturalismo, e sim em virtude da movimentação de minorias sociais que trafegam no espaço dos direitos civis e humanos. A explicação iluminista e conservadora atém-se ao plano exclusivo da cultura, fazendo elipse das lutas sociais que, embora isentas do cunho revolucionário do passado, continuam a buscar transformações nas condições de existência. Sob as aparências carcomidas da política tradicional, existe uma dinâmica social em busca de formas novas

---

30. Ibid., p. 29.

de expressão. O jogo existencial da diversidade não é conciliatório, mas agonístico (a dinâmica conflitiva entre os grupos e no interior deles) e, não raro, politicamente reivindicativo.

O que traz de novo para o pensamento? Para começar, o interesse de agir a partir da dimensão espacial, que tem a ver com a aproximação dos seres e com o sentir. A diversidade humana é algo a ser mais sentido do que entendido. Por que dizemos que alguém é igual ou diferente de outro? Porque apenas comparamos. Comparamos para entender, como se fosse o caso de identificar objetos. E comparamos para exercer poder, para dominar. Na verdade, os homens não são iguais, nem desiguais. Os homens, seres singulares, coexistem espacialmente em sua diversidade. Cada uma dessas singularidades corresponde, às vezes, à dinâmica histórica de um Outro, um coletivo diverso. Na prática, aquilo que nós experimentamos de uma cultura, principalmente da nossa, é a diversidade de seus repertórios, onde se mostram hábitos, enunciados e simbolizações.

Por que, então, ignoramos ou nos imunizamos socialmente contra uma determinada dimensão da diversidade? O modo de vida dos indígenas, por exemplo? Possivelmente porque, armado da razão comparativa, amplificada pela economia e pela técnica, o sujeito de poder, convertido em "unidade de dominação", à imagem de "Um absoluto" (utopia da metafísica), autoimuniza-se contra a exterioridade dos lugares e contra o sensível, que invoca a dualidade para o lugar do Um, convocando a empatia para com o diverso. A imunização sociopsicológica é uma barreira à empatia e à compreensão: ela conduz à narração de "histórias únicas" sobre o mundo.

É a referência ao elemento ameríndio que confere, dentre outros aspectos, atualidade ao pensamento do peruano Mariátegui, que chama a atenção para a imposição da civilização e cultura europeias pelos colonizadores na construção das sociedades latino-americanas[31]. Apesar das transformações na organização capitalista do mundo e nas formas coloniais de poder, as populações indígenas sul-americanas mantêm a especificidade de suas formas de simbolizar e representar o real, levantando questões importantes para a coexistência das diferenças humanas.

Cônscio da dificuldade para com o diverso, o olhar hegemônico do clássico "narrador de histórias únicas" pode admitir o reconhecimento da pluralidade, geralmente quando pressionado por um consenso intelectual. Um exemplo significativo desse consenso é a *Convenção sobre a proteção e promoção da*

---

31. Cf. MARIÁTEGUI, J.C. *Sete ensaios de interpretação da realidade peruana.* [s.l.]: Alfa Ômega, 1975.

diversidade das expressões culturais[32], segundo a qual "diversidade cultural refere-se à multiplicidade de formas pelas quais as culturas dos grupos e sociedades encontram sua expressão. Tais expressões são transmitidas entre e dentro dos grupos e sociedades". Precisa o texto da convenção que "a diversidade cultural se manifesta não apenas nas variadas formas pelas quais se expressa, se enriquece e se transmite o patrimônio cultural da humanidade mediante a variedade das expressões culturais, mas também a partir dos diversos modos de criação, produção, difusão, distribuição e fruição das expressões culturais, quaisquer que sejam os meios e tecnologias empregados".

A iniciativa da organização internacional decorre principalmente de uma conscientização, em progressiva generalidade, quanto à importância do diálogo entre os diferentes modos de apropriação simbólica do mundo para a consolidação do vínculo entre cultura e desenvolvimento socioeconômico. Mas também da constatação de que "os processos de globalização, facilitados pela rápida evolução das tecnologias de comunicação e informação, apesar de proporcionarem condições inéditas para que se intensifique a interação entre culturas, constituem também um desafio para a diversidade cultural, especialmente no que diz respeito aos riscos de desequilíbrios entre países ricos e pobres".

Uma iniciativa dessa natureza tem efeitos de contra-hegemonia cultural e educacional, embora se deva ter em mente que esses efeitos não se produzem nominalmente num vácuo de articulações socioeconômicas. Só numa ambiência politicamente articulada é que se constituem as ações discursivas responsáveis pela intervenção simbólica do diverso. Por exemplo, os *mapuches*, um povo indígena que habita a região centro-sul do Chile e o sudoeste da Argentina, são etnologicamente reconhecidos como uma diversidade cultural. Mas esse reconhecimento é insuficiente para concretizar a diversidade que, do ponto de vista dos *mapuches*, busca afirmar-se politicamente pela reclamação dos territórios ancestrais, apropriados pelos espanhóis na conquista colonial e hoje repassados a empresas transnacionais. Em outras palavras, diversidade simbólica pressupõe a autogestão política dos espaços ancestralmente marcados.

Não basta, portanto, a mera "expressão cultural" de um grupo ou de indivíduos singularizados. É inócuo fazer supor, por exemplo, que o registro midiático de uma pluralidade numérica de diferenças culturais implica instauração política da diversidade, quando na realidade, posto no interior da codificação semiótica operada pelo grupo logotécnico de uma rede televisiva, o diverso apenas ratifica a hegemonia de um centro.

---

32. A Convenção foi adotada pela Unesco em 20 de outubro de 2005.

Outra maneira de apresentar essa questão está contida na metáfora do espelho, sugerida por Carneiro Leão: "Quando alguém se olha no espelho não vê o outro de si mesmo, nem mesmo o outro do outro, mas apenas a si mesmo"[33]. Essa reduplicação de si mesmo é uma circularidade vazia, porque prescinde da mediação necessária a todo ato de conhecer. É a visão que se tem do puro espetáculo – a lógica do funcionamento midiático até agora – capaz de emocionar sem produzir a lucidez sensível ou o sentimento.

O sentimento é a lupa assestada sobre a diversidade: para além do registro intelectual ou da embriaguez emocional (as descargas abreativas do afeto) está o sentimento que leva à coexistência sensível, ou seja, a aceitação e a aproximação do Outro. Não se trata da aceitação intelectual da diferença que, em termos filosóficos, é o complemento lógico (negativo) da identidade. Pode-se educar a consciência com razão e palavras para aceitar uma diferença. Essa consciência se absteria então de formular juízos de rebaixamento sobre o Outro. Mas, como assinala um ficcionista (Caio Fernando Abreu), "é fácil não dizer; difícil é não sentir".

Também não se trata de ser total ou "holístico", como costumam pregar as doutrinas comunitaristas, em geral referindo-se à inteireza de uma particularidade isolada. O particular separado é tão problemático quanto o universal abstrato que não consegue particularizar-se concretamente. Trata-se, sim, de tornar-se "plural" em si mesmo, ao modo sugestivo de Fernando Pessoa: "Sejamos plurais como o universo!" De fato, a totalidade a que chamamos de "universo" é radicalmente heterogênea ou plural e demanda uma abordagem não puramente técnica ou comunicacional, mas basicamente *sensível*.

Isso não significa que não se possa incluir qualquer uma das novas tecnologias da informação e da comunicação na instauração política da diversidade. Agem corretamente os intelectuais africanos que reivindicam essas tecnologias como recurso valioso para a extensão da identidade africana para além das fronteiras da África, cientes de que a visibilidade pública de uma diferença cultural pode fortalecê-la. É a posição, por exemplo, do historiador angolano Simão Souindola, diretor do Museu da Escravatura em Luanda, que utiliza indistintamente os adjetivos "bantu" e "africano" para qualificar a identidade da região[34]. Para ele, os africanos não devem hesitar em recorrer a todas as possibilidades tecnológicas, dos satélites ao digitalismo, no sentido de consolidar e difundir a cultura bantu, buscando aproximá-la da cultura de outros povos,

---

33. Cf. Emmanuel Carneiro Leão em curso na ECO/UFRJ, em 25/10/97.
34. Cf. Revista *África*, 21, abr./07, p. 89. Luanda.

corrigindo desse modo a tendência para a uniformização cultural por parte dos dispositivos mecânicos da globalização.

Não se trata, entretanto, de registrar midiaticamente diferenças culturais – manifestadas na superfície imediata dos costumes e folguedos antes enfeixados na categoria do "folclore" – e sim de usar a tecnologia de dentro para fora, constituindo uma voz autônoma, política e culturalmente diversa. A mera publicização de sínteses de convergências possíveis em matéria de produção de sentido redunda em inócuos "efeitos de superfície", porque não se trata apenas de apreender o modo de existência ou a cultura de outro grupo humano, nem mesmo de somente refletir sobre as barreiras à compreensão, mas de estimular educacionalmente o que se poderia chamar de "imaginação empática", ou seja, a dinâmica dos recursos afetivos que pode levar a consciência a pôr-se no lugar do Outro, a aproximar-se sensivelmente da diferença.

A despeito de todo o seu monológico elitismo cultural, Adorno já manifestava a suspeita quanto aos supostos benefícios da publicização massificada ou quanto à pura e simples inclusão tecnológica dos supostos "excluídos" da cultura universal. Diz: "Seria má psicologia supor que aquilo do que se é excluído somente desperte ódio e ressentimento: igualmente desperta um tipo possessivo e intolerante de amor, e aqueles a quem a cultura repressiva rejeitou tornam-se com muita facilidade sua mais obstinada tropa de choque [...]. É de se temer às vezes que a inclusão dos povos não ocidentais no exame aprofundado da sociedade industrial, que em princípio já está mais do que na hora, venha a beneficiar menos os libertos do que a elevação racional da produção e da distribuição e a modesta elevação do padrão de vida. Em vez de esperar milagres dos povos não capitalistas, os maduros deveriam desconfiar de sua sobriedade e de sua inclinação perversa para o consagrado e para os êxitos do Ocidente"[35]. Em outras palavras, o pensador está sugerindo que a mera adesão fascinada do diverso (ou "excluído") à cultura hegemônica beneficia apenas de fato a "elevação racional da produção".

Por isso, na abordagem contra-hegemônica da diversidade, vale considerar primeiramente que não se trata de converter o diverso ao código hegemônico da tecnologia (como deixa transparecer o argumento isolado da "inclusão digital"), mas de integrar "ecologicamente" o universo simbólico do diverso na urbe tecnológica. A mera polarização semiótica de extremos como global e local numa resultante denominada "glocal" não passaria de efeitos tecnológicos da rede de telecomunicações se não houvesse possibilidade de que o local não pudesse ser algo mais do que um link na conexão eletrônica.

---

35. ADORNO, T.W. *Minima moralia*. [s.l.]: Azougue, 2008, p. 48-49.

Daí ser imperativa a inclusão, numa desejável ecologia de saberes, de categorias de pensamento relegadas ao segundo plano pela metafísica ou pela montagem universal de sentido a partir da racionalidade instrumental. Essas categorias dizem respeito às formas de vida de comunidades coexistentes em sociedades dominantemente marcadas pela metafísica europeia. Delas – num constante apelo a uma territorialização positiva – se depreendem geralmente princípios de coerência ética ou espiritual adequados à transmissão da ideia de *povo*.

Essas formas de vida heterogêneas são importantes para a questão das identificações de um povo nacional, por mais que sejam dificilmente reconhecidas em sua diversidade cultural. Uma política da diversidade cultural não é o reconhecimento ou o financiamento de simples fetiches identitários, e sim a promoção de relações dialógicas entre Estado, sociedade global e formas plurais de existência, que implicam apropriação de territórios e intervenção em agências governamentais. Mas é principalmente a instauração de uma política educacional no sentido da diversidade, ou seja, no limite, transformação de mentalidades e atitudes.

É que, em termos simbólicos, a força motriz da diversidade cultural está na sensibilização das consciências frente à emergência do Outro, isto é, em autossensibilizar-se de maneira a tomar contato com a gênese contingente de suas crenças, valores e atitudes. Isso implica um novo paradigma cognitivo – o paradigma do sensível –, que traduz um novo olhar para o mundo e um novo modo de sentir o comum ou a existência, entendida como uma dimensão que transcende a presença pura e simples dos entes e das coisas no mundo. Não basta a prédica liberal da existência livre. Existência implica responsabilidade (obrigação) e parceria (ser junto a outro), mas principalmente a injunção de se assumir, por sensibilidade, o destino da experiência do mundo como abertura para outros mundos possíveis.

Do vazio da existência – que o mercado hoje tenta preencher pela disseminação infinita de artefatos técnicos – emerge a reivindicação coletiva de novos modos de inteligibilidade do fenômeno humano, do social, por meio de um pensamento capaz de amenizar a distância em que o perspectivismo da tecnociência nos coloca frente ao mundo. Um pensamento menos dicotômico, menos projetivo e mais afinado com que na razão há, concretamente, de sensível. A dimensão *humana* dos modos de transmissão do saber e do relacionamento social não depende da natureza técnica dos dispositivos, e sim da conquista de uma forma educacional suscetível de oferecer abrigo contra o esvaziamento do simbólico e do sentido.

Essa forma aponta hoje para aquilo que já designamos como "estratégias sensíveis", isto é, como modos de aproximação das diferenças – decorrente de um ajustamento afetivo, somático, entre partes diferentes num processo – com vistas à constituição de um saber que, mesmo sendo inteligível, não se submete à racionalidade crítico-instrumental do conceito ou às figurações abstratas do pensamento[36]. Não se trata aqui do *logos* platônico, e sim da dimensão contingente dos afetos, ou seja, da energia psíquica que se deixa ver nas diferentes modulações da tensão no corpo.

O *logos* é sabidamente a razão de ser do cosmo e do *ethos* (a vida humana em sua naturalidade e em sua cotidianidade dos hábitos, costumes e afetos), mas também a linguagem como ordenamento que acolhe todas as diferenças. Desde a Antiguidade grega é esse o caminho dominante para o conhecimento e a verdade. É a via que, dotada de justa medida, induz ao pensamento e à capacidade de fazer inferências lógicas, ensejando assim o controle das possíveis desmedidas da emoção ou paixão. Trata-se da *ratio*, concebida como lucidez e sabedoria implicadas na conduta prudente (*phronesis*), mas também como valor de medida e de normalização. Procede daí o pensamento conceitual e discursivo, mais analítico do que sintético, mas também o dogmatismo decorrente da ideia de *logos* como redução da diversidade do real (a infinitude dos opostos, o mistério da diferença) ao império da unidade.

Uma educação compatível com a diversidade cultural e com o *sensorium* afim à novíssima tecnologia da informação e da comunicação não será aquela que se paute exclusivamente pelo uso instrumental da mídia ou de objetos técnicos avançados – logo, o que importa não é a diversidade de conteúdos culturais a serem acessados – e sim a comunicação que incorpore pedagogicamente a dimensão do *sentir*, a mesma que conforma o mundo vital.

Disso já se dera conta McLuhan ao indagar, em seu estilo visionário, sobre o futuro da educação num mundo em que as proporções da informação se inverteram. Para ele, "no passado humano comum, o conhecimento e a informação eram maiores dentro da sala de aula do que fora dela. Com a inversão espetacular dessa situação, dir-se-ia que é possível que a função da escola também tenha se invertido, que a função da escola já não seja instruir, mas descobrir. E a função do estabelecimento de ensino é *treinar a percepção do ambiente exterior em vez de meramente reproduzir informação* e introduzi-la nos crânios dos alunos dentro do ambiente"[37].

Apesar da sua observação de que "nunca tivemos um sistema educacional programado para treinar a percepção", a realidade é que sempre se educou por

---

36. Cf. SODRÉ, M. *As estratégias sensíveis*: afeto, mídia e política. Petrópolis: Vozes, 2006.

37. McLUHAN, M. *McLuhan por McLuhan* – Entrevistas e conferências inéditas do profeta da globalização. Rio de Janeiro: Ediouro, 2005, p. 127.

meio do apelo a uma modalidade do sensível (os sentimentos), muito mais do que por qualquer retórica argumentativa. No caso da diversidade simbólica, não se trata de simplesmente "instruir pelas sensações", mas de encontrar o meio justo entre a racionalidade argumentativa e a esfera do sensível, sensibilizando o jovem para a evidência de que a consciência não é "monológica" e se constitui, muito pelo contrário, no diálogo com diferentes posições existenciais do sujeito humano, ou seja, com o que advém do Outro, que é a linguagem em sua plenitude.

A complexidade dessa educação para o diverso ainda não é apreensível pelas noções correntes de capacitação ou treinamento técnico, nem mesmo a de formação oriunda da *Bildung* clássica (herança da *paideia*), na medida em que elas abrem mão da transformação sensível de indivíduos e instituições em função do aperfeiçoamento inercial da sociedade tal como ela se constitui. A incorporação cultural de outras vozes ou visões de mundo requer uma virada conceitual capaz de apontar para a insuficiência da ideia tradicional de educação como treinamento e formação de "indivíduos maquínicos" (cérebros repletos de informações técnicas) em favor de indivíduos criativos ou cérebros abertos pela razão e pela sensibilidade para a complexa flexibilidade das situações humanas dentro ou fora da lógica dos mercados.

Uma vida parassocial

Se bem que o fim do eurocentrismo e a descolonização cultural sejam apontados por Vattimo como efeitos políticos da dissolução midiática das imagens hegemônicas do mundo, não há como deixar de perceber uma distância crescente entre os modos operativos característicos da sociedade humana tradicional e aqueles outros emergentes como realidade virtual no horizonte de fechamento dos circuitos de telecomunicação, dentro de cujo escopo semântico conceitos como "descolonização" e "eurocentrismo" também não parecem encontrar o mesmo solo político de antes.

De fato, a eletrônica engendra continuamente uma forma de vida paralela ou "parassocial", que designamos como *bios virtual* e cuja manifestação mais evidente é a mídia. Não faltam as resistências teóricas a esta ideia de outro ordenamento fenomenológico, a exemplo de Zizek que, pouco mais de uma década atrás, advertia contra a mitificação do ciberespaço, em especial a hipótese de uma relação imersiva da consciência com a tecnologia[38]. Apoiado na psicanálise lacaniana, o ensaísta esloveno permanece dentro dos limites de uma metafísica da subjetividade, em que o conceito de *real* como algo

---

38. Cf. ZIZEK, S. *The plague of fantasies*. Londres: Verso, 1997.

enigmático, traumático e irrepresentável se opõe ao conceito de *realidade*, que é precisamente o mundo da vida primário, construído por narrativas ou representações e do qual fazemos a experiência cotidiana.

É certamente difícil conceber um lugar para esse *real* psicanalítico no interior da realidade virtual, mas o fato é que o artifício técnico, hoje expandido ou amplificado ao modo de uma urbe e de uma vida "parassocial", constitui propriamente outra maneira de orientar-se no relacionamento com o mundo, capaz de configurar aquilo que Aristóteles designava como *bios*, em termos agora mais específicos, um *bios* virtual, capitaneado por mídia.

É claro que esse outro ordenamento não substitui o mundo primário e suas vicissitudes, assim como uma prótese não consegue recalcar a deficiência de um órgão humano. Mas também já está claro que, sem ele, o cidadão contemporâneo parece socialmente desenraizado. No interior desse novo tipo de realidade, antigas afirmações do tipo "o fim da metafísica política implica democracia" podem não ter mais o mesmo sentido de antes, uma vez que o "democrático" é algo reinterpretado em termos técnicos (por exemplo, o binarismo das questões plebiscitárias) pela coligação da tecnologia com o mercado.

Quatro décadas atrás, já Marshall McLuhan considerava, a propósito da informação eletrônica, que cabe ao "ambiente", e não à tecnologia, a responsabilidade pela mudança humana. Aventava, assim, a hipótese de uma "ecologia" intrínseca aos meios de comunicação. É possível aperfeiçoar um pouco sua hipótese com o pensamento de um autor bastante anterior a ele, como o pragmatista John Dewey, para quem não se trata apenas do ambiente, mas da interação humana com este e da decorrente experiência "educativa". O que está verdadeiramente em questão é a existência de um novo *bios*. De qualquer modo, a conhecida fórmula mcluhaniana – "o meio é a mensagem" – é uma formulação, embora incipiente, do *bios* virtual, por indicar que a forma tecnológica equivale ao conteúdo e, portanto, não mais se define como mero veículo transmissor de conteúdos provenientes de uma matriz de significações (uma "ideologia") externa ao sistema, já que a própria forma é essa matriz. Não se trata, portanto, da pura e simples disseminação de dispositivos técnicos, e sim do desdobramento tecnológico da *cidade humana*, uma espécie de prótese ontológica para a gestão das relações sociais e das novas subjetividades por uma ambiência de tecnologias informacionais[39].

---

39. Expressões como "ecossistema comunicativo" (Jesus Martin-Barbero) ou "terceiro entorno" (Javier Echeverria) aproximam-se dessa ideia, mas não têm a abrangência do conceito aristotélico de *bios*, que inclui, além do envoltório técnico e espacial, a orientação existencial do sujeito na direção de um Bem (*to agathon*).

O *bios* virtual é a prótese, não apenas uma maquinaria comunicacional que permite ao cidadão inteirar-se das coisas do mundo, e sim uma "atmosfera" magnética (um *ethos* feito de hábitos e afetos) onde, por um lado, "respira-se" o consumo programado pela socialização latente do mercado e da ordem tecnológica; por outro, "habita-se" um mundo de imponderabilidade, ubiquidade e interatividade. Uma formulação muito simples da geração pertencente a esse novo *bios* é dada pelo personagem de um filme (*The Social Network*) sobre a criação de uma famosa rede de relacionamentos (o *Facebook*): "Vivíamos no campo, fomos viver nas cidades e agora vamos viver na internet".

É de fato uma nova realidade, que dá lugar ao aparecimento de profetas, seja da parusia, seja do apocalipse, a exemplo, neste último caso, dos especialistas norte-americanos em cenários de "ciberguerra", isto é, a visualização de ataques a redes de computadores capazes de levar ao colapso redes de distribuição de energia, controle de transportes, tráfego financeiro e partes do sistema de defesa e das comunicações do governo norte-americano. Já é, aliás, uma realidade tecnológica o avião bombardeiro sem tripulação humana, controlado à distância por *joysticks*, como nos *games* cibernéticos. Evidentemente, essa perspectiva conflitiva aplica-se também à divisão entre Estado e sociedade civil no que diz respeito às posições contraditórias em face da livre circulação de informações, inclusive segredos de Estado, na rede eletrônica.

Cenários de "guerra" à parte, o fato é que já está em pleno funcionamento um *espaço tecnossocial*, que não visa uma simples *influência* sobre a realidade, mas, ao contrário, a *constituição* de uma realidade. E esse novo espaço é uma nova conformação da existência humana, que emerge como duplo exteriorizado ou ecossistema tecnológico – uma forma virtualizada de vida, na esteira do conceito aristotélico de *bios* enquanto esfera existencial ou enquanto vida ético-social organizada no interior da *polis*.

O *bios virtual* é, no limite, uma espécie de comunidade afetiva de caráter técnico e mercadológico, onde impulsos digitais e imagens se convertem em prática social. Seu real sentido é dado por sua própria forma de codificação hegemônica, que intervém culturalmente na vida social, dentro de um novo mundo sensível criado pela reprodução imaterial das coisas, pelo divórcio entre forma e matéria. Liberadas as pessoas e as coisas de seu peso ou de sua gravidade substancial – essa é a ideia do *avatar* –, tornadas imagens que ensejam uma aproximação fantasmática, a cultura passa a definir-se mais por signos de envolvimento sensorial do que por apelo ao racionalismo da representação tradicional, que privilegia a linearidade da escrita[40].

---

40. Cf. SODRÉ, M. *As estratégias sensíveis...* Op. cit.

Esta é uma das consequências práticas da reflexão heideggeriana sobre a conversão do mundo em imagens no momento histórico da plena realização da metafísica como tecnologia. *Mais sentir do que entender* é o que emerge do esvaziamento argumentativo das explicações totalizantes do mundo, da dessubstancialização e do enfraquecimento da objetividade do real, da diminuição da violência implicada na presunção da verdade absoluta.

O sensível produz-se agora na esfera sígnica ou "simbólica" do *bios* virtual, constituído de visualidade eletrônica, em que textos escritos, sons e imagens, sob a regência da abstração digital, convergem interativamente para o dispositivo sintetizado como *mídia*. Uma imagem que lhe equivale é a de um quase mundo tátil, evocativo das formas na obra de arte que, segundo o poeta e romancista francês Focillon[41], teriam uma "vida" independente do corpo orgânico do homem, sem qualquer determinação externa.

Explica Perniola: "Entre o orgânico e o inorgânico, Focillon vê uma troca, um trânsito que de um lado estende a biologia às 'coisas'; do outro, por meio do ornamento e da moda cria uma 'humanidade artificial' [...]. Ao sentir subjetivo e orgânico, Focillon opõe um 'sentir por formas', independente das imagens e das recordações individuais, no qual a dimensão sensível (o toque) e a dimensão suprassensível (a inspiração) não podem ser distintas uma da outra"[42].

Esse é o caminho seguido por um novo padrão comunicacional, em que atuam simultaneamente processos análogos aos de constituição de uma esfera existencial ou um *bios*. Segundo Packer e Jordan, são cinco os processos: *integração*, entendida como hibridização de tecnologias e formas artísticas; *interatividade*, como possibilidade de manipulação direta do processo midiático pelo usuário; *hipermídia*, ou entrecruzamento em bases pessoais de elementos separados da mídia; *narratividade*, como conjunto das estratégias estéticas e formais que se resolvem em textos não lineares na hipermídia; *imersão*, que é o envolvimento dos sentidos na simulação de um ambiente tridimensional[43].

É esse ambiente que leva o indivíduo a viver virtualmente no espaço imaterial das redes de informação, no *bios* virtual. O contato é aí mais do que simplesmente visual – é tátil, entendido como interação dos sentidos a partir de imagens simuladoras do mundo. Vem da *tatilidade* a sensação de se ocupar um ponto qualquer numa ambiência ou numa "paisagem" feita de "matéria"

---

41. Cf. FOCILLON, H. *A vida das formas*. Lisboa: Ed. 70, 2001.

42. PERNIOLA, M. *L'Estetica del Novecento*. Turim: Il Mulino, 1997, p. 65.

43. Cf. CASTELLS, M. *A galáxia da internet* – Reflexões sobre a internet, os negócios e a sociedade. Rio de Janeiro: Zahar, 2003, p. 165.

audiovisual ou de compressão numérica em altíssima velocidade. Esta é a ideia do "ponto de existência", que permitiria ao indivíduo encontrar uma posição física em meio aos sentidos tecnologicamente prolongados: "A sensação física de estar em algum lado é uma experiência tátil, não visual. É ambiental e não frontal. É compreensiva e não exclusiva. O meu ponto de existência, em vez de me distanciar da realidade, como acontece com o ponto de vista, torna-se o ponto de partilha do mundo"[44].

Diante das telas e monitores, o sujeito não mais se institui como mero espectador, e sim como membro orgânico de uma ambiência que deixa de funcionar na escala tradicional do corpo humano para adequar-se existencialmente ("ponto de existência", em vez do visual ponto de fuga), pelo êxtase ou pelo deslumbramento da *imersão*, à escala de um sistema "neural" onde desaparece a corporeidade como tal. Esta é tatilmente substituída por seus muitos *índices*, que favorecem a intensificação de formas apresentativas (logo, não representativas) e, consequentemente, um novo tipo de sensibilidade individual e coletiva.

Seria improdutivo tentar entender um dispositivo de comunicação como um objeto isolado e independente porque os meios interagem no âmbito dessa retórica formal de base que, em última análise, preside ao *bios*, portanto, a toda uma nova forma de vida. Ao sabor dos interesses de mercado, suportes visuais e sonoros podem separar-se corporativamente (rádio, televisão, internet etc.), embora em termos técnicos nada impeça sua convergência para um único dispositivo (a exemplo do telefone celular) e, em termos de dispositivos culturais, devam ser analisados como um complexo integrado de possibilidades semióticas.

O que de fato se passa hoje no espaço público é que o caos estético do hipertexto, o *zapping* da recepção televisiva, o videoclipe publicitário, as imagens dispersas do audiovisual, as redes sociais da internet e a fragmentação narrativa influenciam-se mutuamente, concorrendo para a quebra da tradicional linearidade dos repertórios culturais e trazendo o *elemento rítmico* para o primeiro plano da produção midiática. Vem do ritmo, hoje cada vez mais veloz e frenético, a estimulação tátil que regula a sensorialidade no interior do *bios*, com o aporte implícito de um novo tipo de sensibilidade.

Mudanças na forma

Uma nova forma social constitui-se progressivamente apoiada nessas tecnologias de conversão em imagens ou de dissolução das "substâncias" tradicionalmente afirmadas como eternas e verdadeiras pela montagem universal

---

[44]. KERCKHOVE, D. Op. cit., p. 238.

de significações aqui designada como metafísica. Em determinados contextos, os objetos derivados das novíssimas tecnologias de informação e comunicação parecem dissolver velhas fronteiras de classe social, como indica uma análise da ascensão de uma suposta "nova classe média" brasileira na primeira década deste século[45]. Verificou-se a existência de um consumo moderno (computadores, internet banda larga) parecido nos três segmentos superiores constitutivos dessa classe média, ou seja, os estratos A, B e C, quando antes o consumo em informática representava um padrão de investimento típico apenas dos grupos A e B voltado à produtividade e à manutenção de determinado fluxo de renda. A incorporação desse padrão pelo segmento C é interpretada por economistas como exemplo de uma nova dinâmica de consumo dentro da cadeia produtiva nacional.

A educação e a escola, que interagem dialeticamente com o espaço-tempo vigente, captando e redefinindo os mecanismos de aprendizagem inerentes à vinculação comunitária, não poderiam deixar de ser afetadas pelas transformações tecnológicas do vínculo, pelo advento de uma forma social virtualizada. Impõe-se, portanto, a questão de saber se ainda se sustentam, no interior dessa nova forma, proposições e narrativas afinadas com o espírito da metafísica.

Por exemplo, uma proposição como a de Joaquim Nabuco (um exemplar "instrutor público", na acepção nietzscheana do termo) sobre a educação: "É somente pela educação do espírito como do caráter, da inteligência como da vontade, que o operário, o artista brasileiro pode perder de vista sua condição atual para chegar à altiva posição do artista e do operário de outros países onde o trabalho tem consciência de sua força"[46].

Ou então, uma fábula da tradição árabe, sobre mudança e permanência: "Um mensageiro foi enviado em missão urgente para uma cidade distante. Selou o cavalo e partiu a todo galope. Depois de ver passar várias hospedarias, o cavalo pensou: "Já não paramos para comer em estrebarias, e isso significa que não sou mais tratado como um cavalo, e sim como um ser humano. Igual a todos os homens, creio que comerei na próxima cidade grande". Mas as cidades grandes passavam uma após a outra, e seu condutor continuava a viagem. O cavalo então começou a pensar: "Talvez eu não tenha me transformado em um ser humano, mas em um anjo, pois os anjos jamais necessitam de comida". Finalmente chegaram ao destino, e o animal foi levado até o estábulo, onde devorou vorazmente o feno. E disse para si mesmo: "Por que achar que as

---

45. Cf. RAMON, J. "O enigma da nova classe média". *Mundo Corporativo*, 28, abr.-jun./2010. São Paulo: Deloitte.

46. NABUCO, J. Op. cit., p. 80.

coisas mudam se elas não seguem o ritmo de sempre? Não sou homem nem anjo, apenas um cavalo com fome".

A proposição de Nabuco, político monarquista e pensador liberal, está assentada sobre ideais modernos que visavam acabar com os efeitos mais perversos da escravidão. A educação não é aí uma questão técnico-pedagógica, mas uma estratégia de reforma social, destinada a "reconstruir o Brasil sobre o trabalho livre e a união das raças na liberdade"[47]. A fábula do cavalo, por sua vez, ganha atualidade frente a uma forma social engendrada por um mundo que se move a gigabytes (unidade de medida de informação equivalente a um bilhão de bytes) por segundo, ou seja, ao ritmo frenético das conexões eletrônicas. Trata-se aqui de determinar, ao modo reflexivo do cavalo da fábula, o que muda e o que permanece nas ideias de educação e escola.

Um bom começo pode ser encontrado no consenso comunitário sobre o estatuto do professor como o guia de uma relação interpessoal (e política, no sentido grego da palavra) com o estudante. Como se sabe, o discurso pedagógico constitui-se a partir da escuta disciplinada dos discípulos e legitima-se por uma comunidade de pares, que representa um saber *comum* resultante das interpretações institucionalizadas (escolas, academias, pesquisadores, igrejas, colégios "invisíveis" ou grupos especializados). A solução dada a uma questão científica qualquer, digamos, a resolução de um problema matemático famoso, não se garante na lógica exclusiva da prova, precisa igualmente do reconhecimento da prova pela específica comunidade de saber. Em outras palavras, depende do que já designamos como *lugar* ou forma espaçotemporal e *comunidade*, também chamado por especialistas de "colégio invisível".

Isso se aplica, na verdade, à transmissão de todo e qualquer saber, como detalha Guillaume: "Quando A informa B, que informa C, não só adquirem todos os três esta informação, mas cada um sabe (ou pelo menos é levado a crer) que os outros também sabem e sabem que ele sabe. Há, pois, neste caso, dupla transmissão: a de um saber e a de um (meta-)saber sobre o saber, sendo esta última com frequência mais importante que a primeira. Assim, a mensagem pode servir não para informar, mas para informar a si mesma (estar seguro de que o outro sabe)"[48].

Só que esse esquema pressupõe a escassez das informações ao lado de um modelo pesado e estável dos saberes, administrados por uma comunidade de

---

47. NABUCO, J. *O abolicionismo*. Petrópolis: Vozes, 1977 [a edição original é de 1833].

48. GUILLAUME, M. "Digressions sur les masses et les médias". In: JACQUES, Z. (org.). *Masses et postmodernité*. Paris: Méridiens-Klincksieck, 1986, p. 138.

pares. É um esquema análogo ao da empresa moderna – tipo *Standard Oil*, *General Motors*, *ITT*, *Ford*, *General Electric* etc. – na era de expansão econômica do pós-guerra mundial e em seu apogeu da gestão em níveis múltiplos, com rígidas estruturas hierárquicas verticais, necessárias para conservar e administrar o valioso e escasso recurso da informação.

O que acontece, porém, quando as informações são ilimitadamente abundantes, e o saber apresenta-se como móvel e veloz por efeito da informação tecnologicamente acelerada, ou quando o verticalismo hierárquico dá lugar a redes horizontais que transgridem as fronteiras gerenciais? O que acontece quando se opera em sistemas movidos a informação, como agora, uma delegação dos saberes às máquinas, junto com a mecanização da memória social e com o automonitoramento dos agentes produtivos?[49]

Do ponto de vista da empresa, ocorre o ultrapasse da organização piramidal por estratégias auto-organizadoras de cooperação, assim como a porosidade das unidades de produção e da formação profissional. Bons vizinhos não se fazem mais com boas cercas. No lugar de cercas ou portas, multiplicam-se as pontes ou *janelas*, como metáforas operativas para a conectividade necessária a um novo tipo de relação social de produção em que as exigências de estratégias comuns impõem transparência e visibilidade.

Do ponto de vista pedagógico, fica afetado o lugar verticalista do professor enquanto organizador de um espaço disciplinar, que é necessário, como vimos, à forma social da escola moderna, por exigência ideológica de sua compatibilidade com a ética disciplinar do trabalho. Esvaziando-se a situação comunitária – geradora de relações intersubjetivas concretas que espelham as classes sociais –, desaparecem as condições tradicionais de formação e reconhecimento dos sujeitos de saber.

Evidentemente, permanecem os grupos onde circula o conhecimento especializado e onde se dá o reconhecimento (multifacetado) técnico do saber, mas este perde a forma totalizante em função de imagens parciais conectadas com os agenciamentos particulares da produção tecnocientífica. No que se refere propriamente à relação pedagógica, fica enfraquecida a forma disciplinar, por efeito de uma ambiência feita de tecnologia e mercado que funciona à base de sedução ou convencimento.

Isso não ocorre de modo aleatório, por obra de um suposto "espírito do tempo". Trata-se de um efeito da fraca irradiação da velha ética do trabalho

---

[49]. Reiteramos aqui as questões levantadas em SODRÉ, M. *Antropológica do espelho*. Petrópolis: Vozes, 2002, p. 98.

sobre a vida social e da redefinição progressiva das relações humanas pelo *bios* virtual, essa nova esfera existencial empenhada em orientar as consciências na direção da economia de mercado, que o credo neoliberal costuma definir como "a democracia dos consumidores".

Nessa suposta nova democracia, na qual a realidade da economia é tão mutável ou instável quanto a roleta de um cassino, debilitam-se as formas institucionais incompatíveis com a velocidade do mercado. O sindicato, por exemplo, é visto como barreira contra o empreendedorismo ou contra o dinamismo do mercado. A melhoria dos salários e das condições de vida do trabalhador não mais adviria da luta entre os agentes contraditórios da produção, e sim da produtividade do trabalho aumentada pela tecnologia.

Tempo e autoridade

De um modo geral, entram em crise as instituições assentadas sobre a *duração*, isto é, sobre o tempo ou passagem de um antes para um depois experimentado como continuidade e coexistência. Como se sabe, o fluxo temporal dos fatos cotidianos não é algo "natural", e sim a resultante de uma sensação ou uma percepção das interrupções e passagens da experiência, elaboradas na consciência dos sujeitos sociais. A experiência do tempo é organizadora da multiplicidade dessas passagens e, por isso, articula-se com os diferentes artifícios da cultura, que criam regimes particulares de temporalidade.

O conceito de tempo é uma construção progressiva na história do mundo, com especial destaque no Ocidente que, após o Renascimento, privilegiou, como nenhum outro sistema de pensamento, a medição do fluxo dos processos. Colocado sob a lei estrutural do valor (o *capital*), tempo torna-se homogêneo ao sistema do valor de troca, na condição de mercadoria valiosa, podendo ser vendido e comprado como qualquer objeto. Tempo e dinheiro se equivalem.

A associação de tempo e dinheiro torna-se imprescindível à organização capitalista da sociedade, como demonstra Simmel: "A natureza calculadora do dinheiro introduziu nas relações entre os elementos da vida uma precisão e uma segurança na determinação das igualdades e das desigualdades, uma não ambiguidade nos compromissos e nos acordos, comparáveis àquele que traz no domínio externo a generalização dos relógios de bolso. A determinação do tempo abstrato pelos relógios como a do valor abstrato pelo dinheiro fornece um esquema de divisões e de medidas extremamente apuradas e seguras"[50].

---

50. SIMMEL, G. *Philosophie de l'argent*. Paris: PUF, 1987, p. 568.

Algo semelhante ocorre com o tempo do trabalho, cuja transformação foi fundamental para o desenvolvimento das estruturas industriais nos Estados Unidos e na Europa (a Alemanha em especial), em fins do século XIX. Primeiramente, a transformação no sentido do estrito controle pelo sistema taylorista-fordista. Atualmente, a flexibilização temporal no sistema dito "toyotista". E a mesma flexibilidade perpassa a organização do mercado, que não prescinde de uma permanente socialização para o consumo (realizada pela mídia) assentada no tempo dito "livre" dos cidadãos.

Se antes a economia se resolvia como economia de tempo no trabalho, hoje este princípio se desloca para o consumo, mais precisamente para o lazer, conforme Baudrillard: "[...] A noção de tempo/objeto tem valor reversível: assim como o tempo é objeto, todos os objetos produzidos podem ser considerados como tempo cristalizado – não só tempo de trabalho no cálculo de seu valor mercantil, mas também tempo de lazer, na medida em que os objetos técnicos 'economizam' tempo para aqueles que deles se servem e se contentam com isso"[51].

Essa economia de tempo é potencializada, numa escala sem precedentes, pela tecnologia eletrônica. Num mundo posto em rede técnica, modifica-se profundamente a experiência habitual do tempo, a da ordem temporal sucessiva, dando lugar à simultaneidade e à hibridização. Um novo tipo de fluxo liga a estrutura em rede da moderna organização urbana às novas configurações da informação eletrônica. Interligados, tempo e espaço tornam-se elásticos: aumentando-se a velocidade, dilata-se o tempo. Isso é precisamente o *tempo real*, ou seja, a abolição das distâncias, dos prazos, assim como dos tempos mortos (a reciclagem do ócio pelo sistema de informação), pelos dispositivos técnicos integrados em nossa ambiência cotidiana.

Virtualmente conectado a todos os outros, cada indivíduo pode ser alcançado sem demora, nem período marcado, por qualquer um. Mas a experiência desse tempo do imediatismo e da ubiquidade opõe-se à experiência de uma espessura temporal em que a consciência pode tomar uma distância, representativa ou reflexiva, do fenômeno[52]. O fenômeno contemporâneo da desvalorização da memória, que se apresenta às novas gerações como a própria forma de seu tempo, tem certamente a ver com essa temporalidade imediata, centrada num presente contínuo e progressivamente efêmero, ou seja, o avesso da cultura concebida como o devir humano na direção de um sentido continuamente refeito entre o passado e o futuro, e não como mero "presenteísmo" implicado na hipertrofia consumista do instante.

---

51. BAUDRILLARD, J. *La société de consommation.* Paris: Gallimard, 1970, p. 242.

52. Cf. VIRILIO, P. *Vitesse et politique* e *L'écran du desert.* [s.l.]: Galilée, 1991.

Sob a bandeira do fim das barreiras hierárquicas – tradicionalmente levantadas pelas mediações do conhecimento – e, portanto, da democratização do consumo, a economia da cultura passa a ser descrita por seu funcionamento primordial no nível da produção, circulação e consumo de serviços e bens simbólicos com as mesmas regras da economia mercantil. Isso, que já era verdadeiro para a velha "indústria cultural", foi exponencialmente incrementado desde meados dos anos de 1990 pela internet e pela microinformática. Para se ter uma ideia do volume e da velocidade de crescimento dos conteúdos digitais processados por essa nova economia, basta dizer que, em 2007, foram gerados gigabytes equivalentes a mais de cinco milhões de vezes o conteúdo de todos os livros escritos até hoje[53]. Apenas dois anos depois, esse número triplicou.

No entanto, para uma determinada linhagem crítica, a cultura em seu pleno sentido tem outra economia, uma vez que seus bens circulariam num "tecido intersticial que separa e religa os sujeitos". Esta é, por exemplo, a visão de Mondzain, para quem "cultura é essa capacidade que tem o sujeito de inscrever no tempo sua relação imaginária com todos os outros sujeitos por meio de operações simbólicas"[54].

Cultura, como bem se sabe, é esse conceito-valise que percorre, mudando de coloração, as mais variadas regiões do conhecimento. Aqui ela é concebida como processo de reconhecimento de si mesmo pela presença do outro. Isto significa um substrato formativo ou "educativo" ("educação" em sentido lato, como socialização ou "viagem" do sujeito na direção do outro), que se deixava ver, por exemplo, nas origens do espaço público europeu. É a memória social que assegura a coerência do indivíduo voltado para apropriar-se de sua duração. A memória cria o vínculo social por meio de narrativas, mas cria igualmente uma temporalidade que atravessa as gerações.

O sujeito da cultura seria, assim, um sujeito da memória (de sua inserção específica no mundo) e da promessa, no sentido de sua fidelidade ou sua vinculação a um mundo em comum. Isto implica *duração*, uma temporalidade intersubjetiva em que se reconhece o lugar do outro – entenda-se: a constituição da imagem do sujeito no olhar do outro, pleno de autoridade – dentro

---

53. Isso implica evidentemente novas e fantásticas possibilidades de estocagem de conhecimentos. Apenas no ano de 2008 foram publicados na rede eletrônica (a web) documentos que dariam para criar 70 mil novos similares da Biblioteca do Congresso Norte-americano, que é a maior do mundo, com 17 milhões de livros. O total desses novos documentos digitalizados daria a cada habitante do planeta uma pilha individual de livros de cerca de 32 metros de altura, o equivalente a um edifício de nove andares.

54. MONDZAIN, M.J. *Pouvoir des industries audiovisuelles ou autorité de la culture*. Cf. *Séminaire International*: image, accelération, digitalisation, 28-29/11/07. Madri.

de uma dimensão comum. O símil ou o semelhante a mim mesmo, aos olhos de um terceiro socialmente legitimado, é o que fundamenta a igualdade na diversidade e permite o desenvolvimento da imaginação empática, essa que leva o sujeito a colocar-se afetivamente no lugar do outro, eventualmente solidarizando-se. O sujeito da cultura seria o mesmo da educação, portanto, um sujeito político, capaz de assumir responsabilidade diante do mundo. No caso da educação, essa responsabilidade toma a forma da *autoridade*.

O moderno pensamento filosófico e sociológico distingue autoridade de poder. Este último, desde a Revolução Francesa, nasce supostamente do racionalismo estatal voltado para a promoção da liberdade, da igualdade e dos direitos do homem. A autoridade, que se apoia na lealdade do indivíduo para com o grupo, era apanágio de instituições tradicionais como a corporação, a comuna, a Igreja e a família patriarcal. Embora essa distinção tenha sua origem no pensamento conservador, ela se faz presente entre os anarquistas do século XIX, de Proudhon a Kropoktine, assim como entre alguns propugnadores do liberalismo social.

Sociólogos de linhas teóricas tão diferentes como Durkheim e Simmel convergem, entretanto, para o ponto de vista de que a função da autoridade é integrar: "Ela constitui o cimento que não pode ser dispensado pela associação, o laço constitutivo da lealdade. Sem a estrutura rígida e inflexível que ela impõe, a lealdade e as obrigações para com o grupo vacilariam e seriam constantemente ameaças de atrofia. Ela está a serviço não só da missão e dos valores do grupo, mas também do laço vital que existe entre os indivíduos"[55].

Essa integração é obviamente essencial a um projeto educacional compromissado com uma cultura de responsabilidade por parte do grupo social implicado. Dela decorre, por exemplo, o empenho de envolvimento da família e da escola por uma orientação ética capaz de estimular a civilidade junto a jovens e adultos. Valores como consciência cívica e solidariedade social são antitéticos ao *ethos* individualista da sociedade de consumo, em que se incita ao gozo a qualquer preço. Há muito tempo, como bem se sabe, o consumo assumiu ideologicamente o primeiro plano da lógica produtiva, tornando caducas as prescrições morais ligadas ao imperativo utilitário dos bens. Em outras palavras, passou de um momento finalístico da racionalidade produtiva a um verdadeiro sistema que relaciona o sujeito não apenas a bens e valor de uso, mas ao mundo enquanto totalidade.

Entretanto, a aceitação teórica dessa realidade não isenta a consciência crítica – e educadora – do cuidado para com o *socius*, principalmente quando

---

55. NISBET, R.A. *La tradition sociologique*. Paris: PUF, 1984, p. 205.

são razoáveis as hipóteses no sentido de que o esvaziamento dos valores tradicionalmente ligados ao espírito da cidadania se faz acompanhar de violência anômica, o que já é, aliás, uma realidade crescente em números e em aspectos de crueldade no mundo inteiro. O vazio dos valores abre-se como espaço de incubação da peste negra do século, que é o tráfico e o consumo de drogas. A este fenômeno se junta a já velha crise da autoridade, portanto, a crise da vinculação vital entre os indivíduos.

Arendt faz ver que "qualquer que seja a atitude de cada um para com esse problema, é evidente que a autoridade não desempenha mais nenhum papel na vida pública e política ou pelo menos desempenha apenas um papel largamente contestado, pois a violência e o terror em uso nos países totalitários não têm certamente nada a ver com autoridade"[56]. Para a pensadora, é necessário primeiramente separar o domínio da educação dos outros domínios, sobretudo o da vida política e pública. A noção de autoridade seria aplicável apenas à educação, já que este domínio visa basicamente as crianças e não se define exclusivamente pelo ato de aprender. Mesmo consciente de que não se pode educar sem ao mesmo tempo ensinar, Arendt frisa ser possível ensinar sem educar e "pode-se continuar a aprender até o fim da vida sem, no entanto, jamais se educar"[57].

Como se pode inferir, o processo educacional é algo maior do que a assimilação do conhecimento necessário à vida profissional (o que presumidamente se dá nas universidades ou nos institutos técnicos), pois implica a *iniciação da criança na realidade do mundo já estruturado*, o mundo como sempre foi e é. Logo, implica um encontro com a tradição e com a autoridade, que é a forma assumida pela responsabilidade frente ao mundo. Ou frente ao que certa tradição filosófica chama de "jogo da vida" para mais bem precisar a convivência histórica dos homens em sua contingência e diversidade. A dificuldade cada vez maior desse processo está no fato de que a educação não pode prescindir da autoridade, ainda que se dê "num mundo que não é estruturado pela autoridade nem conservado pela tradição".

Esse mundo sem tradição nem autoridade é o *bios virtual*, a esfera existencial progressivamente criada pela mídia aberta (a televisão, principalmente) e pela tecnologia eletrônica a serviço de um mercado ilimitado de jogos de entretenimento (*games*). Preocupada em sua época (1906-1975) com o esvaziamento metafísico dos mecanismos de conservação ética da vida social e

---

[56]. ARENDT, H. *La crise de l'éducation* – Extrait de La crise de la culture. Paris: Gallimard, 1972, p. 28-29.

[57]. Ibid., p. 37.

com regimes totalitários como o nazismo e o stalinismo, Hannah Arendt não chegou a debruçar-se, entretanto, sobre a socialização realizada pela mídia eletrônica sobre o diversificado público urbano. A filósofa reservava o termo "educação" à socialização de crianças, desacreditando da possibilidade de que se "eduquem" adultos, pois estaria reservada a estes a instrução profissional, que é afinada com o trabalho e com o mercado.

Não se quer dizer com isso que inexista uma iniciação educacional em alto nível para as ciências e as artes nem que o saber específico cada vez mais aprofundado de uma ciência ou a perícia técnica numa determinada área deixem de ser vitais, mas sim que o conhecimento demanda uma interação cada vez mais rica para se obter uma perspectiva mais ampla e uma melhor avaliação do Outro. É uma mutação que incita ao diálogo das culturas: a escrita se obriga a dialogar com a oralidade e a sonoridade musical, que advêm tanto das classes populares quanto do audiovisual e do digital.

Não se trata, portanto, de catalogar ou apenas reconhecer a cultura do Outro, tal como fizeram os etnólogos do passado ao desenharem, segundo seus padrões de entendimento, os costumes e as tradições dos povos colonizados. Igualmente, não é o caso de recorrer a métodos de inspiração antropológica que assumam a perspectiva do Outro para melhor analisá-lo. Por exemplo, algo do tipo "hermenêutica diatópica", sugerida por Boaventura Santos, é interessante como proposta de interpretação transcultural (*dia-topia*)[58], mas ainda é uma tentativa de aproximação teórica com a diferença.

Aquilo de que efetivamente se trata é promover, *educacionalmente*, a interface da tradição com o moderno, levando em conta que todo e qualquer grupo humano diferenciado (do letrado ao ágrafo) tem algo a ensinar, tanto sobre si mesmo quanto sobre o outro. Nesse horizonte intercultural, a escrita e a leitura, que implicam códigos secularmente rígidos e severos em seus padrões europeus, obrigam a transformar-se em processos mais tolerantes e culturalmente solidários.

A mutação tecnológica é principalmente um pretexto histórico para se repensar essa rigidez e as formas de dominação que sempre acompanharam a escrita. Por isso, é culturalmente insuficiente a pura e simples "inclusão digital" dos sujeitos presumidamente excluídos se um processo dessa ordem apenas repete, no domínio da eletrônica, a manipulação das classes populares operada por um tipo de alfabetização que entende como avanço educacional a mera inserção do aprendiz no universo da letra, como se esta representasse um

---

58. Cf. SANTOS, B.S. *El milenio huérfano:* ensayos para una nueva cultura política. Madri: Trotta, 2005.

fim em si mesma. Considerado em termos estritamente técnicos, o digitalismo eletrônico não constitui um ambiente educacional extraescolar.

Na verdade, a aprendizagem extraescolar é coisa antiga, pois sempre houve coisas mais bem aprendidas do que ensinadas, a exemplo de tudo que depende de um comportamento repetitivo e suscetível de correção mecânica. O que agora ocorre é que esta característica foi potencializada pela digitalização dos computadores e pelas interfaces analógicas da multimídia. Diz Drucker: "Pertencem a esta categoria todas as matérias ensinadas no primeiro grau, mas também muitas daquelas ensinadas em estágios posteriores do processo educacional. Essas matérias – sejam ler e escrever, aritmética, ortografia, história, biologia, ou mesmo matérias avançadas como neurocirurgia, diagnóstico médico e a maior parte da engenharia – são mais bem aprendidas a partir de programas de computador. O professor motiva, dirige, incentiva. Ele passa a ser um líder e um recurso"[59].

Com referência à relação entre ensino e tecnologias da comunicação e da informação, Brünner sugere quatro cenários. No primeiro, a tecnologia, enquanto instrumento de um professor que monopoliza o saber, não vai além da condição de um prolongamento do giz e quadro-negro[60]. O segundo é uma situação interativa na sala de aula, em que o estudante, construtivamente, controla sua aprendizagem por meio da tecnologia (computador, internet). No terceiro, entram em jogo as "novas competências básicas" (as habilidades e destrezas preconizadas pelas organizações da chamada "nova ordem educativa mundial"), que envolvem desde a capacidade de resolver problemas e utilizar computadores até o trabalhar em equipe. O quarto cenário diz respeito ao que temos chamado de *bios virtual* e implica a aprendizagem *extramuros* escolar num ambiente de simulação e interação tecnológica.

Além disso, é fato conhecido que o dinamismo da tecnologia e do mercado faz com que muitos campos do saber qualificado, em especial as chamadas "habilidades de processos", surjam diretamente do mundo do trabalho (computação, planejamento, análise financeira etc.), pondo em primeiro plano "pedagógico" a própria experiência profissional. Pertence à atitude *construtivista*, a que já nos referimos, a estimulação dessa aprendizagem solitária e, mesmo, lúdica, cuja boa imagem corrente é a do especialista em computação, aquele que aprende em relação consigo mesmo, mediado pela máquina. O lugar do professor permanece, entretanto, como o de um agente motivador e guardião dos modos de compreensão e significação dos saberes concretos. É

---

59. DRUCKER, P. *Sociedade pós-capitalista*. São Paulo: Pioneira, 1995, p. 155.

60. BRÜNNER, J.J. *Educación y internet: la próxima revolución?* Santiago: Fondo de Cultura Económica, 2003, p. 126.

possível, assim, especular – nos contextos em que a simples instrução deva ser complementada por educação – sobre a função política, ética ou iniciática do professor, o que pressupõe como imprescindível a sua *presença*.

Presença não se entende como a mera ocupação física de um espaço por um corpo, e sim como a manifestação concreta de um território, um lugar marcado pela radicalidade humana, que leve o indivíduo à aprendizagem da espera, à moderação da vontade ativista, a libertação de si mesmo por progressiva desidentificação frente às injunções puramente tecnológicas. Ainda assim, não há dúvida de que as tecnologias da comunicação e da informação impõem uma revisão do estatuto tradicional do professor.

Torna-se claro, por exemplo, que há formas novas de presença, a exemplo da "presença virtual", já correntemente praticada nos cursos de longa distância, na esteira de experiências precárias realizadas no passado, a exemplo do velho ensino por correspondência (mediado pelos Correios), e resultados muito duvidosos, devido talvez ao foco excessivo na escrita e na leitura, assim como ao escasso relacionamento entre professor e aluno, sem falar do contato entre pares. Não tardou a ser percebido como um processo ao qual faltava o rigor pedagógico (logo, adequada avaliação), mais característico do clássico ensino presencial.

A televisão favoreceu o aparecimento de recursos que inicialmente sugeriam maior atratividade dos conteúdos junto a um público remoto e davam margem a novas metodologias de avaliação, realizadas periodicamente em foros especiais. Foram, porém, instáveis as experiências de tevê educativa durante toda a segunda metade do século XX. Não raro, o que se fazia era transplantar a cena escolar com seus ritos disciplinares para um meio técnico que não mobiliza a atenção por disciplina, e sim por convencimento ou persuasão.

A rede eletrônica enseja novos fatores de desenvolvimento para o ensino à distância. O primeiro ou o mais evidente é a cômoda individualização do contato, já que, devido à flexibilidade da rede, não mais se tornam necessários os encontros periódicos de professores e estudantes ao mesmo tempo e num mesmo lugar. Simultaneamente, multiplicam-se as indicações por parte de usuários de ambientes virtuais no sentido de que experimentam a sensação de "estar lá": *telepresença* e *presença espacial* são termos tidos como adequados a essa experiência. Não se trata de respostas automáticas (fisiológicas ou sociais) nem de envolvimento e "suspensão da descrença", típicos da recepção de ficção, e sim de um fenômeno psicológico que efetivamente possibilita o sentimento de presença durante o uso de qualquer mídia eletrônica interativa[61]. Por outro lado,

---

61. Cf. SCHUBART, J. "Communication Theory". *A Journal of the International Communication Association*, vol. 19, n. 2, mai./2009.

esse formato permite a mão de obra aperfeiçoar, em tempo adequado, sua qualificação formal.

Evidentemente, há diferenças marcantes entre ensino presencial e ensino on-line (em rede). No primeiro caso, o professor produz os materiais de ensino e aprendizagem antes da aula, de modo que o processo pedagógico tem propriamente início no tempo do encontro com o estudante. No segundo, on-line, o processo pedagógico está antecipadamente contido nos materiais de ensino, fazendo elipse da retórica, que dinamiza a pedagogia presencial, e do diálogo pontuado por perguntas e respostas. Os aspectos de atratividade do relacionamento e de rigor da avaliação variam de acordo com a diversidade qualitativa dos programas. Por outro lado, o ensino em rede torna os objetivos a serem alcançados muito claros, assim como os meios de apoio oferecidos pela moderna tecnologia, a exemplo da biblioteca digital, que pode ser pedagogicamente convertida em espaço de aprendizagem virtual.

Todavia, o relacionamento da tecnologia eletrônica com o processo educacional corre o risco de repetir a pedagogia tradicional (apenas "modernizando-a" tecnicamente) se não puser em primeiro plano o pretexto histórico oferecido pela tecnologia para a reinvenção das formas pedagógicas. De fato, as inovações informacionais e comunicacionais impõem, sobretudo, redefinir o docente em sua função de filtro do conhecimento e da informação (o *topos* pedagógico do "ensinar a aprender"). Em determinados contextos (Alemanha, Estados Unidos, por exemplo), a palavra "professor" é tradicionalmente investida de uma carga semântica com forte hierarquização, o que torna o título restrito a docentes que atingiram um alto nível de experiência acadêmica (universitária) ou de reconhecimento social. De um modo geral, porém, "professor" é termo aplicável a qualquer docente.

Atualmente, em função da doutrina construtivista e da democratização do acesso ao conhecimento estocado nas redes, não falta quem pense em títulos como "mentor", "tutor", "mediador", "facilitador" ou mesmo o velho "preceptor" para designar as funções de iniciação ou orientação de aprendizes, em lugar da relação hierárquica e disciplinar estabelecida pela competência professoral. Isso implica uma redefinição de funções e de estatuto, como aprofundar o potencial técnico de hibridização das fontes informativas, por parte do mentor, no espaço das redes digitais e sociais.

Por meio das redes, instituições como museus e bibliotecas podem deixar a condição de entidades isoladas (remotamente complementares ou supletivas) na esfera do consumo cultural para se investirem de um verdadeiro estatuto escolar, na medida em que se integrem como agências ativas de instrução num circuito pedagógico liderado pelo docente. São exemplos de transformações que impõem igualmente adequar o professor à cultura hipertextual. Esta, como já se percebe, tende a relativizar tanto a hierarquia sequencial das disciplinas quanto dos "graus" (primeiro, segundo e terceiro) de comunicação do saber.

Essa redefinição é tão imprescindível quanto a própria existência do docente num mundo em que *o excesso de saber ou de informação – concretizada em dados, números, imagens e textos – pode tornar os indivíduos funcionalmente ignorantes da realidade ou da história.* Entregue a si mesma no livre jogo do mercado, a informação pode não ser muito mais do que um formidável curto-circuito tautológico (o mesmo replicando sobre o mesmo), onde os indivíduos, sob as aparências do novo, apenas confirmam os estereótipos do mundo.

Em termos correntes no âmbito da comunicação eletrônica, o professor seria um *"filtro confiável"* ou um *agente de busca humano* diante do universo das redes e de quaisquer outros dispositivos de conhecimento. Nem mesmo as concepções neoliberais e tecnofílicas da educação deixam de colocar o professor no centro do processo formativo do jovem. A ele cabe liderar o trabalho de integração dos saberes no espaço curricular da escola, não com o objetivo de aperfeiçoar a transmissão de conteúdos instrucionais, e sim de assistir atentamente à imersão do estudante no campo de exercício do pensamento. Isso requer uma formação docente sem desajustes entre o projeto pedagógico formativo e as formas expressivas acionadas pelo *bios virtual*, desde aquelas características da mídia tradicional (televisão, rádio, jornal, revista) até as novíssimas práticas desenvolvidas na rede eletrônica.

O livro e a leitura

Dentro desse escopo, será tarefa do professor redefinir os usos de ferramentas sobre as quais a atividade pedagógica está assentada desde o século XVIII (do mesmo modo que a ciência e as leis), e das quais se têm como mais importantes a escrita e sua forma tipográfica massiva. O livro pré-moderno é metáfora de uma ordem transcendente ou sagrada que se encarnava na palavra do texto e ensejava reverência e exercícios espirituais. Para os muçulmanos, o Corão é palavra direta de Allah, assim como, para os cristãos, Cristo se encontra na Sagrada Escritura.

Já o livro moderno traduz metonimicamente a cultura do impresso, da qual depende o desenvolvimento do saber e da ciência modernos. Traduz, por conseguinte, uma tradição em que se apreende a realidade do mundo como total, portanto, como representação do sentido, marcada pela subjetividade – que se erige como um novo tipo de transcendência e de "sagrado" – do autor.

Não é aqui o lugar para se traçar a história dessa forma técnica de distribuição do texto, que remonta à Antiguidade. Mas é pertinente retomar a indagação de Kant sobre o seu sentido histórico, ou seja, sobre o que é um livro. A resposta do filósofo aparece em sua teoria do direito, porque, segundo ele, o interesse jurídico do livro está na contravenção implicada na reprodução ou reimpressão (*Büchernachdruck*) ilícita. Esta faz surgir uma dualidade de estatutos: (1) "produto material da arte", que pode ser imitado pelo dono de um simples exemplar, por constituir a posse um "direito real"; (2) "um simples discurso do editor ao público", que não se pode reproduzir publicamente sem a autorização do autor, por se tratar de um "direito pessoal"[62].

Esta segunda acepção separa, como se pode ver, a imaterialidade do texto da materialidade da obra, o que leva à posição de se considerar, a exemplo de Jorge Luis Borges, que "os livros que constituem o patrimônio compartilhado da humanidade são totalmente irredutíveis à série de objetos que os transmitiram a seus leitores – ou auditores"[63]. Mas são várias as percepções que não separam o texto de sua realização material (o próprio Borges revela lembranças de uma inseparabilidade entre o texto e determinadas coleções), o que suscita uma tensão quando se indaga sobre a permanência do livro frente à textualidade digital.

Para introduzir a discussão desse tópico é preciso deixar bem clara a diferença da realização material entre aquilo que era lido por gregos e romanos (o *volumen* ou rolo) e a moderna forma do códice (a partir do século XIV), composta de folhas dobradas e organizadas em sequência encadernada, com duas capas. A forma antiga assumida pela escrita não foi algo essencial na aurora do pensamento filosófico, como observa Martin Heidegger. Ou seja, não se precisava do livro para pensar e debater, já que a oralidade no espaço público ou nos banquetes era o âmbito essencial dos discursos reflexivos.

Isso deixa de ocorrer com a cultura escrita, no início da Modernidade, mesmo antes da invenção de Gutenberg, quando aparece o *libro unitario* (reunião das obras de um único autor numa mesma encadernação) e quando "essa realidade material era a regra para os corpos jurídicos, as obras canônicas da tradição cristã ou os clássicos da Antiguidade"[64]. Essa forma, que reúne objeto material, obra e autor e que adquire depois possibilidade

---

62. Cf. EISLER, R. *Kant-Lexikon*. Paris: Gallimard, 1994, p. 629-630. A explanação kantiana consta de *A metafísica dos costumes* e *doutrina do direito*.

63. Cf. CHARTIER, R. "O livro e seus poderes: séculos XV a XVIII". In: COUTINHO, E.G. & GONÇALVES, M.S. *Letra impressa*. Porto Alegre: Sulina, 2009, p. 40.

64. Ibid., p. 41.

tipográfica de massificar-se junto a públicos mais amplos, é o livro que hoje se conhece e que se impôs aos espíritos como *locus* do conhecimento centrado, da leitura que constitui pastoralmente a cidadania, da produção do sentido e do real medidos pela escala do humanismo.

Em termos estritamente técnicos, sem considerações de natureza jurídica, livro é, na definição de um especialista, "aquilo que reside entre duas capas"[65]. Aí estão implícitas as ideias de materialidade e permanência (ou repouso) de um saber, assim como de um limite, portanto, uma totalidade que funciona como o horizonte de sentido buscado pela escrita. A definição atém-se a uma seriação textual (princípio, meio e fim), que visa produzir sentido por narração (ficção literária), por exposição (descrições) e por explicação (argumentação e análise).

Na verdade, poderiam ser infinitas as interpretações dos conteúdos, mas o início e o fim, demarcados pelas capas, instituem uma *forma* (e não apenas um mero formato técnico), que restringe em *gêneros* o corpo textual e garante pela clausura a noção de *obra*. Não é uma restrição que se possa entender como penúria, mas como uma regra simbólica que aponta para uma totalidade e para o sentido, que é dado pela delimitação, pelas regras. O gênero textual não é exatamente o sentido, e sim um modo particular de sua organização.

Esse mesmo conteúdo livresco pode, sem dúvida, ser transportado tal e qual para a internet, mas a textualidade eletrônica ou *hipertexto* prescinde das bordas delimitadoras dos gêneros, como observa Chartier: "De fato, é o mesmo suporte, no caso a tela do computador, que faz aparecer diante do leitor os diferentes tipos de textos que, no mundo da cultura manuscrita e *a fortiori* da cultura impressa, estavam distribuídos entre objetos distintos. Todos os textos, quaisquer que sejam, são produtos recebidos pelo mesmo suporte e em formas muito semelhantes, geralmente decididas pelo próprio leitor. Cria-se assim uma continuidade textual que não diferencia mais os gêneros a partir de sua inscrição material. Com isso, é a própria percepção das obras como obras que se torna mais difícil"[66].

Divisa-se neste argumento a diferença entre obra e texto, já assinalada, muito antes da internet (mais precisamente, no início da década de 1970), por Barthes: "A obra é interpretada num processo de filiação: o autor é considerado o Pai e o proprietário de sua obra, logo, a ciência literária aprende a respei-

---

65. MELOT, M. *Livre*. [s.l.]: L'oeil Neuf, 2006, p. 27. O historiador do livro retoma nesta definição a fórmula dos coranistas sobre a virtude do códice: "o que reside entre as duas capas do Corão é a palavra de Allah".

66. CHARTIER, R. "O livro e seus poderes: séculos XV a XVIII". Op. cit., p. 42.

tar o manuscrito e as intenções declaradas do autor, a sociedade postula uma legalidade da relação do autor com sua obra. É o direito de autor, recente para dizer a verdade, já que só foi verdadeiramente legalizado com a Revolução"[67]. A obra sacraliza o livro, sob o olhar aprovador da cultura ocidental.

O *Texto* (Barthes escreve a palavra com maiúscula) seria uma outra coisa, já que se lê sem a inscrição do Pai. A metáfora do Texto é, para ele, a mesma da rede: "se o Texto se estende é sob o efeito de uma combinatória, nenhum respeito vital lhe é devido". Sem a garantia do Pai, "a recuperação do intertexto abole paradoxalmente a herança". *Intertexto* é a complementaridade dos textos, isto é, cada um deles, potencialmente insuficiente, remete a outros, hipertextualmente, infinitamente, em busca de sentido.

A internet pode muito bem ser definida como uma realização tecnológica do intertexto, onde o leitor é incitado o tempo todo à livre navegação dos bytes, ao veloz nomadismo do hipertexto, sem contas a prestar a um suposto "Pai", o autor. Nessa esfera não se reside (entre duas capas...), *circula-se* ao sabor das promessas de um discurso inteiramente democrático, de um saber sem hierarquias, descentrado. A quaisquer antigas pretensões de sacralidade do material em que sempre se imbricava o saber, a rede eletrônica responde não necessariamente com o desencanto do mundo – tal como ressoa na repetição do conhecido argumento weberiano –, mas com o encantamento da técnica.

É preciso frisar que essa veloz deriva da leitura, característica da internet, não se mantém necessariamente em artefatos ou aplicativos da escrita digital, como é o caso do livro eletrônico (e-book). Não se está assistindo ao fim da forma-livro, mas à sua continuidade em outro suporte material, como bem assinala Umberto Eco ao comentar que determinadas invenções (a exemplo do martelo) parecem definitivas, o que seria o caso do livro. Com efeito, o modelo de representação livresco permanece inalterado na escrita em bytes, portanto, fora do suporte em papel, nos artefatos de leitura digital (kindle, ipad etc.[68]), que já se tornaram competitivos no comércio de livros tradicionais, especialmente em mercados ditos "maduros" como Estados Unidos e Japão.

Esses novos artefatos de algum modo ampliam a gestualidade do indivíduo no ato de ler. É forçoso acentuar que apenas "ampliam", uma vez que, além da produção do sentido por parte do autor e do leitor, portanto, além da dimensão semântica, algumas das técnicas editoriais do impresso (títulos,

---

67. BARTHES, R. *Oeuvres complètes*. Vol. II. Paris: Seuil, 1994, p. 1.215.

68. São marcas comerciais disseminadas num determinado momento (fins da primeira década deste século), às quais se acrescentam ou se acrescentarão produtos similares no mercado.

sumários, índices etc.) sempre foram *implicativas* (mais do que propriamente *explicativas*), no sentido de que induzem e coordenam o ato de ler, dando margem à participação ativa do leitor no manuseio das páginas.

Em latim, *explicare* significa propriamente "desdobrar", "estender". De dentro para fora, a partir de uma dada estrutura, amplia-se o texto por desdobramento lógico, com vistas ao desvelamento do sentido e ao entendimento por parte do outro. *Implicare*, ao contrário, é dobrar de fora para dentro, portanto, envolver o interlocutor, de modo a levá-lo a participar da produção do sentido. Quando predomina a dimensão explicativa, existe naturalmente a implicação do outro, mas basicamente no nível das operações racionais do entendimento. Predominando a dimensão implicativa, não se permanece no mero entendimento cerebral, mas numa forma ativa de compreensão, que implica uma concreta atuação subjetiva, ou seja, uma prática por parte do leitor.

A implicação é intrínseca à tecnologia eletrônica, seja ela analógica ou digital, porque supõe, como observa Gómez, "um domínio mínimo de suas lógicas por parte dos usuários; supõe uma familiarização paulatina com seu potencial para a informação e, ao longo de seu desenvolvimento, a tecnologia vai incorporando descobertas e novas possibilidades inéditas. Este é o caso do avanço tecnológico do vídeo ou a fita-cassete, que revolucionou o potencial técnico da televisão e de todo o audiovisual, ao permitir a gravação e a conservação de tudo o que se transmitia na tela [...]. Com o digital, da mesma maneira, abrem-se outras possibilidades para a interatividade, que antes não existiam"[69].

No tocante à leitura, a relação implicativa aponta para as práticas de apropriação social do livro e relativiza os poderes supostamente intrínsecos do objeto técnico. Não é, assim, a exclusiva invenção da prensa e dos tipos móveis no século XV que institui a cultura tipográfica, mas principalmente os usos ou as apropriações dessas técnicas no interior de novas relações sociais de produção. Por exemplo, a leitura individual e silenciosa, ao dar margem à interpretação subversiva dos textos, favoreceu a circulação do livro impresso na Reforma.

Esse aspecto ajuda na elucidação das relações entre o livro e a tecnologia contemporânea do digital. É sintomática a advertência de um especialista francês, Jean Hébrard, no sentido de que a relação entre o livro e o digital seja abordada do ponto de vista das práticas e não do objeto: "Surgem práticas sociais, e ferramentas mentais transformam-se em função de objetos ainda mal

---

69. GÓMEZ, G.O. "Audiencias y pantallas: lo nuevo, lo viejo y lo que viene". In: CASSANO, G. *Televisión*: 14 formas de mirarla. Peru: Pontificia Universidad Catolica, 2010, p. 43.

definidos, objetos que se desenvolvem em muitos casos menos rapidamente do que as práticas"[70].

É assim hoje, foi assim no passado do impresso, por exemplo, como se conclui ao se levar em conta que determinadas práticas de leitura foram anteriores à consolidação do livro como objeto técnico. De fato, mesmo quando a leitura era predominantemente pública e oralizada, já existia a leitura individualizada do livro por parte de letrados como sacerdotes ou clérigos. Não decorreu de um suposto determinismo técnico da prensa e do livro (embora ambas as ferramentas tenham contribuído para a privatização da leitura), portanto, a forma assumida pelo ato moderno de ler, e sim da rearticulação moderna de práticas que precediam a consolidação técnica dos meios de impressão e do suporte livresco do texto.

Não é exatamente este o sentido da observação de Hébrard, que assinala o descompasso entre as práticas digitais e o objeto que tradicionalmente é designado como "cultura". Ele quer sugerir que o peso social da ideia clássica de cultura pode levar a uma espécie de determinismo do objeto cultural (uma suposta "cultura" eletrônica) sobre os modos de uso de computador e seus aplicativos técnicos, como a internet. Por isso, sua argumentação deixa implícito que as práticas e as ferramentas são inovações tecnológicas, enquanto o "objeto" diz respeito à tradicional razão humanista, à lógica do sentido, da "cultura", portanto.

Outra maneira de se colocar a questão é a seguinte: Com a maiúscula dada pelo Iluminismo europeu, a "Cultura" é lenta na formulação de seus objetos, de suas finalidades, diante da velocidade das realizações tecnocientíficas. A digitalização do impresso é, no limite, uma prática técnica que ultrapassa, por seu *valor de velocidade*, qualquer objeto cultural. Em seu surgimento, ainda é uma prática sem outro porque, além do próprio circuito técnico-empresarial e, por isso mesmo, simplesmente se impõe industrialmente no momento em que se multiplicam outros caminhos técnicos de aquisição de informação, outros suportes (do cinema ao DVD), geradores de modos de uso bastante diferentes daqueles requeridos pela prática tradicional da leitura do livro, que é mais afinada com a razão humanista.

Mas é forçoso fazer uma distinção entre as práticas de produção tecnológica e a diversidade das práticas de consumo por parte de usuários. O primeiro caso diz respeito basicamente à lógica empresarial, antenada com o desenvolvimento acelerado das técnicas e com as oportunidades de mercado, sem maiores considerações para com a relação entre objeto e sujeito de cultura.

---

70. Cf. CORDIER, A. *Rapport de la Comission de Réflexion sur le Livre Numérique*. Paris: [s.e.], 1999.

Considere-se, por exemplo, o problema da preservação de um acervo bibliográfico por meios digitais, no âmbito de uma instituição como uma grande biblioteca nacional. Deixar-se embalar pela mera lógica da prática produtiva é cair numa espécie de pragmática mercantilista, cujas estratégias estão mais centradas em apenas preencher a base digital com conteúdos culturais, no fundo indiferentes à grande comunidade dos cidadãos. Ou seja, a "novidade" técnica inscrita na rede cibernética ou as formas técnicas de apresentação de um acervo acabam tornando-se mais relevantes do que isso a que a razão humanista está habituada a chamar de "cultura" ou de "patrimônio histórico". Elas deixam visível, assim, a fratura entre a dimensão técnica e a outra, subsumida na tríade conhecimento/sentido/cultura.

Uma primeira consequência é a redução da ideia de conhecimento ao dispositivo da infraestrutura digital, socialmente valorizado enquanto inovação tecnológica, portanto, enquanto incremento exponencial da velocidade do acesso. Alimenta-se desse raciocínio a expressão "sociedade do conhecimento", que seria conceitualmente reativa ao acento puramente técnico da expressão "sociedade de informação", na medida em que se orienta por uma racionalidade humanista, típica das ciências do espírito. É o mesmo paradigma interpretativo em que permanece Habermas, por exemplo, quando contrapõe a racionalidade comunicativa – inerente a uma "comunidade ilimitada da comunicação" – a uma racionalidade estratégica.

Em segundo lugar, consolida-se o velho abismo elitista entre a apropriação comunitária do conhecimento e sua oferta pública, agora agigantada e anunciada como "ilimitada" pelo mercado do digital. Na realidade, os tópicos da preservação digitalizada da memória e da expansão pública do conhecimento terminam confinados ao campo estreito dos interesses comerciais e dos debates de natureza tecnicista: como resolver os impasses da concorrência empresarial, qual o melhor padrão a ser adotado etc.

Nada disso é muito novo. Desde o início da era da comunicação eletrônica – que coincide com a intensificação dos efeitos da tecnociência no espaço público –, o próprio Estado privilegia os formatos das inovações técnicas em detrimento da abordagem histórico-cultural dos conteúdos. Foi assim com a televisão e seus desdobramentos técnicos até a tevê digital. Neste último caso, a grande preocupação pública é, no fundo, uma repercussão da preocupação empresarial sobre o padrão (japonês, europeu, americano) a ser escolhido pelo governo. O "cuidado" público é pautado pelo que permite o círculo fechado da tecnologia hegemônica.

Como se posiciona o pensamento social diante desse tipo de problema?

É ponderável a tendência a não se ver nada de radicalmente negativo no fenômeno descrito, uma vez que exatamente sob o influxo da tecnologia hegemônica é que se anunciaria a possibilidade de sair do círculo fechado do pensamento judaico-cristão, mais especificamente, da metafísica que molda a consciência ocidental. Esta é a posição, já citada, de Gianni Vattimo. Da comunicação eletrônica, como vetor de uma desmaterialização da vida social, partiriam os caminhos para a dissolução das mediações sociais tradicionalmente impostas pela metafísica.

Outra tendência marca-se por uma acentuação de caráter defensivo. Por exemplo, a "comunidade ilimitada da comunicação", de Habermas, é tanto forma de resistência quanto uma espécie de reserva de sentido frente à progressiva hegemonia tecnológica. Pouco importa que seja entendida como um *a priori* transcendental ou como algo factual: ela serviria, em qualquer dos casos, como uma trincheira humanista, do "mundo da vida", frente ao niilismo das estratégias sistêmicas acionadas pela tecnociência.

Na verdade, fora do âmbito das especulações de natureza filosófica, as ciências sociais ainda não contam com discursos realmente consistentes sobre a tecnologia como forma histórica de consciência. O conjunto que o antropólogo Clifford Geertz chamou de "quatro cavaleiros da modernidade" (secularismo, nacionalismo, racionalização e globalização) articulou-se em torno de uma pretensa racionalidade absoluta do capital, que agora se vê confrontada a uma crise de realidade e de discurso. A questão do sentido ultrapassa a tecnociência e o mercado, apontando para um abismo no pensamento social, com inevitáveis consequências para a educação contemporânea.

A juventude das práticas

Na ordem digital, a dimensão implicativa do texto, antes limitada a recursos complementares (ilustrações, índices, remissões etc.), amplia-se para outras possibilidades de leitura. Implicar significa aqui propriamente não se confinar à função explicativa – que exige uma relação vertical ou intensiva com o conteúdo livresco, característica da leitura tradicional – e convocar o leitor como parte produtiva da escrita.

Na verdade, até mesmo a clássica relação vertical com o texto demanda a parte produtiva do leitor. As coisas não se passam exatamente como descrevia Schopenhauer: "Quando lemos, outra pessoa pensa por nós: só repetimos seu processo mental". Esta proposição é, no mínimo, controversa, porque supõe apenas uma leitura de tipo *tautegórico*, isto é, a recepção do texto em sua literalidade. Na realidade, um texto não é jamais bem lido do modo que foi escrito: na leitura, a compreensão implica um ato de constituição de significações a partir de um senso comum, cuja densidade varia segundo a classe sociocultural e a sensibilidade pessoal do leitor. Ou seja, pode-se recorrer a outro processo mental, graças à pluralidade do campo semântico aberto à interpretação, o que leva à ponderação de que a leitura só é repetitiva ou tautegórica num primeiro nível, material, do texto.

Num segundo nível, a compreensão presta-se ao que está entre as linhas – *interpretari*, em latim – na totalidade dos enunciados, para penetrar de fato na dimensão do sentido. Isso não se passa apenas com os textos ditos de alto alcance simbólico, a exemplo das grandes obras teóricas ou literárias. *Legere* e *interpretari* são aspectos sutilmente diversos da mesma e única operação de leitura, apenas ocorre no segundo aspecto (*interpretari*) um ultrapasse do primeiro – portanto, da superfície linguística do texto caracterizada por significantes, significados e significações (valores semânticos compiláveis em dicionários) – pela exigência de pausa/concentração para se gerar sentido, não só a partir do que foi dito, mas também do que se deixou de dizer.

Ainda no interior da dimensão do sentido, pode-se fazer uma distinção entre *leitura intensiva* e *leitura extensiva*, definindo-se com esta última categoria uma relação menos *hipotática* (subordinativa, hierárquica) e mais *paratática* (coordenativa) com a escrita. Não se trata, portanto, como acontece na recepção intensiva de um texto literário, de descobrir os vários planos de leitura frente à ambiguidade de linguagem, e sim de admitir outros modos operativos de tratamento da escrita, por exemplo, coordenando-se horizontalmente as diferentes superfícies ou suportes capazes de ancorar textos, sem o auxílio da totalidade de sentido definidora do livro, mas certamente guiadas pela livre circulação da informação.

Eletronicamente acelerada, a parataxe fascina e captura o leitor, desabituando-o das pausas, que tradicionalmente pontuam o sentido e o pensamento. Pode-se conceber uma analogia entre o maremoto no mundo natural e o turbilhão no espaço informativo para concluir que, em ambos os casos, comparece como exigência a arte de bem navegar. É mais uma operação de "navegação" (metonímica) do que de "mergulho" (metafórico), que permite estender o conceito de diversidade à escrita e à leitura, assim como trazer à luz a natureza plural do ato de ler e a multiplicidade das inteligências envolvidas nesse processo.

Essa perspectiva torna claro que não se leem apenas livros ou que não há de fato um único modo de ler. Isto se evidencia cada vez mais na sociedade conformada pelas tecnologias da informação e da comunicação, cujo espaço urbano é atravessado por uma diversidade de textos (jornalísticos, publicitários, televisivos, digitais etc.), em que letras, imagens e sons entrecruzam-se ou se hibridizam, com formas distintas de recepção, suscitando novos modos de leitura.

Heterogênea, plural, múltipla, a leitura amplia suas possibilidades técnicas. A citada distinção latina entre *legere* (recolher os signos em sua ordem sequencial para finalmente lhes atribuir um sentido, portanto, "decodificar") e *interpretari* (prestar-se à escuta do sentido latente entre os enunciados ou gerar sentido a partir dessa latência, portanto, ler compreensivamente) sugere agora que, na sociedade tecnológica avançada, a leitura é francamente interpretativa, não ao modo dos clássicos procedimentos intensivos (o tautegórico, o alegórico e o simbólico), mas ao modo de uma "contratradução", ou seja, uma conversão do texto a uma prática geradora de uma atividade ou de um novo texto.

É certo que esse "ler para escrever", essa "lectoescrita" típica da internet não favorece a clássica leitura descomprometida, que comporta um adiamento do ato de escrever, geralmente definitivo, uma vez que o leitor não se transforma necessariamente em escritor. O texto poético, por exemplo, não nasce dessa imediata passagem ao ato.

Mas não há como deixar de lembrar a pedagogia "subversiva" de Jacotot: a comunicação se define como "fazer algo", e a compreensão como a potência de traduzir. E isso se evidencia claramente com as novas tecnologias digitais que, além de demandarem novos modos de ler, dão ensejo à transformação da prática literária. Aquilo que se pode chamar de "ciberliteratura" ou "ficção interativa" não é a mera digitalização do impresso ou a produção de livros digitais, e sim a criação de obras com recursos "implicativos", como áudio, vídeo e *design* e o próprio leitor, que participa interativamente da escrita.

Já se sabe que a internet estimula em muito a autopublicação, por mais que isso desagrade à mentalidade conservadora segundo a qual antigamente se escreviam livros para o "leitor comum", enquanto hoje os livros são escritos por esse leitor comum. Este, na verdade, é apenas mais um aspecto da comunicação entendida como "fazer algo", como simplesmente *narrar*. A narrativa que especialistas chamam de "unissequencial" (livros e filmes convencionais) abre-se para a possibilidade de histórias "multissequenciais", através das quais o leitor pode "navegar". O que resta da clássica ideia de autoria? "Autores continuam tendo controle, mas num nível diferente. Eles controlam as regras pelas quais os leitores podem mover-se através de seus romances e o que podem fazer dentro do universo ficcional por eles criado"[71].

---

71. MURRAY, J. "A natureza colaborativa das histórias". *O Globo*, 04/09/10.

É claro, a para pedagogia tradicional, ainda impermeável às mutações instiladas pelo *bios* virtual, que a exclusiva leitura intensiva (portanto, apenas livros) pode representar uma garantia imediata de produtividade escolar. Uma escola bem classificada no *ranking* nacional das melhores poderia atribuir seu êxito pedagógico ao índice elevado de leitura mensal de livros por parte de seus estudantes. É uma razão fácil de se justificar num contexto social de escassos índices de leitura, como é o caso do Brasil[72]. Ainda assim, essa atribuição revela um descompasso pedagógico frente à ascensão de novos modos de ler, que incidem justamente sobre as práticas juvenis de interpretação de textos no âmbito da escrita digital.

Desde o século XVIII, quando o moderno pensamento educacional revelou a singularidade da infância, a pedagogia partiu sempre dos adultos para os jovens, a despeito de algumas advertências poderosas para o contrário, como é o caso de Nietzsche: "Ter uma posteridade – não é senão a partir desse momento que um homem se torna constante, coerente e capaz de renúncia: esta é a melhor educação. São sempre os pais que se veem educados pelas crianças, principalmente pelas crianças em todos os sentidos do termo, inclusive no sentido mais espiritual. Nossas obras e nossos discípulos são os primeiros a dar a bússola e a orientação decisiva à nave da nossa vida"[73].

Agora, sob as tecnologias da comunicação, registram-se sinais de uma inversão pedagógica, pois são várias as práticas juvenis, bastante associadas à ideia de "jogo" (os *games*), em especial no campo da escrita e leitura, que têm algo a ensinar aos mais velhos. De fato, no interior do que temos chamado de *bios virtual*, o espaço de *recepção* inerente ao mercado de bens simbólicos é atravessado por diferentes temporalidades sociais, no qual se experimentam, às vezes de forma concorrencial, novas matrizes culturais. Aí se multiplicam as inovações nas práticas juvenis.

Mas é preciso deixar bem claro que essas práticas não decorrem "naturalmente" da clássica diferença entre as gerações, e sim da coincidência entre as transformações do trabalho e as dinâmicas urbanas acionadas por dispositivos tecnológicos. Nascidos sob um horizonte de expectativa de precariedade ou intermitência do trabalho e das relações sociais verticalistas (hierárquicas,

---

72. Segundo uma pesquisa realizada pelo Observatório do Livro e da Leitura em conjunto com a Câmara Brasileira do Livro e a Imprensa Oficial do Estado de São Paulo no final da primeira década deste século, dos 180 milhões de brasileiros, em média cada um compra 4,7 livros a cada ano. Cerca de 95 milhões são leitores e 77 milhões não leem nenhum livro.

73. NIETZSCHE, F. "Fragmentos póstumos e aforismos" (V16 [19], p. 541. *Escritos sobre educação*. Rio de Janeiro/São Paulo: Puc-Rio/Loyola, 2009, p. 337.

indutoras de autoridade), os jovens, por sua vez, criam-se dentro de um *bios* predominantemente virtual que favorece novos agenciamentos, de natureza tecnológica, com a cidade e com as oportunidades profissionais. Essas novas dinâmicas sociais não decorrem, portanto, da juventude como mero fator biológico (como poderiam fazer crer as análises de cunho estritamente descritivo), mas das novas relações de produção que aproximam a experiência do trabalho daquela do não trabalho e põem no centro da vivência urbana artefatos tecnológicos que induzem a um novo tipo de sociabilidade.

Quando se fala genericamente de "jovem", a referência visa primeiramente o adolescente e secundariamente a criança. Os norte-americanos admitem uma gradação (*tween* ou pré-adolescente) entre a criança e o adolescente (*teen*). Adolescência é propriamente o estado de passagem, logo em seguida à puberdade, para a vida adulta – uma etapa considerada difícil em todas as sociedades conhecidas. Os gregos prescreviam rituais de iniciação para o *efebo*. Os latinos designavam com um particípio presente a especificidade do "ser em crescimento" (*adulescens*), uma diferença, portanto, frente ao "crescido" (*adultus*). Na Europa moderna, só a partir do Romantismo alemão é que o jovem começa a assumir os traços de mudança da "adolescência-situação de passagem" para "adolescência-grupo autônomo". Os heróis românticos são adolescentes, são sujeitos que reacendem em tons púberes os conflitos da infância.

Inscrito numa transição, que traz consigo a morte simbólica da infância, o jovem pode investir-se de alguma violência no transe da passagem, uma vez que a agressividade (o "não" ao pai e às instituições) costuma funcionar como recurso de reorganização da personalidade ou do que já se chamou de "moratória emocional". Por isso se investe também de uma ressocialização afetiva, em que os padrões analíticos ou conceituais dão lugar a uma *compreensão emocional*. Esta é descrita por N. Denzin como "um processo intersubjetivo que exige que uma pessoa entre no campo da experiência emocional de outra pessoa e experimente por si mesma as mesmas experiências ou experiências similares. A interpretação subjetiva da experiência emocional de outra pessoa do ponto de vista pessoal é central para a compreensão emocional. A experiência emocional, compartilhada e compartilhável, está no cerne do que significa compreender e entrar significativamente na experiência emocional do outro"[74].

Estamos aqui na esfera do que se vem chamando de educação emocional, na qual não funciona o conhecimento ordenado do dever ser conceitual e onde é fundamental a abertura à experiência. O disciplinamento conceitual, pedagogicamente trabalhado na instituição escolar, pouco tem a ver com o

---

74. Cf. CASASSUS, J. *Fundamentos da educação emocional*. [s.l.]: Líber Livro, 2009, p. 126.

"impensado" ativo na adolescência, quando o jovem se abre à possibilidade da transformação pessoal e, portanto, ao risco de confrontar novas dimensões de si mesmo e do mundo.

Na realidade, a adolescência reedita com modulações o transe infantil de constituição de uma estrutura psíquica própria, em que se tornar "eu" exige da instância parental uma extroversão de afeto e linguagem integrada por sons (palavras, cânticos), imagens e gestos. O infante ("aquele que não fala") ingressa no código da língua e dos significados pelos caminhos múltiplos do sentido, que são como veredas numa floresta de possibilidades, sem semântica nem sintaxe. Na busca ou na confirmação de sua identidade pessoal, o adolescente demanda, como a criança, uma "compreensão" por parte do mundo que, entretanto, não é mais apenas a mãe.

Risco, medo e agressividade são condições postas no percurso dessa transição. São também condições facilmente transformáveis em conteúdos dos jogos de linguagem, correntes nos meios de comunicação e de difícil absorção pelas rotinas pedagógicas. Isso pode ser interpretado como uma das motivações do desencanto dos jovens para com a educação formal, com o universo das salas de aula, que é o reflexo da autoridade parental mediada pelo docente.

Data do início dos anos de 1950 o aparecimento no Ocidente de condições públicas para um questionamento emocional coletivo, por parte dos jovens, da estrutura fantasmática (histórica) que permitia a geração de fantasias sobre um presumido saber absoluto da parte dos pais e dos professores. Embora o fenômeno deite raízes no passado, a característica da mudança no pós-guerra é que o projeto de independência do adolescente (na verdade, uma certa elite adolescente, o que põe em questão a abstrata "juventude" em favor de jovens concreta e historicamente sobredeterminados) não passa necessariamente pela tradição profissional (que no passado seria responsável pela autonomia do jovem), mas por atividades ligadas a um saber marginal em face das finalidades da acumulação burguesa clássica: o saber da música, o domínio da canção.

A clássica poesia coletiva dos românticos (a *Sympoesie* de F.F. Schlegel) metamorfoseou-se em bandas e em festivais de música. A grupalidade (as "tribos") e as novas tecnologias da comunicação servem de espaço potencial para os rearranjos da socialização juvenil. Dentro desse quadro sociotécnico, as formas musicais evoluem segundo a assimilação e a hibridização dos recursos tecnológicos pelos jovens. Por exemplo, nos dois últimos anos da primeira década deste século, uma novíssima geração de jovens músicos norte-americanos chamava a atenção da mídia pela mistura eletrônica e por sons dos anos de 1980 em discos produzidos em estúdios caseiros. No limite, tudo se trata da música *pop* do passado, apenas marcada por um entrecruzamento de gêneros e estilos, típicos das redes sociais (internet), blogs e sites do *underground* musical.

De fato, como foi sempre o ritmo nas comunidades litúrgicas de origem africana nas Américas, a música e a canção têm funcionado entre os jovens como uma verdadeira "tecnologia" de agregação humana. Por meio do som e da movimentação corporal, o grupo jovem reelabora simbolicamente o espaço, na medida em que modifica, ainda que momentaneamente, as hierarquias territoriais, estimulando o poder expressivo do corpo até o ponto de produção de imagens próprias de liberação e autorrealização.

Esse potencial de reterritorialização cultural (e até mesmo política) é descrito pelo alemão Fariborz, a propósito da repressão fundamentalista, num livro de reportagens anterior à reação em cadeia por parte da juventude no mundo árabe em fins de 2010, que levou à derrubada de ditaduras em países como o Egito e a Tunísia e à onda de inconformismo público em outros países[75]. As reportagens mostram como os jovens das bandas de *rock* e *rap* foram precursores da insurgência, não apenas como uma movimentação incidental, mas como o ápice de um clima potencial de revolta, desde os anos de 1990, contra a falta de liberdade de expressão. A música *pop* não era mera diversão juvenil como no Ocidente, mas a expressão do desejo de autolibertação, o que não se fazia sem vítimas: foram muitos os músicos presos e assassinados. Na Argélia, Tunísia e Líbia, os jovens inspiravam-se no *hip-hop* dos negros norte-americanos, enquanto no Egito as canções de revolta chegavam à juventude através do *Youtube* e do *Facebook*[76].

Não se trata, como se poderia supor, de um fenômeno exclusivo de grandes centros urbanos. No grande sul argelino, por exemplo, contam-se às dezenas os grupos de música tuaregue, que difundem nas pequenas cidades o "*blues* do deserto", por sua vez exportado além das fronteiras graças às novas tecnologias da comunicação. Com guitarras elétricas e trajes tuaregues, esses grupos, já há alguns anos, vestem os ritmos tradicionais (antigos de mais de cinco mil anos, segundo musicólogos) com arranjos de *rock*, *folk* ou *blues*, produzindo uma nova sonoridade, o *tindi*. Este novo gênero dissolve ou hibri-

---

[75]. Cf. FARIBORZ, A. *Rock the Kasbah* – Popmusik und Moderne im Orient (Reportagen aus Ägypten, Algerien, Israel, Palästina, Marokko, dem Libanon und dem Iran). [s.l.]: Palmyra, 2010.

[76]. Essa irradiação política da canção não é, aliás, nada nova, como sublinha o historiador Darnton em livro recente (DARNTON, R. *Poetry and the Police*: Communication Networks in Eighteenth-Century. Paris: Harvard University Press, 2010), no qual descreve como as canções de rua mobilizaram a opinião pública francesa numa sociedade amplamente analfabeta. A cada dia os parisienses improvisavam novas letras para antigas melodias, e as canções fluíam com tamanha força que precipitaram uma crise política em 1749.

diza as influências trazidas pela mídia na forma rítmica tuaregue, que parece calcada no passo balançado do camelo.

Na vida cotidiana dos países árabes de hoje, sob o influxo globalista das redes eletrônicas de comunicação, a diretriz de velhos clérigos, no sentido de que a forma correta de afirmar um interesse comum é dando conselhos (como estabelece a *Sharya*, lei islâmica), perde trânsito em países onde quase três terços das populações têm menos de 30 anos de idade e encontram na "contratradução" rítmico-musical do mundo sua forma *princeps* de expressão e comunicação.

Há algo de ritualístico nessa contratradução, em que a palavra parece análoga ao puro *som*, como se fosse uma presença física singular, proferida na intenção do Outro, mas para desaparecer logo em seguida e renascer, renovada, na repetição em que implica o rito. Uma potência de movimentação e transformação aciona a palavra-som e emerge grupalmente como êxtase, onde a música está virtualmente implicada (mesmo quando não se faça materialmente presente).

Desse modo, a música pode apresentar-se como real ou como virtual, nos termos de Ledrut: "Por *música virtual* é preciso entender todas as primícias físicas, corporais, de um canto. Ora, descendo para dentro de nós mesmos, são os grandes movimentos cósmicos que nós encontramos e que nós esposamos"[77]. A música permite-nos descortinar, pela pura sensibilidade, um cósmico e um biológico que carregamos em camadas profundas, inapreensíveis pela racionalidade instrumental. Sua visceral afinidade com o êxtase ou com a alegria está precisamente nessa partilha social do sensível e da condição de uma realização que se autoengendra. Ela é expressiva, mas não representativa, isto é, não duplica, nem copia ou imita uma referência qualquer situada na realidade imediata.

A música é, assim, "criação de real em estado selvagem, sem comentário nem réplica; e o único objeto de arte a apresentar um real como tal. Isto por uma razão muito simples: a música não imita, esgota sua realidade só em sua produção, tal como o *ens realissimum* – realidade suprema – pelo qual os metafísicos caracterizam a essência, por ser modelo possível para toda coisa, mas não ser ela mesma modelada por nada"[78].

Talvez por isso se possa levantar a hipótese, como o faz Blanning, de que a música, beneficiando-se de todas as inovações tecnológicas, atingiu na con-

---

[77]. LEDRUT, R. *La révolution cachée*. [s.l.]: Casterman, 1979, p. 64.

[78]. ROSSET, C. *L'Objet singulier*. Paris: Minuit, 1979, p. 63.

temporaneidade uma posição de supremacia frente às demais práticas artísticas, como a literatura, as artes plásticas, o cinema e o teatro. Sem fazer distinções culturalmente hierárquicas entre a música erudita e a canção popular, ele atribui aos grandes nomes da canção mundial, os *popstars*, uma capacidade de influenciar mudanças políticas, sociais e culturais, sem paralelo com outros artistas[79].

Esse posicionamento pode ser discutível, mas o fato é que, em sua potência de automodelagem, a música faz-se de algum modo *mimese*, não na acepção platônica de "cópia", mas na aristotélica de "jogo", que se entende também como *poiesis*, uma forma vívida de fazermos a experiência da realidade ou, kantianamente, como "uma ocupação que é agradável por e para ela mesma". E o grande *mobile* do jogo, como bem vê Kant, é a comunicação: "Jogar na ausência de espectadores humanos passaria como loucura. Tudo isso tem, pois, uma relação essencial com a sociabilidade, e aquilo que nós mesmos experimentamos no imediato é inteiramente secundário. A comunicação, e aquilo que a partir daí se reflete sobre nós, é a única coisa que nos atrai"[80].

Kant não se refere a jovens, mas sua reflexão sobre o ludismo ajusta-se perfeitamente à nossa identificação da música com o jogo comunicativo de socialização dos adolescentes. A música em sua forma mais popular, a canção, cria um real próprio, às vezes um "real em estado selvagem", que permite um "renascimento" em termos de identidade pessoal e coletiva. A palavra "jogo" é certamente mais adequada do que "arte", porque não se trata da fabricação externa de algo, e sim de uma experiência forte que modela tanto o criador quanto seu público.

Mais do que "arte", está aí em questão a "experiência estética", cuja definição é ao mesmo tempo abrangente e vaga no pragmatismo filosófico de um educador como John Dewey, por exemplo. A experiência estética que gira ao redor da canção, mas se completa em *looks* particulares (roupas, adornos, *piercings*, tatuagens, estilos de vida etc.), senão em drogas, faz parte da condição "marginal" dos jovens desde os anos de 1950. O que começou naquela época como *rock'n'roll* e se estende até hoje como *funk* ou *hip-hop* é, na verdade, uma série de experiências com formas somáticas de resistência e satisfação.

Mover-se, dançar e cantar juntos até a exaustão são modos de superar as resistências que Dewey designou como "embaraço, medo, acanhamento, encabulamento e falta de vitalidade". Divisa-se aí uma espontânea forma juvenil

---

79. Cf. BLANNING, T. *O triunfo da música*. São Paulo: Cia. das Letras, 2011.

80. KANT, I. *Réflexions*, 987.

de socialização, um tipo de jogo que nada tem a ver com o letramento fonético proporcionado pela escolarização, nem com conteúdos lógico-argumentativos, e sim com a sensibilização corporal ensejada pela música. Um fenômeno que, no dizer do *beatle* John Lennon (a propósito do *rock*), "atravessa você sem ter de atravessar o seu cérebro".

Aliás, na história de uma celebridade mundial como esse *beatle* podem se localizar elementos pertinentes a uma descrição da consciência evolutiva do jovem a partir da segunda metade do século passado. Um filme como *Nowhere Boy*[81], baseado no livro homônimo, ao narrar a trajetória de John Lennon, da infância à sua transformação em ícone da canção, é tão significativo para a compreensão dos mecanismos de ascensão social por meio da música quanto foi, no início do século XX, um romance primoroso como *Os Buddenbrooks*, de Thomas Mann, para deixar entrever, em meio à crônica da decadência de uma família de comerciantes hanseáticos, os ideais de formação da consciência burguesa.

Evidentemente, dentro do escopo da onipotência social do mercado, a nova efervescência juvenil reflui sempre para a indústria – do disco, da moda etc. A "loucura virtual" que, segundo a mídia, tomou de assalto os consumidores num país de dimensões gigantescas como a China, não decorre "naturalmente" de propriedades intrínsecas dos objetos tecnológicos (celular, computador, jogo eletrônico), mas da criação de um mercado ao longo de algumas décadas, no qual as multinacionais investiram centenas e centenas de bilhões de dólares. A circulação de um montante de capital dessa ordem provoca, além do crescimento de um setor que o mercado tradicional desconhecia até então, uma mudança de mentalidades e costumes, principalmente entre os jovens.

Pela combinação da vida transformada em sensação ou em entretenimento com uma economia poderosa voltada para a produção e consumo de bens culturais, a canção dos jovens termina integrada como mercadoria fonográfica ao lado de filmes, programas televisivos, parques temáticos e jogos eletrônicos. A experiência estética torna-se, assim, insumo para a estimulação da vida dirigida para a indústria e o mercado. Aquilo que no nascimento era pura energia criativa submerge numa realidade industrialmente conformada em toda a sua extensão, uma verdadeira cultura das sensações e emoções, da qual se faz uma experiência mais afetiva do que lógico-argumentativa.

Não cabe, porém, nenhum juízo culturalmente moralista sobre essa "submersão", uma vez que o jogo estético desborda de algum modo a forma-mer-

---

[81]. O título em português é *O garoto de Liverpool* (de Sam Taylor Wood. Reino Unido/Canadá, 2009).

cadoria e persiste nas práticas de consumo daí derivadas, sempre dando ensejo à socialização dos jovens na ambiência dos objetos ou ferramentas que compõem a urbe tecnológica. É como se o jogo fosse a forma expressiva do contato jovem com a urbe e, do ponto de vista dos adultos, um modo mais eficaz de promover a interação dos aprendizes com os conteúdos dos materiais de instrução[82].

Já é ponderável a influência dos *videogames* na educação. Considere-se, por exemplo, a série intitulada *The Medal of Honor and Call of Duty* (sobre a Segunda Grande Guerra), uma das inúmeras que movimentam uma indústria de mais de dez bilhões de dólares por ano apenas nos Estados Unidos. Mesmo levando-se em conta que materiais desse gênero possam oferecer uma versão simplista da guerra, educadores admitem que a precisão historiográfica pode transformar determinados jogos eletrônicos em fontes informativas primárias para jovens. Além do conteúdo informativo, é preciso levar em conta o potencial estético implicado na evolução técnica dos jogos, cujas telas de texto e objetos ainda tidos como "disformes" nos anos de 1980 transformam-se hoje em gráficos arrojados, complexos e de produção caríssima, não raro superior à dos filmes[83].

Mas o jogo estético juvenil a que fazemos alusão é um fenômeno maior do que o abrangido pelos *videogames*, pois implica o conceito de um comportamento ativo e evolutivo por parte da faixa etária mais nova dos públicos na direção do aproveitamento das possibilidades oferecidas pela tecnologia digital. Assim é que esse jogo juvenil tem transitado e interferido com suas práticas no mercado do *bios* virtual.

Primeiro, a indústria do disco, que passou por grandes transformações em virtude das ações ditas de "pirataria" (*downloads* ou cópias não pagas de CDs) por parte principalmente de adolescentes afeitos à internet. Em seguida, o mercado do digital, onde se produzem e se consomem indistintamente conteúdos *on-line* e desaparecem as barreiras físicas para a circulação de textos, o que dá

---

[82]. Uma pesquisa da *Entertainment Software Association* (ESA, 2009) sobre a indústria bilionária do entretenimento digital e sua influência sobre a socialização dos jovens revela que 68% dos lares norte-americanos dispõem de *videogames* e que 48% dos pais jogam com os filhos pelo menos uma vez por semana. Na Inglaterra, desde 2008, a venda de jogos eletrônicos – a consumidores na faixa etária de 25 a 34 anos, com alto poder aquisitivo – supera a de músicas e filmes. Em 2008, a indústria de *videogames* foi superior em quatro vezes à arrecadação das bilheterias de cinema. No Brasil, são expressivos os índices de desenvolvimento dessa indústria, segundo dados da Associação Brasileira dos Desenvolvedores de Jogos Eletrônicos (*Abragames*).

[83]. P. ex., o jogo de faroeste *Red Dead Revolver* custou cem milhões de dólares ao estúdio britânico Rockstar e passou cinco anos num processo de criação que envolveu mais de mil pessoas.

margem a insólitas iniciativas empresariais por parte de jovens instrumentados pelas chamadas "redes sociais", não raro em situações vantajosas de concorrência frente às editoras tradicionais. Mas são também frágeis ou flexíveis as barreiras dos direitos autorais em muitos planos, que reeditam, no campo do livro digital, o fenômeno da cópia gratuita de textos, a exemplo do que antes ocorria com canções gravadas e à venda nos circuitos comerciais.

É o universo do consumo juvenil de textos que mais bem posiciona os pedagogos sobre a questão do livro e da leitura. Esta ultrapassa hoje tanto a lógica financista da produção – responsável pela publicação em massa de conteúdos livrescos banais – quanto a concepção de leitura ancorada na centralidade simbólica do livro. Entram em cena formas múltiplas ou plurais de leitura (em suportes orais, visuais e literais), que já hoje se definem como um processo de interação entre linguagens e culturas diversas, existentes não apenas nos livros, mas na casa e na rua, no trabalho e na política, possibilitando o exercício da palavra, dando voz às minorias. Nada impede que essa interação possa ser redefinida como um *jogo* (no sentido amplo de um processo não autoritário e mobilizador de jovens e velhos) de caráter pedagógico.

Não é estranho ao pensamento social o fato de que a hegemonia da escrita, especialmente em países de baixo desenvolvimento socioeconômico, serviu sempre como cúmplice de estruturas sociais iníquas, afastando as grandes maiorias analfabetas, em termos totais ou funcionais (os que sabem ler sem entender o que leem), dos processos decisórios, controlados por elites letradas. No Brasil, é longa a história do poder beletrista sobre as massas desprovidas de voz e escrita.

Parece evidente que manter alfabetizados jovens e adultos requer uma ecologia cognitiva que favoreça a leitura não apenas nas grandes cidades, mas principalmente nas áreas periféricas, onde são mais limitadas as oportunidades. Na avaliação internacional dos níveis de proficiência dos estudantes brasileiros, por exemplo, são muito precários os índices relativos à leitura, ao lado das ciências e da matemática. A prática regular da leitura depende do acesso a livros, jornais e revistas, em princípio disponíveis nas bibliotecas. É preciso, porém, ir além do tradicionalmente oferecido como modelo de expansão da capacidade cognitiva, que se baseava exclusivamente tanto na centralidade do material impresso quanto no monopólio euroculturalista do saber.

Uma "ecologia dos saberes" capaz de rever técnica e politicamente as hierarquias monoculturais do conhecimento poria necessariamente as tecnologias da comunicação a serviço das possibilidades de que os lugares e os locais de saber transitem socialmente, descentrando os espaços tradicionais de concentração do conhecimento. A ideia de *inteligência* como capacidade *localizada* de resolução autônoma dos problemas práticos e teóricos levantados pela vida social emerge, assim, como mais democrática e universal-concreta do que a ideia do conhecimento hierárquico. Seria concebível em princípio que, nesse entrecruzamento de vozes, linguagens ou modos diversos de se inscrever socialmente o sentido, *se abolisse a separação milenar entre trabalho manual e intelectual*.

Obviamente, a divisão do trabalho em manual e intelectual não é uma questão apenas técnica, nem mesmo apenas política (como sugeriu o *stakhanovismo* soviético), já que é milenarmente sustentada por uma hierarquia socioeconômica de estamentos ou de classes sociais. Ocorre, entretanto, que o advento de novos modelos produtivos – cujo *totem* é o toyotismo – e o desenvolvimento das tecnologias informacionais, a reboque das formas contemporâneas da lei estrutural do valor ou do capital, põem em pauta o tópico da ampliação da exploração capitalista do trabalho intelectual (que, ao contrário do manual, detinha historicamente uma autonomia relativa dentro do modo de produção dominante). Relativiza-se, assim, em alguns casos, a importância da divisão entre corpo e mente ou entre trabalho manual e intelectual.

O capital veste agora a roupagem "totêmica" da cultura, aliciando o trabalho intelectual para a mediação social da forma-mercadoria, do mesmo modo que, no passado, recrutava o trabalho manual. Dentro da própria estrutura tradicional da classe operária, avulta a importância das funções intelectuais de coordenação e comunicação. Até mesmo nos processos de trabalho caracterizados por certa rotina produtiva e sem especial valorização salarial (por exemplo, a categoria dos *serviços pessoais*), generaliza-se uma intelectualização que mobiliza mais energias mentais do que físicas.

Igualmente, no universo da tecnologia eletrônica, são vários os índices que levam a se pensar na aproximação entre o intelecto e a mão. Por exemplo, a programação de uma máquina como o computador é, antes de tudo, um processo de escrita. Embora seja tecnicamente possível realizá-lo diretamente em codificação mecânica, o programa é escrito, testado e mantido em uma linguagem de programação (software), portanto, um conjunto de regras sintáticas e semânticas, que é o método padronizado para expressar instruções ao computador sobre o armazenamento, a transmissão e as ações a serem tomadas quanto aos dados. Em resumo, a máquina procede à leitura de um texto (o código-fonte ou programa), assim como os indivíduos leem os signos linguísticos da escrita.

Entretanto, enquanto o ato manual de escrever é tradicionalmente separado ou colocado em segundo plano pela produção intelectual do texto, a escrita implicada na programação de um computador é uma atividade simultaneamente manual e intelectual. A natureza dessa atividade parece ultrapassar as características clássicas de arte ou de ciência (engenharia, matemática), confluindo para um novo tipo de *artesanato simbólico* em que se identificam problemas e se desenvolvem soluções sem barreiras visíveis entre conceber e fazer.

Os *hackers* ou pesquisadores permanentes do espaço cibernético (assim como os *crackers,* os temidos contraventores das redes) são indivíduos, jovens em sua maioria, que se tornaram peritos em computação por meio de uma atividade dessa ordem, isto é, de uma aprendizagem heterodoxa, em nada distante da prática lúdica dos *games.* O *ethos* produtivista das ideologias do trabalho dá lugar à estesia típica das atividades de consumo. No uso ativista das ferramentas de comunicação eletrônica por jovens (dos *blogueiros* aos *hackers*), o gesto e a concepção, o manual e o intelectual, a escrita e a leitura, andam juntos, sem que se entrevejam as linhas exatas da separação.

Por outro lado, os alegados problemas da leitura na sociedade tecnológica não se resolvem técnica ou industrialmente, porque não se trata mais apenas da velha "leitura" (a decodificação intensiva da escrita), e sim da criação de espaços de aprendizagem e de prática de interação social que visem potencializar aquilo que os textos, orais ou escritos, detêm de livre expressão criativa. É forçoso, assim, levar seriamente em conta a incompatibilidade entre a pedagogia tradicional e as novas práticas de acesso ao texto, fortemente mobilizadoras da atenção jovem, mas geralmente ainda muito distantes da escola.

Um exemplo, algo estereotipado, mas real, é fornecido por uma descrição jornalística do modo como as crianças americanas avançam na tecnologia digital: "Allison Miller, de 14 anos, manda e recebe 27 mil textos por mês e consegue manter sete conversas on-line ao mesmo tempo. Ela envia mensagens entre uma aula e outra, quando acaba o treino de futebol, a caminho da escola e, frequentemente, enquanto estuda. Mas esta proficiência tem um custo: ela teve três conceitos B ultimamente"[84].

Evidentemente, todo esse hiperativismo gestual nada tem a ver com demanda real de comunicação ou de informação, e sim com um frenesi de inserção num sistema correspondente ao que Baudrillard chamou de "a era proteica das redes, a era narcísica e proteiforme da conexão, do contato, da contiguidade, do *feedback*, da interface generalizada. Ao modo da televisão, todo o entorno, e nosso próprio corpo, faz-se tela de controle"[85]. Diagnósticos desta natureza apoiam as preocupações de pais e educadores com o que se poderia chamar

---

84. Cf. reportagem no *The New York Times* (21/11/10), apud FRIEDMAN, T.L. "Chip como secretária" (*O Globo*, 26/11/10).

85. BAUDRILLARD, J. *La société de consommation.* Op. cit., 1983, p. 92.

de "vício da internet", isto é, o uso das redes como uma atividade compulsiva e entorpecente análoga ao consumo de drogas químicas ou vegetais. "Droga", de fato, é tanto a substância alucinogênica quanto a relação abstrata e negadora do real-histórico que a consciência estabelece com os objetos: o consumo conspícuo podia, em última análise, caber nessa definição, até o momento em que sociólogos e antropólogos reinterpretaram o consumo como uma espécie de território livre da cidadania.

Por outro lado, no auge do *broadcast* televisivo, dizia-se que televisão era uma droga oferecida ao "outro". Isso alarmava o *establishment* educacional e gerava demandas generalizadas de uma educação para as mídias, quando não iniciativas governamentais, religiosas e universitárias no sentido de uma "televisão educativa". Nada disso deu certo, já que o desenvolvimento das tecnologias da comunicação e da informação terminou provocando a saturação mercadológica de suas próprias formas e criando outras, sempre dentro do escopo da eletrônica.

Algo semelhante se passa agora com o *pointcast*, com a internet, frente à qual os psicólogos e outros especialistas em comportamento identificam não apenas o vício e a dispersão no trabalho, mas também déficits cognitivos, atitudes antissociais e aceleração de comportamentos socialmente desvirtuados. Até mesmo a interatividade pode ser objeto de crítica acerbada quando se aceita a hipótese de que, para mais bem fruir dos automatismos da comunicação, o próprio sujeito deve transformar-se parcialmente em objeto (ou seja, um núcleo de inumanidade do indivíduo em aliança com a máquina) ou em autômato: "Quanto mais se é interativo, menos se existe. Mais precisamente: é aliviando-se do peso (de seu corpo, de sua especificidade, contexto social), distanciando-se de si mesmo, que se pode penetrar na plena interatividade"[86].

Já é velho de duas décadas este tipo de juízo crítico, que jamais conseguiu ser provado. Podem-se esperar décadas por resultados, que serão muito provavelmente nulos: o impacto *social* de uma mídia nova pode ser imediato, mas a avaliação de suas consequências *humanas* não acompanha a velocidade tecnológica das transformações. É certamente possível especular sobre alguns efeitos já observáveis, como a progressiva transferência da memória individual para as máquinas (tanto em funções de registro de experiências quanto de operações mentais), o esvaziamento da contemplação ou da pausa em função das conexões cada vez mais velozes, a substituição do convívio intersubjetivo pela interatividade técnica etc. Parece realmente desenhar-se uma mutação antropológica no horizonte das transformações civilizatórias pela tecnologia. Mas nada disso leva a certezas apocalípticas.

---

86. GUILLAUME, M. "Digressions sur les masses et les médias". Op. cit., p. 35.

No tocante aos jovens e às questões de leitura, a realidade é que essa pulsão de colagem à superfície apenas operacional da comunicação – em outra terminologia, a jubilação do corpo livre, leve e solto no fluxo da máquina – decorrente das mutações do entorno social por efeito dos objetos técnicos, sinaliza para outro tipo de funcionalidade do texto, que é puramente indicial (signos indutores de contato), sem finalidade instrucional, mas altamente mobilizador de energias afetuais dos jovens. Nada aí é burocrático, tudo é da ordem do êxtase.

Ora, num espaço pedagógico capaz de incorporar criativamente as novas tecnologias e a diversidade afetiva, não haveria certamente lugar para a leitura mecânica ou burocrática responsável pela dificuldade, frequente entre os jovens, de dar sentido ao que leem. Mas não haveria também lugar para a intensificação do uso individualizado dessas tecnologias, como acontece agora com a posse do "computador pessoal", onde a ideia de "rede" é externa ao ato da leitura. A articulação semântica e sintática dos enunciados não é uma questão meramente técnica, mas sociocultural, porque requer a integração do mundo vivo da aprendizagem com os parceiros de uso e com o cânone da educação formal.

É exatamente isso o que se encontra no centro de um debate travado entre Bourdieu e Chartier. Segundo o primeiro, "é possível que se leia quando existe um mercado no qual possam ser colocados os discursos concernentes às leituras. Se esta hipótese pode surpreender, até chocar, é porque somos precisamente pessoas que têm sempre sob a mão um mercado, alunos, colegas, amigos, cônjuges etc., a quem podemos falar de leituras"[87]. O argumento, que visa o uso social dos textos, coloca o ato de ler no patamar das interações comunitárias.

Por isso, no que diz respeito à leitura no interior da educação formal, é preciso pensar em termos macroculturais: por exemplo, como ponto de partida, a reinvenção da *forma pedagógica*, em que esta de algum modo atualize a antiga distinção entre escola e escolarização, abrindo-se, primeiramente, para toda a dimensão do sensível ou da *paidia* (o lúdico, o jogo), afastada da *paideia* por Platão desde *As leis*. Mas vale observar que é um afastamento relativo, já que em *A república* ele ressalva que "não se deverá empregar a força para a educação das crianças; muito pelo contrário, dever-se-á ensiná-las brincando, para melhor também chegar a conhecer as inclinações naturais de cada uma"[88].

---

[87]. BOURDIEU, P. & CHARTIER, R. "A leitura: uma prática cultural". In: CHARTIER, R. (org.). *Práticas de leitura*. São Paulo: Estação Liberdade, 1996, p. 238.

[88]. PLATON. "La republica, o De la justicia" (XVI, 536e). *Obras completas*. São Paulo: Aguilar, 1972.

Só mais tarde, para Platão, é que todos aqueles conhecimentos adquiridos profusamente na infância darão lugar a "uma visão sinóptica das relações entre umas e outras ciências e entre estas e a natureza do ser". Este conhecimento "é o único que proporciona firmeza àqueles que o tenham adquirido", porque "reúne as condições do dialético aquele que possui a visão de conjunto das coisas"[89]. A cultura clássica, a *paideia*, apoia-se nessa "natureza dialética".

É preciso ponderar, entretanto, que o jogo se inscreve em toda a sua amplitude na condição adulta, inclusive de modo sério, como costuma acontecer na liberdade de ação implicada na criatividade, quando se justifica a frase de Novalis: "Brincar é experimentar o acaso". Nietzsche deixou claro que "a cultura não é necessariamente uma cultura *intelectual*, mas antes de tudo uma formação do *olhar* e da faculdade de bem escolher: tal como o músico que sabe encontrar seu dedilhado na escuridão"[90]. O culturalismo lúdico que investiu o espaço público desde fins da primeira metade do século passado, por efeito do desenvolvimento acelerado das tecnologias da comunicação, incita a pedagogia contemporânea a alinhar-se com a oferta estética de meios expressivos como a música, o cinema e o teatro.

Depois, é possível imaginar uma forma pedagógica que se abra para as competências ensejadas pela sociedade em rede tecnológica e relativize o modelo escolar, em favor de um maior encontro com a cidade real e com a diversidade das culturas. Mas isso não tem de ocorrer necessariamente nos termos previstos pela pedagogia neoliberal dos intelectuais orgânicos do mercado mundial da educação, que visam basicamente a formação de "capital humano" adaptável às novas exigências da divisão do trabalho. Uma forma pedagógica realmente nova visaria de fato a *recomposição da experiência comunitária* em face da fragmentação social provocada pela divisão do trabalho, pela especialização das funções e pela abstração crescente do discurso científico. Além disso, poder-se-ia esperar que essa reinvenção contribuísse para superar, por meio das tecnologias da comunicação, a separação entre o trabalho manual e o intelectual, em larga parte responsável pela dominação de classe social reproduzida pela instituição pedagógica[91].

---

89. Ibid.

90. NIETZSCHE, F. "Fragmentos póstumos e aforismos". Op. cit. (II,I 19 [299] 261, p. 278.

91. As oportunidades de aproveitamento pedagógico da indistinção entre o intelectual e o manual são bastante visíveis na segunda infância e na adolescência, em meio ao ludismo propiciado pelas novas tecnologias da informação. No Brasil, no Primeiro Congresso Nacional de Computação Gráfica (agosto de 2011), 20% da plateia eram de menores de 15 anos.

Evidentemente, essa superação não é um dado puramente técnico, quando se considera a estrutura de classe por trás da reprodução escolar da estratificação e dominação sociais. Mas numa sociedade como a brasileira, onde o trabalho intelectual ainda permanece associado à herança escravista, teria profunda implicação política uma reforma pedagógica capaz de incluir no processo educacional mecanismos tecnológicos que apontassem para uma democrática paridade, entre camadas populares e pequena burguesia, no modo de apropriação do conhecimento.

Para isso, é indispensável um novo tipo de sociabilidade, em que se cave espaço para a transformação do *lugar* material e social do sujeito, com vistas à redefinição da divisão do trabalho. Touraine atribui às relações entre sujeitos a possibilidade de os indivíduos deixarem de "ser um elemento do funcionamento do sistema social para retornarem como criadores de si mesmos e produtores da sociedade"[92]. O sociólogo tem aqui em vista a categoria sujeito/agente como promotor de formas novas de construção da cidadania.

No tocante à educação, essa categoria demanda a extensão dos mecanismos de aprendizagem a todo o campo social e a todas as faixas etárias, dentro de um horizonte de expectativa em que os recursos tecnológicos da informação e da comunicação possam de fato fazer aliança com a formação continuada da cidadania e da mão de obra. Uma ação dessa envergadura não se confunde com nenhuma ideologia tecnofílica responsável pela mitificação do objeto tecnológico, como se fosse este uma espécie de "sujeito autônomo" na história. O desafio educacional pode ser a redução da importância do investimento de capital público em mídia comercial ou na extensão social do espetáculo.

De fato, não se trata apenas de mídia corporativa, mas de todo o *bios virtual* como orientação da existência. A sociedade tecnomercadológica traz consigo uma compulsão para o entretenimento que vai muito além do ludismo recreativo na direção dos altos interesses corporativos em nível transnacional. Basta considerar a Copa do Mundo futebolística, organizada pela Fifa, que globalizou o esporte ao mesmo tempo em que pressionou os governos nacionais a dilapidarem recursos na construção de novos estádios para jogos e em hotéis luxuosos destinados a minorias privilegiadas.

Já se sabe que esses eventos esportivos globais, sob o *marketing* da renovação de cidades e de bons resultados econômicos, constituem na prática um prodigioso desperdício de recursos públicos e um foco de ruínas urbanas

---

[92]. TOURAINE, A. *Crítica da Modernidade*. [s.l.]: Piaget, 1992, p. 269.

(Japão, Coreia do Sul, Portugal, Grécia, África do Sul fornecem os exemplos), que são, no limite, a condição final dos complexos arquitetônicos de caríssima manutenção, tornados inúteis após a festa. No Brasil, no início desta segunda década do novo século, estima-se que cada estádio de futebol a mais (em função da Copa do Mundo de 2014), financiado com recursos públicos, significa cerca de duas dezenas de centros educacionais e cem mil estudantes a menos.

A formação continuada da cidadania não será assegurada, entretanto, apenas por aumento de verbas públicas ou pelas reformas legislativas em que costumam se esmerar os tradicionais pedagogos. Há muito tempo, a educação brasileira deixou de ser pensada nos termos de questão político-nacional para confinar-se às formulações ministeriais de gabinete em que predominam os discursos economicistas das verbas ao lado dos especialistas na velha pedagogia, que fazem o avanço educacional equivaler apenas ao incremento das matrículas e ao aperfeiçoamento dos métodos de avaliação, exatamente como recomendam os organismos internacionais do mercado de ensino. Basta comparar as políticas educacionais de metade da década de 1930, sob o ministério de Gustavo Capanema, com as ações ministeriais posteriores ao fim do regime militar a partir dos anos 1990. A regressão qualitativa é mais do que evidente.

É imperativo que um novo tipo de vínculo social contribua para transferir pelo menos uma parte da força de desejo dirigida ao objeto de mercado para o desejo do professor como "filtro" socialmente valorizado. Não se trata de um filtro apenas técnico – ou seja, de uma ferramenta a mais na mecânica da informação pública ou uma simples etapa da infovia –, mas do condutor da escola como um novo tipo de agência de mudança, *autorizado* por um consenso social.

Isso só pode decorrer de um verdadeiro pacto nacional sobre a educação, portanto, de um consenso estabelecido não apenas no círculo técnico de especialistas, como economistas e pedagogos, mas principalmente na esfera pública, na qual a classe política se fizesse eco de aspirações coletivas, de forma mais universal e mais democrática do que o acontecido na ditadura varguista, quando a educação, apesar de toda a repressão e sufoco institucional, foi politicamente convocada como recurso de formação de mão de obra e constituição do povo nacional. Enquanto o Estado Novo ainda era perpassado pelas ambiguidades políticas do totalitarismo fascista, a ditadura militar implantada três décadas depois encaixou-se na "sociedade burocrática", em que o espírito da eficácia tecnocrática era mais pregnante do que o espírito fascista do passado. A atenção desde então dispensada ao processo educacional passou a ser deficitária em termos de projeto político coletivo. O espírito presente é tecnoeconômico e empresarial.

Capítulo 5

Ensino e mercado

O patrimônio fundamental de um país serão as aptidões e os conhecimentos de seus cidadãos (Robert B. Reich).

É difícil fazer um homem entender alguma coisa quando seu salário depende de que ele não a entenda (Upton Sinclair).

A observação corrente do mercado de trabalho contemporâneo em setores de ponta torna razoavelmente aceitável a categorização do *analista simbólico*, feita por Reich em meados dos anos de 1990, como o tipo de agente produtivo mais capacitado a traduzir conhecimento em produtos novos e, por conseguinte, assegurar rendimentos salariais cada vez maiores[1]. Isso se passa num novo tipo de realidade socioeconômica, na qual os empregos são cada vez mais criados pela tecnologia na parte superior da escala produtiva e reduzidos ou extintos na parte inferior (agricultura, siderurgia etc.). Ou seja, privilegia-se aquilo que se convencionou chamar de "desmaterialização da produção".

Na verdade, de inovador na linha de pensamento de Reich, que tem sido um importante consultor governamental nos Estados Unidos, há apenas a expressão "analista simbólico", uma vez que o campo conceitual por ela recoberto é há décadas um apanágio dos especialistas em "economia do conhecimento" da Organização para a Cooperação e o Desenvolvimento Econômico (Ocde), para quem o futuro do trabalho está nos setores que demandam conhecimento intensivo. Do ponto de vista da criação de empregos e da formação da mão

---

1. Na realidade, não existe nenhuma profissão com o título de "analista simbólico". Esta expressão é tão só um conceito qualitativo aplicável aos diversos tipos de força produtiva adequada à transformação do trabalho intelectual sob o influxo da tecnologia e do capital-mundo.

de obra, esta seria a principal consequência da passagem de uma economia industrial – caracterizada pela produção em massa de bens padronizados – a uma economia de serviços, movida por inovações trazidas pelo conhecimento, o que implica maior qualificação humana para o trabalho.

No caso desse novo tipo de trabalhador, é inútil o controle do tempo segundo os esquemas clássicos do sistema taylorista-fordista, porque o trabalho demanda muito mais do que uma extensão temporal cronometrada e habilidades especiais para lidar com ferramentas como "algoritmos matemáticos, argumentos legais, artifícios financeiros, princípios científicos, conhecimentos psicológicos sobre como persuadir ou entreter, sistemas de indução ou dedução, ou qualquer outro conjunto de técnicas para resolver quebra-cabeças conceituais"[2].

É algo bastante diferente, portanto, do que preconizava em fins do século XIX o engenheiro norte-americano F.W. Taylor, criador do "taylorismo", contribuição determinante para as mudanças na organização capitalista do trabalho, com vistas ao aumento da produtividade operária[3]. Autor de várias obras sobre gestão industrial, Taylor percebeu que conhecer o trabalho (o como fazer) é poder controlá-lo e assim evitar os tempos mortos ou improdutivos, que eram possíveis quando o operário dominava o saber de cada operação requerida pelo processo produtivo. Com efeito, chegou à conclusão de que o trabalho operário deveria ser hierarquizado e sistematizado de maneira a se poder associar a coerção (obediência às instruções minuciosas e submissão às regras de um tempo cronometrado "por cima") à máxima utilização do tempo de trabalho e do dispêndio de energia individual.

Na prática, Taylor expropriou a autonomia temporal do trabalhador. Seu método de análise dos tempos e dos movimentos das operações individuais de trabalho consistia em organizar a produção, ligando, sem dissipações, o trabalho humano às funções das máquinas constitutivas desse processo, por meio de tarefas, partes fragmentárias de um todo. O método traça limites claros entre o trabalho intelectual, de comando, e o trabalho manual, de execução, além de fornecer uma justificativa racional para esta separação. Como explica Sohn-Rethel, "esse princípio de organização administrativa levou quase sempre a uma radical transformação dos processos laborais isolados e da complexa estrutura administrativa e, além disso, à invenção e à introdução de novas

---

2. REICH, R. *O trabalho das nações* – Preparando-nos para o capitalismo do século 21. São Paulo: Educator, 1994, p. 16.

3. Cf. SOHN-RETHEL, A. *Lavoro intelletuale e lavoro manuale* – Teoria della sintesi sociale. Milão: Feltrinelli, 1979, p. 123-125.

máquinas e diferentes tipos de aço para utensílios. Produziu-se assim uma renovação das relações de produção empresariais"[4].

As inovações do taylorismo constituíram a base da moderna produção de massa mecanizada, segundo o método de uniformização temporal de todos os processos produtivos (conhecido como "fordismo") que, por sua vez, impulsionou o salto para a automação das grandes indústrias. É certo que existem diferenças entre os dois sistemas, já que o primeiro está centrado no trabalho individual do operário, enquanto que o segundo estende a aplicação do método ao trabalho coletivo, tornando mais acentuada a importância das máquinas (sobretudo a esteira de produção) na indústria manufatureira. Mas ambos são técnica e filosoficamente complementares. O forte crescimento econômico vivido pelo mundo capitalista no período do pós-guerra deveu-se à produtividade taylorista-fordista, que garantiu durante décadas (1948-1973) empregabilidade, aumentos salariais e acesso dos trabalhadores aos bens de consumo duráveis. Expandiram-se igualmente os serviços públicos gratuitos como saúde e educação.

A preocupação de Adam Smith com a relação entre aumento da produtividade e desumanização do trabalho encontra eco no pensamento socialista, mas não particularmente no que se refere aos desdobramentos do taylorismo-fordismo ou à transferência do esforço humano para as máquinas. Marx já assinalara a insuficiência do corpo humano para o esforço físico baseado no movimento contínuo e uniforme, o que deixava implícita a valorização da máquina. Posteriormente, já nos anos 30 do século passado, o *stakhanovismo* (iniciado pelo operário russo Alexei Stakhanov), tinha as mesmas implicações metodológicas do taylorismo-fordismo, mas doutrinariamente investido da mística operária de valorização do trabalho duro em nome da pátria. Por sua proveniência obreira, foi saudado por teóricos socialistas (dentre os quais o próprio Stalin) como um passo para se abolir a divisão entre trabalho manual e intelectual.

Até mesmo a pedagogia é passível de estruturação pela metodologia taylorista-fordista, na medida em que a educação formal se defina exclusivamente pela imposição de significados na forma de uma realidade simplificada em livros e aulas e dirigida à sua mera incorporação pela memória do estudante. Comenta Reich: "Assume-se que um processo educacional eficiente distribui o conhecimento da mesma forma que uma fábrica eficiente instala componentes na linha de montagem"[5]. O oposto dessa forçada transmissão vertical é, para ele, o que se pratica nos programas de ensino mais desenvolvidos,

---

4. Ibid.

5. REICH, R. *O trabalho das nações...* Op. cit., p. 214.

com currículos fluidos e interativos, em que se incita o estudante a ir *atrás* da informação, exercitando sua própria interpretação no exame da realidade sob prismas diversos.

Contemporaneamente se fala do "toyotismo" japonês como o sistema produtivo compatível com as novas exigências de estrutura do chamado capitalismo flexível. Entra em cena um sistema caracterizado por maior maleabilidade: fluxos horizontais de informação e comando (portanto, um funcionamento em rede, ao invés dos fluxos verticais do fordismo); estimulação da iniciativa nas bases e ênfase na qualidade dos produtos, o que implica recusa da rotina burocrática, busca de flexibilização dos processos, trabalho em equipe e participação do trabalhador nos processos de gestão empresarial; aprendizagem permanente. Com mão de obra sujeita a uma readaptação permanente, a empresa torna-se, ao mesmo tempo, "educadora" e aprendiz.

Altera-se de algum modo a forma da separação entre trabalho manual e intelectual, já que o modelo se abre para sugestões criativas e o controle dos tempos é internalizado pelo próprio trabalhador. Ainda que os sistemas produtivos ocidentais não se identifiquem como toyotistas, os processos afins ao capitalismo transnacional estão aí implicados, na medida em que qualidade e flexibilidade sejam determinantes.

Em função da competitividade, redefinem-se as categorias tradicionais do trabalho assalariado. Assim é que, na órbita produtiva desse toyotismo, surgem novas e amplas categorias, pertinentes à classificação de diferentes posições competitivas dentro da economia transnacional, como aquelas chamadas por Reich de *serviços rotineiros de produção* (tarefas repetitivas, típicas das antigas indústrias pesadas), *serviços pessoais* (tarefas simples, repetitivas e executadas pessoa a pessoa) e *simbólico-analíticos* (atividades de identificação e solução de problemas por meio da manipulação de símbolos)[6]. Nas duas primeiras categorias, o tempo (horário ou volume de trabalho) é fator determinante da remuneração.

No caso dos *analistas simbólicos*, é inútil o controle do tempo, devido à natureza flexível do trabalho. Eles representam a elite salarial frente a outras categorias profissionais (trabalho rotineiro de produção, serviços pessoais) que outrora constituíam 3/4 de todos os cargos funcionais na economia norte-americana. Não é evidentemente uma categoria que se defina pelo domínio da ferramenta eletrônica, pois, como bem observa Reich, mesmo dentro da alta tecnologia se encontram tarefas repetitivas como a montagem de componentes

---

[6]. Ibid., p. 162.

eletrônicos em circuitos impressos ou o desenvolvimento de codificação de rotina para programas de software: "A revolução da informática pode ter nos tornado mais produtivos, mas também produziu pilhas de dados brutos que necessitam ser processados de forma muito semelhante à maneira monótona com que os operários das linhas de montagem, e antes deles os operários da indústria têxtil, processavam pilhas de matérias-primas"[7].

Sozinho ou em equipe, o analista simbólico é aquele tipo de agente produtivo que oferece ao mercado laboral uma manipulação de símbolos (dados, palavras, representações orais e visuais) com ferramentas analíticas em qualquer atividade produtiva que requeira trabalho criativo. Em princípio, é uma categoria que demanda formação universitária, muitas vezes em nível de pós-graduação. Mas na nova economia, como frisa Reich, o simples domínio de um antigo campo de conhecimento não é suficiente para caracterizar o analista simbólico: "Muito mais valiosa é a capacidade de usar o conhecimento de forma efetiva e criativa. A posse de uma credencial profissional não é garantia de tal capacidade. Na verdade, uma educação profissional que enfatiza a aquisição mecânica do conhecimento acerca de ideias primitivas pode prejudicar mais tarde essa capacidade"[8].

Preside a esse campo o conceito de *capital humano*, que é a criação de valor não pela força de trabalho externa ao trabalhador nem pelo conhecimento morto incorporado em técnicas objetivas e máquinas (o *capital constante* marxiano), e sim pelo saber vivo do sujeito, dito "imaterial". Gorz estabelece esta como uma das grandes diferenças entre os trabalhadores de manufaturas (tayloristas-fordistas) e aqueles do pós-fordismo: "Os primeiros só se tornam operacionais depois de serem despojados dos saberes, das habilidades e dos hábitos desenvolvidos pela cultura do cotidiano e submetidos a uma divisão parcelada do trabalho [...]. Os trabalhadores pós-fordistas, ao contrário, devem entrar no processo de produção com toda a bagagem cultural que eles adquiriram nos jogos, nos esportes de equipe, nas lutas, disputas, nas atividades musicais, teatrais etc. É nessas atividades fora do trabalho que são desenvolvidas sua vivacidade, sua capacidade de improvisação, de cooperação. É seu saber vernáculo que a empresa pós-fordista põe para trabalhar e explora"[9].

Gorz faz eco a mais de um autor (Yann Moulier-Boutang, Muriel Combes, Bernard Aspe) para enfatizar que o trabalhador deixa de pôr à venda uma força

---

7. Ibid.

8. Ibid., p. 169.

9. GORZ, A. *O imaterial*: conhecimento, valor e capital. São Paulo: Annablume, 2005, p. 19.

de trabalho predeterminada pela empresa para se oferecer como "um produto que continua, ele mesmo, a se produzir". Ou seja, aquilo que as empresas consideram como "seu" capital humano é, pois, uma "externalidade" que se produz sozinha e que continua a se produzir, e da qual as empresas apenas captam e canalizam a capacidade de se produzir[10].

Essa externalidade, ao mesmo tempo individual e coletiva (pais e educadores participam ativamente dessa produção), é tida como a base da inovação e da auto-organização criativa. Daí a concepção de Reich do analista simbólico: identificar e resolver problemas são uma qualidade virtuosa desse capital humano, ao lado de outras como o uso de novas tecnologias, a adaptação rápida às mudanças e a capacidade de se relacionar.

Entretanto, essa decantada criação nova de empregos não significa o aumento do número de trabalhadores, visto que a tecnologia atinge o fator humano em cheio no tocante às ocupações, como observa o italiano De Masi[11]. As inovações tecnológicas, que aumentam a produtividade do trabalho, os produtos no mercado e a desmaterialização no modo de produzir, não apenas mantêm a sociedade dependente da "velha" produção material (ou seja, aquela caracterizada pela indústria clássica) como contribuem para a redução de empregos nos setores da parte dita "inferior" da escala produtiva. Nesta parte, não tem validade a hipótese pós-modernista de que "não existe mais trabalho no sentido específico do termo", nem que desapareceu a fábrica da paisagem do capital. O que de fato vale é a realidade de uma nova divisão do trabalho sob a égide da economia de serviços.

A flexibilização do contrato de trabalho é um dos aspectos mais conspícuos desse processo em que a valorização do ato produtivo se dissocia dos protocolos do trabalho material, borrando as distinções, outrora nítidas entre ócio e emprego e atribuindo o que os economistas chamam de "sobrevalor" às atividades fracamente formalizadas que se multiplicam na economia de serviços. Empresa e produção de riquezas deixam de ser mediadas pelas formas clássicas de trabalho.

Essa variação das formas de produzir não introduz melhoria alguma na condição humana como um todo. Por um lado, registra-se o fenômeno chamado por Sennett de "fantasmas da inutilidade": (a) excesso de oferta de mão de obra global qualificada contra um quadro de redução dos empregos; (b) usurpação de funções humanas pela automação; (c) obsolescência das capacitações devido ao envelhecimento dos trabalhadores, o que leva à preferência

---

10. Ibid., p. 20.

11. Cf. DE MASI, D. *A sociedade pós-industrial*. [s.l.]: Senac, 1999.

do sistema produtivo pelos mais jovens, em vez do investimento na recapacitação[12]. Por outro lado, observa-se a superexploração do indivíduo (em especial no tocante às atividades de fabricação ou de venda de produtos de baixo preço) bastante semelhante em certos casos (China, Coreia do Sul etc.) às formas antigas de trabalho escravo, em que não se poupavam mulheres nem crianças[13]. Vista por este ângulo, a globalização se apresenta como a transferência da produção manufatureira para as regiões do mundo onde a mão de obra é barata e bem "treinada", como é bem o caso da China, onde há cerca de três mil filiais norte-americanas de fábricas de manufaturas.

Como se pode ver, no interior mesmo da expansão tecnológica, a nova divisão internacional do trabalho reedita em matizes novos a antiquíssima separação entre trabalho intelectual e trabalho manual, na medida em que os países do centro capitalista controlam a produção do que se diz *soft* (sistemas e microprocessadores, registro de patentes) e que garante a mais-valia sobre a transformação da matéria-prima, enquanto aos países periféricos cabe o *hard*, que é a fabricação sob licença dos *gadgets* eletrônicos indicativos da modernização contemporânea.

Na verdade, até mesmo no trabalho qualificado (o "trabalho/serviço"), ocorre uma regressão aparente a aspectos arcaicos (frente à concepção produtivista do capital), quando se considera a inseparabilidade entre a prestação e o prestador. Neste sentido, Baudrillard vê o serviço prestado como "adesão de corpo, tempo, espaço e matéria cinzenta [...]. Mas não é uma 'regressão' do capital ao feudalismo, é a passagem à dominação *real*, isto é, à solicitação e à requisição total das pessoas"[14]. A transformação do operário em vago "agente produtivo" resulta desse movimento de redefinição do trabalho pela lei estrutural do valor. Convertendo-se em serviço total, o trabalho é "pura e simples presença/ocupação, consumo de tempo, *prestação* de tempo", sem distinguir-se significativamente de outras práticas outrora enfeixadas na categoria do

---

12. Cf. SENNETT, R. *A cultura do novo capitalismo*. Rio de Janeiro: Record, 2008.

13. Em meados de 2011, um ano depois de uma série de suicídios ter mostrado ao mundo as condições de trabalho na chinesa Foxconn (a empresa multinacional que fabrica iPhones e iPads para a Apple), um relatório das ONGs *Center for Research on Multinational Corporations* e *Students & Scholars Against Corporate Misbehavior* dava conta de que os trabalhadores fazem de 80 a 100 horas extras por mês (o limite legal é de 36) e têm de assinar um termo em que prometem não se matar. Trabalha-se de 7:40h até às 20h, sem permissão para se sentar ou usar celulares. Não raro, as horas extras obrigam à dispensa do jantar. Se cometem um erro, os trabalhadores são humilhados e obrigados a escrever uma confissão, entregue ao supervisor. Por outro lado, é altamente compensador para a empresa o sistema escravagista: apenas no primeiro trimestre de 2011, a Apple lucrou 26,74 bilhões de dólares.

14. BAUDRILLARD, J. *L'Échange symbolique et la mort*. Paris: Gallimard, 1976, p. 33.

tempo livre. Diante do fenômeno da implicação ou da "indexação" pessoal, é indiferente que haja ou não alguma produção.

Hoje, como no passado, o capital destrói para criar – é o que sempre se chamou de "destruição criativa". Destrói-se agora o modelo de trabalhador sobre o qual todas as perspectivas revolucionárias (com o marxismo à frente) projetaram uma visão otimista da racionalidade produtiva do homem, sublimada como abstração econômica e destinada a ser liberada pela *praxis* transformadora. O trabalho que explorava a natureza para resgatar a sociedade da penúria ou da raridade tornou-se ele próprio raro ou precário em sua forma organizada, distante das garantias metafísicas que lhe dava a filosofia moral do Iluminismo europeu.

Por efeito das novas formas da divisão internacional do trabalho – que alia a concentração das inovações tecnológicas ao protecionismo agrícola dos países ricos e à exploração pelas empresas multinacionais do trabalho não qualificado –, aumenta o contingente de trabalhadores precarizados, isto é, sem a qualificação tida como imprescindível à inserção no nível tecnológico do modo de produção atual. A economia cresce sem aprofundar em termos democráticos o desenvolvimento humano. Nos setores da engenharia de projeto, computação, administração e *marketing*, esta característica é bastante evidente, mas se estende como tendência a várias outras atividades, da nanotecnologia à microbiótica, em que predomina a pesquisa avançada de novos materiais.

Um exemplo de como essa categoria se ajusta ao caso brasileiro pode ser buscado precisamente na nanotecnologia (controle da matéria na escala de um a cem nanômetros, o que corresponde a um bilionésimo do metro), que vem transformando diferentes setores, da indústria petroquímica à de cosméticos. A falta de mão de obra capacitada é um dos obstáculos ao desenvolvimento da área, apesar dos cursos incipientes em universidades do Sudeste. A opção de algumas empresas pela contratação de físicos e químicos, com especialização em engenharia de materiais, eletrônica ou mecânica, é na verdade uma confirmação do conceito de analista simbólico como um profissional sem formação específica, mas apto ao treinamento para a identificação e solução de problemas em atividades de alta complexidade.

Esse treinamento não se resume à capacidade de pensar de modo especializado, pois a transdisciplinaridade – desde o conhecimento tecnocientífico específico até o administrativo e social – é fundamental como apoio à tomada de decisões no processo industrial. Por outro lado, torna-se muito evidente que, sob o influxo da globalização e das novas tecnologias, salta aos olhos, até mesmo aos olhos do senso comum, o crescente valor econômico da educação formal.

Vale, assim, recapitular o padrão comum norte-americano, segundo Reich, para a educação formal de um jovem como analista simbólico: "Alguns desses jovens frequentam escolas particulares de elite, prosseguindo pelas universidades mais seletivas e pelas faculdades de maior prestígio; a maioria passa a infância dentro de escolas públicas dotadas de ensino de alta qualidade, onde são dirigidas para cursos avançados na companhia de outros afortunados rebentos simbólicos analíticos e, então, para as faculdades de quatro anos. Porém, suas experiências assemelham-se: seus pais estão interessados e envolvidos em sua educação, enquanto seus professores e instrutores estão atentos para suas necessidades acadêmicas. Têm acesso a laboratórios científicos no "estado da arte", a sistemas de computadores interativos e de vídeo em classe, a laboratórios linguísticos e a bibliotecas de altíssima qualidade. Suas turmas são relativamente pequenas; seus pares, intelectualmente estimulantes. Seus pais levam-nos aos museus e a eventos culturais, propiciam-lhes viagens a outros países e matriculam-nos em cursos musicais. Em casa têm livros, brinquedos e fitas de vídeo educacionais, microscópios, telescópios e microcomputadores repletos dos últimos softwares educacionais"[15].

Esse padrão elitista parece confirmar-se sempre na observação de casos concretos de inovação em tecnologia e conhecimento, sejam eles relatados por livros ou por filmes. Por exemplo, *The Social Network* (*A rede social*), sobre a criação do site de relacionamentos *Facebook* – pelo *hacker* Mark Zuckerberg, eleito "homem do ano" pela revista *Time* em 2010 – mostra como um jovem graduado de Harvard (claramente tipificado como "analista simbólico"), com o pequeno capital inicial de um sócio, transforma uma ideia num empreendimento comercial que termina fazendo dele o mais jovem bilionário do mundo[16]. O *background* familiar, a universidade de elite, o acesso a equipamentos de última linha, o foco educacional no *bios* virtual e um forte talento individual para as técnicas de computação são fatores que o levam a converter a ideia anterior de dois colegas de universidade num mecanismo interativo de grande amplitude.

A equação criativa do jovem gênio da programação pode ser descrita assim: identificação de um problema no mecanismo anterior de um site de relacionamentos (fraca interatividade dos usuários) e sua resolução por meio de um software mais

---

15. REICH, R. *O trabalho das nações...* Op. cit., p. 212.

16. O filme (2010), dirigido por David Fincher e roteirizado por Aaron Sorkin, dramaturgo e roteirista de sucesso no cinema norte-americano, baseia-se no livro *The Accidental Billionaires: the founding of Facebook – A tale of sez, money, genius and betrayal* (Bilionários por acaso: a criação do Facebook – Uma história de sexo, dinheiro, genialidade e traição), de Ben Mezrich, autor bem-sucedido do que se costuma chamar de *non-fiction*, isto é, relatos que misturam fatos com ficção ou reportagens dramáticas. Mezrich é conhecido por sua exploração jornalístico-literária da temática de jovens gênios do campo matemático e tecnológico que se tornaram bilionários antes dos 30 anos. *Quebrando a banca* (São Paulo: Companhia das Letras), também levado ao cinema, é outro de seus *best-sellers*.

dinâmico. Uma bem-sucedida análise simbólica: a inovação não se define por novos materiais nem processos fabris, mas por um processo mental capaz de fazer uma conexão criativa (inesperada, ousada em face do diferente) com o já dado.

Zuckerberg pode ser tomado como figura modelar de um tipo de trabalhador ao mesmo tempo antigo e novo. *Antigo* porque encontra um precursor perfeito em Antístenes (440-365 a.C.), discípulo de Sócrates e fundador da Escola Cínica, que valorizava o trabalho a ponto de considerá-lo o símbolo único da sabedoria e da moralidade, por se opor aos prazeres e às ilusões míticas, além de levar o homem a bastar-se a si mesmo, sem depender do que possa vir de outras pessoas. *Novo* porque, embora a moralidade virtuosa da "vida honesta e correta" tenha dado também a tônica da ideologia burguesa do trabalho, o *hacker* é hoje o modelo do trabalhador que, imerso na rede eletrônica, trabalha em período integral, o que não deixa de ser um modo de ratificar o diagnóstico tecnocrático de equivalência entre empresa e vida social.

A autossuficiência socrática levada ao extremo por Antístenes encontra seu melhor acabamento: o personagem Zuckerberg é descrito como uma subjetividade isolada, alheia à amizade, à solidariedade ou quaisquer outros princípios morais. Afastados os aspectos éticos, a citação de Reich e o exemplo do filme exibem os contornos e os efeitos de um padrão de capitalismo cognitivo desejável, por integrar instrução e cultura, assim como por associar estreitamente a economia e novas tecnologias, intensificando a atividade até os limites biológicos do indivíduo. Mas também se exibem os contornos daquilo que fica estruturalmente excluído, ou seja, um quadro de desigualdade social válido para os Estados Unidos, assim como para outras regiões do mundo, guardadas as devidas proporções.

Reich não se esquiva de contrastar um segmento privilegiado (de 15 a 20% de jovens) com a imensa maioria submetida a uma educação padronizada, de baixa competitividade dentro da nova economia e ainda por cima com uma alta taxa de analfabetismo funcional (cerca de 17% dos americanos com a idade de 17 anos), atrás de seus colegas do Canadá, Japão, Suécia e Inglaterra em proficiência em matemática, ciências e geografia[17]. O ensino médio norte-

---

17. É revelador o depoimento de Russlynn Ali, secretária-adjunta de Educação para os Direitos Civis dos Estados Unidos, sobre a diferença de aprendizado, nas escolas norte-americanas, entre estudantes negros ou hispânicos e os brancos: "A diferença é imensa. Pelo menos um estudo já revelou que o nível de conhecimento em leitura e matemática de negros e hispânicos, no fim do Ensino Médio, é igual ao de brancos no fim do Ensino Fundamental. Esse abismo representa anos de aprendizado ruim. Isso não é mais só uma questão moral. É uma questão demográfica e econômica. Se não acabarmos com essa diferença, devemos nos preocupar com nosso lugar na economia mundial" (entrevista a *O Globo*, em 05/09/11). O argumento econômico e demográfico baseia-se no prognóstico de que, em 2050, as atuais minorias serão majoritárias na população dos Estados Unidos.

americano já apresentava grandes dificuldades na década de 1990 e persiste no século XXI como exemplo de decadência pedagógica[18].

Mas há um diferencial no que diz respeito ao treinamento da elite norte-americana: "Nenhuma outra sociedade prepara tão bem seus jovens mais brilhantes para uma vida criativa em solução de problemas, identificação de problemas e promoção de vendas. As melhores faculdades e universidades americanas são também as melhores do mundo (como evidencia o número de estudantes estrangeiros que afluem para elas)"[19]. O que resulta daí em termos de conhecimento produtivo é toda uma tecnologia expressa em códigos, desenhos e especificações, continuamente disseminada pelo mundo por meio de apuradas técnicas de *marketing*.

Ainda assim, informações atualizadas revelam que, com o incremento da diversidade cultural e da globalização – que impulsiona nos Estados Unidos a imigração de estudantes universitários oriundos de países economicamente emergentes –, a competição tornou-se mais dura para os norte-americanos. Relata um jornalista: "Quando Harvard e Yale só admitiam homens, os interessados tinham de competir apenas contra um número de jovens. Quando passaram a admitir mulheres e minorias, a competição se acirrou. À medida que Harvard e Yale começaram a aceitar mais chineses, indianos, cingapurianos, poloneses e vietnamitas, americanos e americanas tiveram de reunir mais trunfos ainda para entrar. Enquanto China, Índia, Cingapura, Polônia e Vietnã melhoravam seus sistemas educacionais, seus mais brilhantes alunos tentavam a sorte nas universidades da *Ivy League*, tornando a situação mais competitiva para os americanos em qualquer escola"[20].

Ao abordar o papel dos professores, mas também das famílias no empenho de se criar uma cultura de excelência, transparece no tom do jornalista norte-americano um fio de temor: "Se quiser saber que tipo de pais está fazendo a

---

18. É exatamente o contrário do que acontece na Alemanha, onde o ensino profissionalizante, o chamado Sistema Dual, é um dos melhores do mundo e a espinha dorsal da economia do país, segundo um estudo da Ocde (Organização para a Cooperação e Desenvolvimento Econômico), divulgado em 2010. Embora o estudo critique a Alemanha pelo pouco acesso dos jovens às universidades, reconhece que o modelo profissionalizante do Ensino Médio garante uma porta aberta aos jovens de diferentes classes sociais no mercado de trabalho.

19. REICH, R. *O trabalho das nações...* Op. cit., p. 213. De fato, no *ranking* elaborado pela organização britânica *Times Higher Education*, divulgado em março de 2011, sete das dez primeiras universidades do mundo pertencem aos Estados Unidos. O resultado de uma pesquisa com mais de 13 mil professores de 131 países reforça a posição dominante das instituições americanas, vindo em seguida o Reino Unido e o Japão. A Universidade de Harvard está colocada no topo da lista.

20. FRIEDMAN, L.T. "Chip como secretária". *O Globo*, 26/11/10.

sua parte, comece pelos imigrantes, que sabem que o aprendizado é o caminho para cima. Os 32 ganhadores nos Estados Unidos das *Bolsas Rhodes* (para a Universidade de Oxford, na Inglaterra) para 2011 foram anunciados. Aqui estão os nomes de metade da lista: Mark Jia, Aakash Shah, Zujaja Tauqeer, Tracy Yang, William Zeug, Daniel Lage, Ye Jin Kang, Baltazar Zavala, Esther Uduehi, Prerna Nadathur, Priya Sury Anna Alekeya, Fátima Sabar, Renugan Raidoo, Jennifer Lai, Varun Sivaram. Você percebe um certo padrão?"[21]

O padrão evidente é a multiplicação de nomes típicos de imigrantes, membros de famílias que investem na formação de seus filhos como meio de ascensão social ou então provenientes de países que priorizam fortemente a educação, a exemplo da China e da Índia.

A posição brasileira

O Brasil não integra nenhuma lista de excelência universitária[22], e as estatísticas não deixam dúvida: o patamar educacional está qualitativamente aquém do requerido por uma potência regional em crescimento como é o caso brasileiro. Mas se sabe que, em grande parte, o futuro do país dependerá de como se administre a equação da produção, do emprego, da renda e do meio ambiente, o que demanda um projeto educacional consistente em termos nacionais, capaz de compatibilizar as divididas responsabilidades (União, estados e municípios) no setor.

A necessidade desse projeto já era proclamada em 1932 no *Manifesto dos Pioneiros da Educação Nova*: "Na hierarquia dos problemas nacionais, nenhum sobreleva em importância e gravidade ao da educação. Nem mesmo os de caráter econômico lhe podem disputar a primazia nos planos de reconstrução nacional". Já no início da Nova República se esboçavam, por efeito do movimento tenentista e da emergência de movimentos sociais afinados com a questão da construção de um povo nacional, as linhas de um projeto que punha lado a lado industrialização e identidade brasileiras. A educação seria ideologicamente absorvida pela Nova República como um tópico estratégico, em primeiro lugar porque se impunha a formação de mão de obra industrial e, em segundo, porque a entrada de classes subalternas na estrutura social em vias de modernização faz com que elas adquiram importância na cena política.

---

21. Ibid.

22. O Brasil é o único país dos *Brics* – grupo de economias emergentes formado por Brasil, Rússia, Índia e China – a não figurar entre as cem melhores universidades do mundo constantes da lista elaborada pela *Times Higher Education*. A Universidade de São Paulo (USP), que aparece na 232ª posição, serve de representante de todas as instituições da América do Sul.

A concepção estadonovista de Estado Nacional pressupunha uma homogeneidade de língua, cultura e trabalho, para a qual se fazia necessária uma pedagogia nova, que Gustavo Capanema, o Ministro da Educação e Saúde, definiu "em primeiro lugar pelos temas: consciência humanística e consciência patriótica". O curso secundário, para Capanema, deveria "formar a personalidade, adaptar o ser humano às exigências da sociedade, socializá-lo". Sobre a universidade, ele diz numa carta a Getúlio: "É preciso que a União dê à sua universidade o máximo relevo. É preciso que esta universidade seja realmente uma instituição brilhante e poderosa [...]. Nesta hora perigosa que o Brasil atravessa, hora em que tal roteiro não está nítido, em que vão aparecendo aqui e ali organizações universitárias as mais diversas, nesta hora dúbia, é imprescindível que a União faça de sua universidade um vigoroso instrumento de ordem e equilíbrio, uma instituição cheia de autoridade que, pelo poder de seus elementos, seduza a juventude e seja capaz de orientar os espíritos para rumos claros e seguros".

Nesse tipo de discurso, como se vê, a preocupação com o atendimento à demanda educacional, mesmo quando exibia aspectos autoritários no tópico da nacionalização do ensino, não era uma questão apenas técnica, mas um empenho político pela incorporação de valores políticos e culturais à formação da cidadania. O ser nacional estava no centro dos discursos oficiais.

Apesar da transformação histórica de objetivos, o apelo pioneiro dos signatários do Manifesto dos Pioneiros ressoa hoje em muitas das análises sociológicas da realidade brasileira, com diferentes inflexões teóricas. No tocante às análises econômicas – que hoje se multiplicam –, é também pioneira a reflexão de Conceição Tavares, quase meio século depois do Manifesto, ao comparar a especificidade brasileira com a da maioria dos países latino-americanos, em seu ensaio clássico sobre o processo de substituição de importações. Diferentemente do Manifesto, o tom da economista pauta-se pela preocupação econômica com o avanço desenvolvimentista após o encerramento do processo de substituição de importações, refletindo as tendências teóricas de países do centro capitalista no que diz respeito à formação de quadros humanos para as atividades de alta tecnologia.

O texto da economista é um índice importante do esgotamento do processo de industrialização iniciado com a Revolução de 1930 e uma chamada de atenção para os desafios postos pelas transformações posteriores à Segunda Guerra, quando o país se abriu ao capital estrangeiro e, internamente, acelerou a urbanização, gerando novos pontos críticos tanto no que diz respeito à distribuição de renda quanto ao funcionamento do modelo político. O regime militar adveio como solução violenta para os impasses e para permitir que se concluísse o ciclo de substituição de importações. Com o sacrifício da vida democrática, realizaram-se reformas que elevaram a uma escala inédita o papel do Estado na economia, aperfeiçoaram a infraestrutura produtiva e deram margem à integração do país na economia mundial.

Mas a reformulação do papel econômico do Estado associaria sub-repticiamente a economia ao campo educacional, o que também já transparece no texto de Conceição Tavares: "Para vários países da região, o processo não pode avançar [na direção de um novo modelo de desenvolvimento, verdadeiramente autônomo], sobretudo por dificuldades de natureza por assim dizer "física", que residem basicamente na inexistência de uma estrutura industrial suficientemente diversificada capaz de permitir avançar para novas etapas de substituição, sob o impulso de estrangulamento externo. Assim, por exemplo, a entrada no setor de produção de bens de capital é-lhes particularmente difícil, não só por problemas de dimensão relativa de mercado, como principalmente *por falta de disponibilidade de recursos materiais humanos* que lhes permitam realizar investimentos de alguma significação em ramos de alta intensidade de capital e grande complexidade tecnológica"[23].

Ela faz, assim, um diagnóstico em torno do qual se firmaria posteriormente um consenso junto à grande maioria dos especialistas no setor: a ausência de um sistema de ciência e tecnologia minava as bases do modelo de substituição das importações por tornar indisponíveis os "recursos materiais humanos" – ou seja, mão de obra altamente qualificada – imprescindíveis aos ramos de alta intensidade de capital. Era fato sabido pelos especialistas em ciência econômica que o desenvolvimento econômico moderno requer a existência de um sistema industrial, entendido como a aplicação da tecnociência aos problemas da produção, o que implica o rearranjo da força de trabalho fora da agricultura (sem excluir a aplicação da tecnociência à produção agrícola) e sua capacitação para a manufatura e os serviços de toda ordem.

O texto da economista ratificava o que, desde fins da década de 1950, já parecia evidente para a maioria dos países investidos da meta do desenvolvimento econômico, ou seja, que isso só seria possível com quadros técnicos e, de um modo geral, com uma população mais bem formada[24]. O prolongamento

---

23. TAVARES, M.C. "O processo de substituição de importações como modelo de desenvolvimento na América Latina: o caso do Brasil". *Desenvolvimento e igualdade*. [s.l.]: Ipea, 2010, p. 118.

24. Vale registrar que, quatro décadas depois do texto de Maria da Conceição Tavares, o Brasil ainda se encontra às voltas com o problema da falta de mão de obra qualificada. Tanto assim que, em meados de 2011, diante do agravamento do problema da falta de mão de obra qualificada, sob o governo da Presidente Dilma Roussef, os ministérios da Educação, da Fazenda e do Trabalho lançaram juntos o Programa Nacional de Acesso ao Ensino Técnico (Pronatec), com vistas ao treinamento de 3,5 milhões de jovens até 2014.

do ensino básico até a idade de 16 anos foi uma das medidas adotadas com essa preocupação por vários países europeus, a exemplo da França. Na década de 1970 (data do texto em questão), era reconhecidamente grave o semianalfabetismo imperante nas escolas de ensino básico no Brasil. Era também incipiente a presença de um sistema de ciência e tecnologia, embora já existisse a preocupação por parte do Estado de formar pesquisadores, o que é sinalizado, aliás, pela implantação do regime de tempo integral nas universidades em 1968. Quatro décadas depois, pode-se avaliar em dezenas de milhares de pesquisadores o capital humano ativo da comunidade científica brasileira[25].

Em termos de comparação mundial, esses avanços são ainda modestos e sem vínculos com a universalização educacional capaz de reduzir a desigualdade social. Embora o Brasil tenha registrado avanços também nesse setor – por exemplo, a quase universalização do acesso à escola e a passagem do financiamento público de 3,7% entre 1994 e 2000 para 5,2% do Produto Interno Bruto (PIB) em 2010, embora a Constituição prescreva um mínimo de 8% do PIB –, são ainda muito sérias as áreas críticas, como a taxa de analfabetismo. Segundo a Pesquisa Nacional por Amostra Domiciliar (Pnad), em 2010, há cerca de 14,1 milhões de analfabetos com mais de 15 anos de idade e um analfabetismo funcional estimado em cerca de 25,7% da população.

De um modo geral, são ruins os indicadores de educação no país. Um estudo – *Olhares sobre a educação 2010* – divulgado pela Organização para a Cooperação e o Desenvolvimento Econômico (Ocde) revela que eles ainda estão muito abaixo da média registrada pelos países do centro capitalista, o que prejudica grandemente o mercado de trabalho brasileiro. Em 2008 mais da metade (51%) da população brasileira entre 25 e 64 anos ainda não tinha completado o Ensino Médio, enquanto a média dos 31 países ricos da Ocde apresenta uma taxa de 29%. Na visão de especialistas, o Ensino Médio equivale ao preparo mínimo para se concorrer a uma vaga num mercado de trabalho competitivo.

Mas o que é mesmo *Ensino Médio*? A questão pode parecer bizantina para quem se aferra a uma definição de natureza etária, considerando que "médio"

---

25. Apesar do número reduzido de patentes produzidas, funcionam no Brasil institutos de pesquisa fundamental (Centro Brasileiro de Pesquisas Físicas (CBPF), Instituto de Matemática Pura e Aplicada (Impa), dentre outros) e de pesquisa e inovação tecnológica (Embrapa, Embraer, Cetem, Inpe, Cempes). Além disso, graças a entidades de financiamento como o CNPq e a Finep, foram criados 50 novos institutos nacionais de pesquisas em áreas consideradas estratégicas como biocombustíveis, biotecnologia, nanotecnologia, gás, petróleo e outras. Tudo isso consolida aos poucos uma estrutura que não é significativamente abalada pela mediocridade da classe dirigente.

é o ensino correspondente à idade entre 15 e 17 anos. É este critério que deixa transparecer a ampliação das matrículas no dito Ensino Médio no Brasil, a partir de fins da década de 1990. A expansão se deu majoritariamente nas redes estaduais, que ultrapassaram as matrículas registradas em todas as outras escolas privadas, técnicas e municipais do país. Entretanto, no início da segunda década deste século, metade dos jovens entre 15 e 17 anos não se encontra neste nível de ensino.

Mesmo quando classificado como "vertiginoso" por especialistas, o aumento das matrículas ainda não garante a inclusão universal de adolescentes e adultos na escola (como deixa o citado estudo da Ocde), mas o problema real vai além da mera inclusão (portanto, do fato estatístico), porque não diz respeito apenas ao acesso, e sim à permanência e à progressão escolar dos jovens nesse segmento. Na realidade, a palavra "inclusão", desde a escolar até a agora popular "inclusão digital", costuma escamotear nos relatórios oficiais a fraca democratização do ensino, que deveria definir-se pela igualdade das condições de permanência na escola e de progressão satisfatória. Ou seja, incluir como sinônimo de abrir as portas, sem gerar as condições para o acesso democrático de todos os jovens ao saber, é avançar apenas na retórica da hipocrisia pública. "Inclusão" revela-se, no fundo, como um tênue vestígio da democratização do saber.

Daí a pertinência da indagação sobre a identidade do Ensino Médio, ou seja, não apenas sobre a quantidade tão cara aos economistas e à burocracia estatal, mas principalmente sobre a finalidade e a qualidade desse ensino, que incidem diretamente sobre as possibilidades de atração e manutenção dos jovens na escola. Do ponto de vista dos estudantes, a finalidade aponta para o vestibular de entrada no Ensino Superior. Do ponto de vista do mercado, trata-se da formação para o trabalho. Em ambos os casos, entretanto, o diagnóstico geral é de insuficiência. Retorna aqui a questão do modelo anacrônico (oitocentista) da escola frente a imaginário, costumes, comportamentos e juvenis articulados com formas de vida regidas por mercado de consumo e tecnologias da comunicação. E decididamente, se esse modelo ainda pode ser aplicado ao Ensino Fundamental, sua inadequação à adolescência mantém acesa a questão problemática do que é Ensino Médio.

De um modo geral, mesmo levando-se em conta (1) a melhoria do posicionamento no *ranking* internacional do desenvolvimento e pesquisa científica; (2) algum consenso quanto ao fato de que as políticas educacionais brasileiras melhoraram nos últimos dez anos; (3) o prognóstico de que, intensificando-se o ritmo dos avanços, o Brasil poderá alcançar em 2030 o atual nível de escolarização das nações mais desenvolvidas reunidas na Ocde, o diagnóstico geral é de que esses avanços são insuficientes para tornar competitivo o elemento nacional no mercado global da indústria e comércio.

As políticas públicas para o setor são geralmente vazadas na retórica das falsas prioridades, em que se ancora o modelo hiperburocratizado da educação. De um lado se perfilam as elites políticas estaduais e municipais; do outro, a burocracia corporativa dos pedagogos; no alto, o tecnoburocratismo federal, que maneja estatísticas e verbas sem um projeto nacional consistente. A prática é a de um verdadeiro diálogo de surdos entre educadores e políticos, que resulta na repetição de *slogans* publicitários ou no amontoamento de medidas pontuais, desvinculadas de um projeto orgânico e democrático, ao sabor dos calendários eleitorais.

A má perspectiva é confirmada quando se toma conhecimento do relatório do Programa Internacional de Avaliação de Alunos (Pisa, na sigla em inglês), a mais completa avaliação mundial sobre a qualidade do conhecimento escolar – apesar dos problemas metodológicos presentes nas provas comparativas – também realizada pela Ocde. Para maior precisão, vale observar que o Pisa não avalia o conhecimento entendido como conteúdos escolares adquiridos, e sim as *competências* para a utilização dos conhecimentos, ou seja, para se informar, interpretar e refletir. Entre os 65 países participantes, o Brasil ocupou o 53º lugar, obtendo a média de 401 pontos numa escala que chega a 800. São precários os níveis de proficiência em ciências, matemática e leitura. Embora ligeiramente à frente de países como Colômbia, Cazaquistão, Argentina, Azerbaijão e outros, os brasileiros ficaram em pior situação do que Tailândia, Trinidad e Tobago, México, Chile, Uruguai, Turquia e outros.

Monitoração global

Esse tipo de panorama – frequente na mídia por se prestar ao tratamento acusatório ou sensacionalista – traz à luz, além da situação preocupante dos sistemas educacionais, a realidade de uma monitoração internacional do setor. Pela Organização das Nações Unidas (ONU), por exemplo, fica-se sabendo da existência de uma Campanha Global pela Educação (uma coligação internacional de organizações não governamentais reunidas pela defesa do direito à educação), responsável pelo alerta (2010) de que a crise financeira mundial paralisou os esforços que vinham sendo feitos na área de Educação Infantil nos países pobres. Depois de analisar os 60 países mais pobres do mundo, essa entidade estima em 69 milhões o número de crianças fora da escola. Segundo esse relatório, apresentado a uma reunião da ONU sobre as chamadas Metas de Desenvolvimento do Milênio, se todas essas crianças pudessem ser alfabetizadas, cerca de 171 milhões de pessoas poderiam ser retiradas da penúria[26].

Toda essa monitoração – que é uma consequência da entrada em cena, décadas atrás, de organismos como o Banco Mundial e a Ocde no universo educacional – coincide com o revigoramento da velha concepção "utilitarista" da democracia no bojo da crise econômica dos anos de 1970 (quando se cogita da reestruturação do setor produtivo dos países do centro capitalista, privilegiando a reforma do Estado e a rápida incorporação de novas tecnologias), agora sob a denominação de "neoliberalismo". Esta é uma designação, nem sempre aceita nas hostes acadêmicas, para a versão assumida pelo liberalismo econômico após crise de 1970, que teve como apóstolos dois detentores do Prêmio Nobel de Economia: Friedrich Hayek, oriundo da escola austríaca de economia, e o norte-americano Milton Friedman, um dos principais nomes da escola monetarista.

Famoso por sua influência na recuperação de economias estagnadas, a exemplo da Inglaterra na era Margaret Thatcher, Friedman foi importante colaborador de governos republicanos nos Estados Unidos (Nixon e Reagan), além de conselheiro do ditador chileno Augusto Pinochet desde 1975. Apesar de ser arrolado como um dos maiores economistas do século passado, ele é tido como inferior a Hayek no que se refere à fundamentação teórica do neoliberalismo. A este último se deve a maior parte das proposições – acolhidas por diferentes governos na década de 1980 – no sentido do encolhimento do Estado no campo das políticas públicas para o bem-estar social (concepção do "Estado Mínimo" ou "Estado Guardião"), da neutralidade do Estado em face da desigualdade social, do fim dos subsídios destinados a atenuar as taxas de desemprego, da desregulamentação dos mercados e, de um modo geral, da condução de todas as atividades econômicas pela dita "mão invisível" do mercado. Os argumentos político-econômicos de Friedman encontram quase sempre um respaldo moral no discurso teórico de Hayek.

No tocante à educação, entretanto, o neoliberalismo recua de suas posições taxativas quanto ao fim das políticas sociais, recuperando o velho tópico da "democracia utilitarista", segundo o qual, ao lado da aplicação das leis, seria função do Estado responder pelo provimento da educação. Registra-se aí um suposto consenso quanto à ampliação das oportunidades educacionais como um dos fatores mais relevantes para a redução das desigualdades. Mas a

---

26. O relatório se esquece de explicar como se incrementa a produtividade, necessária para que se passe da penúria à abundância por meio da educação. Isso dá margem à suspeita de que a "penúria" possa ser tão ficcional quanto seu suposto remédio.

participação estatal nesse processo seria limitada à supervisão ou, no máximo, a divisão das responsabilidades com o setor privado, estimulando sempre a competição no mercado, com o objetivo de incrementar a oferta de serviços de qualidade. Donde a retórica da "educação de qualidade", entendida como um serviço de alto nível mercadológico, posto à livre escolha das famílias para os seus filhos, embora não haja consenso sobre o que significam realmente "qualidade" ou "eficácia" em educação. No Chile, que serviu como campo de provas sul-americano do projeto neoliberal ("friedmanniano") de educação – isto é, a aplicação do dogma do equilíbrio do mercado à esfera do ensino –, chegou-se hoje à conclusão de que o modelo fracassou. As revoltas estudantis em meados de 2011 constituíram a síndrome desse diagnóstico.

Desse pano de fundo global – tematizado na prática por tópicos como globalização, passagem da economia industrial à de serviços, desregulamentação dos mercados, transformação da organização do trabalho e disseminação das tecnologias da informação – se vale a Ocde para preconizar uma reforma profunda dos sistemas de ensino. A globalização respalda o permanente olhar internacional sobre a educação, alterando a percepção geral do fenômeno, que sempre foi considerado como uma realidade essencialmente nacional.

A realidade mesmo é que o processo educacional *stricto sensu*, tal como foi entronizado pelas doutrinas tradicionais da educação, torna-se avesso ao ordenamento do mundo centrado na ideia monista do progresso capitalista ilimitado, que se supõe culturalmente autossuficiente por combinação dos fatores tecnologia e mercado. Mas não o processo instrucional, como foi dito, já que seria possível, como frisou Hannah Arendt, instruir sem educar. Instruir-se independe da atmosfera ética requerida pela educação em seus termos humanistas. Escola, por outro lado, não é o lugar físico onde acontece o processo educacional, e sim a forma cultural moderna – ao lado de outras, como a democracia, o mercado etc. – pela qual se incorpora conhecimento. A modernidade dessa forma consiste basicamente em entender escola como escolarização, separando a transmissão cultural de suportes fixos, seja um prédio, um livro ou a escrita.

Enquanto forma, ela carrega as marcas do processo de espacialização e temporalização compatível com o modo de produção econômico dominante. Ou seja, se ela é espaço e tempo enquanto forma, é necessariamente espaço-tempo produzido para adequar-se ao nível de reprodução das forças produtivas existentes. Do mesmo modo que outras formas ou instituições sociais (embora não centradas na função da transmissão cultural), a escola implica um sistema operativo com regras de funcionamento específicas, em geral herdadas de instituições ideologicamente hegemônicas num determinado momento, a exemplo da Igreja.

Mas existe a crise contemporânea dessa espacialização, em função do espírito da contemporaneidade, definido por abertura e interatividade. Primeiramente, a abertura para a complexidade do mercado e da vida contemporânea indica que os professores não são mais as fontes únicas de informação e saber. Quanto à interatividade, gerada pelas tecnologias do virtual, atesta que praticamente nada é mais linear ou unidirecional, sobretudo a escrita, tradicional suporte preferencial da escola. Por outro lado, a digitalização dos suportes de transmissão cultural exacerba a desvinculação (que sempre existiu virtualmente) entre a escola e qualquer suporte físico do conhecimento (sala de aula, livro, professor etc.), estendendo a possibilidade de escolarização a lugares e tempos novos, não abarcados pelas concepções que limitavam a apropriação do saber a um espaço imobilizado, com um regime institucional dado para sempre e com barreiras rígidas entre as idades.

Desse modo, um avanço técnico como a digitalização – colocado na órbita conceitual dos ideólogos (neoliberais) de um sistema educativo mundial – dá margem a se conceber a escolarização como um processo heterotópico e transgeracional, algo, portanto, a se realizar em qualquer lugar e em qualquer época da vida de um indivíduo. *Heterotopia*: o lugar para se aprender pode ser qualquer um, seja uma empresa, um hospital ou internet. O sistema de ensino tradicional é de certo modo absorvido pela totalidade social, que se pretende "instrutiva" por meio da informação generalizada. Esta perpassa as diferentes instâncias da vida social, do trabalho ao lazer. Donde a instrução *transgeracional*: a idade para se aprender agora seria toda e qualquer uma. Daí, a obsolescência da ideia de educação como uma *etapa* no processo formativo do sujeito e a novidade de pensá-la como uma interação permanente com os dispositivos de instrução. A "educação da terceira idade" encontraria aí sua justificativa.

A sociedade com viés instrutivo implica, assim, uma ligação visceral da cidadania com as novas formas públicas de cultura que, agora, deixam de centralizar-se no livro para irradiar-se por sons e palavras, graças às tecnologias da comunicação, a todo o espaço social. Quem está de fora dos novos modos de ler e escrever é tido como excluído do mundo do trabalho e da cultura. Daí a exigência histórica de que a escolarização, cada vez mais necessária para os pobres (já que os ricos fazem sua integração quase que "naturalmente", graças ao ambiente familiar e social), redefina-se a partir de um horizonte cultural mais interativo, incluindo jovens e adultos no exercício de interação social constituído pelas tecnologias da informação e, consequentemente, pelas novas práticas de escrita e leitura.

Tudo isso reclama uma reforma radical dos métodos de escolarização. Uma reforma dessa magnitude poderia chegar à conclusão de que já não há mais lugar para o monopólio de uma única cultura – a europeia – como referência central dos valores, uma vez que as experiências de diversidade cultural, trazidas à cena pública tanto por jovens como por adultos de diferentes classes sociais, demandam uma expressão que a escola tradicional não permite.

Mas a reforma desenhada no horizonte neoliberal da fase atual da globalização "caracteriza-se pela dominação de um novo modelo de educação inspirado por uma lógica econômica de tipo liberal e pela construção de uma *nova ordem educativa mundial*. Os governos ocidentais, as elites econômicas, as grandes empresas de comunicação, os dirigentes das grandes organizações econômicas internacionais propõem em todos os grandes fóruns mundiais um modelo escolar conforme as regras do livre-comércio, as estratégias das grandes empresas multinacionais e a ideologia subjacente"[27].

Para que isso tenha ocorrido, deu-se uma alteração no contexto político-econômico de que depende a regulação social das práticas formativas em sua interdependência complexa com a organização social. Desde a Revolução Industrial tem cabido ao Estado organizar e controlar os sistemas educacionais com o objetivo de incrementar tanto a produtividade interna quanto a competitividade internacional, tendo sempre como pano de fundo as doutrinas liberais de formação de uma cidadania democrática. Essa relação entre trabalho e educação é universal, mas regida pela particularidade que constitui a mediação histórica oferecida pelas formas sociais concretas, pela composição específica das classes sociais. A mediação configura-se no espaço público por meio da difusão de discursos competentes (centros de pesquisas, colóquios etc.), publicações especializadas, negociações sindicais e mecanismos de interação entre empresários e Estado para a produção de políticas públicas de educação.

A alteração nesse contexto – portanto, a mudança nos marcos regulatórios da relação entre trabalho e educação – tornou-se significativa em meados da segunda metade do século passado, quando o liberalismo clássico cedeu o passo ao neoliberalismo, caracterizado pela ultramobilidade dos capitais financeiros e pressionou no sentido da privatização serviços tradicionalmente afetos ao poder público, como educação e saúde. Entretanto, a economia não detém a chave geral para a explicação das transformações no processo educacional: o impacto do conhecimento tecnocientífico, das novas tecnologias da informação e da comunicação e dos efeitos das lutas em prol do direito de acesso universal à educação contribuíram fortemente para a citada alteração contextual.

---

27. LAVAL, C. & WEBER, L. (orgs.). *Le nouvel ordre éducatif mondial*: OMC, Banque Mondiale, Ocde, Commision Européenne. Paris: Nouveaux Regards, 2002, p. 7.

Na verdade, não é nada nova essa história de modelo educacional inspirado por lógica econômica. O conhecimento e as capacitações profissionais se incluem necessariamente no capital cuja rápida acumulação é imprescindível ao desenvolvimento econômico. Juntamente com as doutrinas humanistas de formação da cidadania, as escolas, também definidas como agências profissionais da educação ortodoxa ou formal, universalizaram-se na modernidade em função das demandas econômicas e ideológicas da formação capitalista. A disciplina escolar – que já caracterizamos como fundamental à moralidade pedagógica – é um tipo de reprodução da disciplina do trabalho com o objetivo último de inculcar o conhecimento técnico necessário à manutenção do modo de produção econômico, assim como os valores responsáveis pela integração das ideologias que levam à legitimação e à aceitação do mercado.

Como em quase tudo referente à organização capitalista de mercados, os Estados Unidos fornecem, desde o início do século XX, modelos para aquilo que alguns autores chamam de *comercialização* do processo educacional (com foco no Ensino Superior), podendo-se entender por isso "um amplo espectro de comportamentos e tendências, notadamente (1) a influência das forças econômicas nas universidades (por exemplo, o crescimento de graduações e departamentos em ciências da computação); (2) a influência da cultura empresarial circundante; (3) a influência dos interesses da carreira do estudante sobre o currículo (por exemplo, mais cursos vocacionais); (4) esforços para se economizar em investimentos universitários (maior contratação de professores temporários) ou para se usar métodos administrativos adaptados do mundo dos negócios; (5) tentativas de se quantificar questões universitárias que não são realmente quantificáveis, tais como tentar exprimir questões de valores em termos monetários"[28]. Mas pode-se também circunscrever o entendimento de "comercialização", como faz Bok, "aos esforços dentro da universidade para obter lucro a partir do ensino, pesquisa e outras atividades no *campus*"[29].

As raízes norte-americanas dessa comercialização estão ligadas à busca de lucros por meio de atividades esportivas. Na Universidade de Harvard em 1906, como relata Bok, um treinador de futebol de 16 anos de idade tinha salário igual ao do reitor e o dobro da quantia paga a um professor-titular. Conforme justificava o reitor Andrew Draper da Universidade de Illinois, a universidade "é questão de negócio, assim como uma instrumentalidade moral e intelectual, e se os métodos empresariais não forem aplicados à sua ad-

---

28. BOK, D. *Universities in the Marketplace*: the Commercialization of Higher Education. [s.l.]: Princeton University Press, 2003, p. 3.

29. Ibid.

ministração, ela vai quebrar"[30]. Mas já em 1909 o ex-aluno John Chapman queixava-se de que "os homens que hoje controlam Harvard são muito pouco mais do que homens de negócios, dirigindo uma grande loja de departamentos que fornece educação aos milhões". Ao longo dos tempos, não faltaram dirigentes que tentassem reagir ao crescimento dos programas de futebol, mas foram sempre silenciados pela onda entusiástica de uma maioria de estudantes e ex-alunos.

Assim, o que há de novo nas práticas comerciais da educação não é sua existência, e sim as proporções sem precedentes que elas foram adquirindo, especialmente desde o início da década de 1980. Nas últimas três décadas, a busca universitária de lucro ultrapassou a periferia dos *campi* com seus programas atléticos, levando o trabalho intelectual a regiões rentáveis do conhecimento como ciências da computação, finanças, gestão empresarial, bioquímica etc. No plano das disciplinas tradicionais, como se pode claramente inferir, a comercialização se desenvolve junto às ciências ditas "duras" ou outros campos do saber ligados ao mundo empresarial, e não junto às humanidades.

É interessante observar, entretanto, que toda essa movimentação no sentido da prática industrial e comercial não resulta necessariamente em conhecimento imediatamente aproveitável, como registra Bok: "Com pouquíssimas exceções (tal como Harry Steenback da Universidade de Wisconsin, que descobriu como enriquecer o leite com vitamina D), os cientistas acadêmicos não produziram muita pesquisa que tivesse valor comercial imediato. Fora de alguns campos, tais como química e certos ramos da engenharia, as empresas não tiveram grande necessidade de buscar consultorias profissionais"[31]. Por outro lado, os maciços investimentos federais em pesquisa de base desde o fim da Segunda Guerra Mundial (no âmbito da chamada Guerra Fria, onde se disputava superioridade militar) excederam as expectativas, levando ao desenvolvimento da bomba de hidrogênio, ao lançamento de satélites no espaço, à colocação de um homem na lua, ao crescimento da eletrônica e à ascensão da indústria da computação.

Realidade norte-americana à parte, o que há mesmo de novo no capítulo da mercantilização educacional é a constituição progressiva de um mercado mundial da educação – sob o impulso de organizações internacionais como a Organização Mundial do Comércio (OMC), a Unesco, o Acordo Geral sobre o Comércio dos Serviços (AGCS), o Banco Mundial, a Comissão Europeia e

---

30. Ibid.

31. Ibid., p. 10.

a Organização para a Cooperação e o Desenvolvimento Econômico (Ocde) – a despeito do fato de que o ensino ainda permaneça majoritariamente público e nacional num grande número de países.

De que consta exatamente esse mercado? Segundo Laval e Weber, "da venda de 'produtos educativos', circulação no mundo dos estudantes que podem pagar, criação de filiais universitárias no estrangeiro, desenvolvimento do *e-learning* etc."[32] Para eles, a concepção dominante da educação nas organizações internacionais é, ao mesmo tempo, liberal e utilitarista. No primeiro caso, o mercado serve de paradigma tanto para a organização do sistema educativo quanto para a modelagem do ensino escolar. Definida pela relação entre oferta e procura, a educação transforma a escola em empresa ou em praça de mercado.

No segundo, o utilitarismo, "que é ao mesmo tempo uma doutrina filosófica nascida no século XVIII e um estado de espírito muito difundido nas sociedades ocidentais modernas, considera que o indivíduo persegue e deve perseguir seu interesse pessoal em todas as coisas; que as instituições sociais e as pressões que as acompanham justificam-se apenas pela *utilidade* que têm para o indivíduo a elas submetido. O utilitarismo, sem se reduzir ao domínio econômico, nele encontra, entretanto, um terreno de predileção"[33].

Liberalismo e utilitarismo são, assim, os instrumentos organizacionais e ideológicos acionados pelas organizações internacionais para transformar a escola num dispositivo de fornecimento de *capital humano* para empresas, relegando à obsolescência a doutrina humanista da educação como formação integrada do homem, do cidadão e do trabalhador. Uma extensão desta ideia – que em princípio deveria atenuar seu vezo economicista – é o conceito mais recente de *capital social*, que coloca em primeiro plano os aspectos "sociais" (entendidos como "não" econômicos) da existência humana. Tais aspectos constituem-se basicamente de normas e valores que se prestam à coordenação eficiente dos comportamentos individuais. Um paradoxo comparece, entretanto, quando se observa que é a economia quem define, no limite, a orientação dessa moralidade operativa.

O paradoxo é mais do que evidente porque nunca foi tão necessário como agora para o capital controlar a imaginação coletiva e a linguagem. Assim é que, para Gorz, a suposição de que possa haver uma "nova forma de capital" – o conhecimento –, antitética ao capital em sentido econômico, leva a uma

---

32. LAVAL, C. & WEBER, L. (orgs.). *Le nouvel ordre éducatif mondial...* Op. cit., p. 8.

33. Ibid., p. 9.

tentativa de neutralização semântica da nova possibilidade. Diz: "Eu penso na inflação de 'capitais' que agora veicula o pensamento dominante: 'capital cultural', 'capital inteligência', 'capital educação'. 'capital experiência', 'capital social', 'capital natural', 'capital simbólico', 'capital humano', 'capital conhecimento' ou 'cognitivo', sobretudo, que é a base do 'capitalismo cognitivo' ou até mesmo da 'sociedade cognitiva', capitalista evidentemente, pois que o conhecimento pode ser considerado a nova forma do capital pelo qual se exprime a capacidade de criação das sociedades modernas"[34].

Em outras palavras, o conhecimento é recuperado para o "terreno de predileção" utilitarista, ou seja, a instância econômica, na qual os economistas e os tecnoburocratas instalam-se como uma nova geração de pedagogos, buscando orientar os rumos educacionais segundo os parâmetros do capital-mundo. Na bacia terminológica em que pontifica a noção de capital humano se alinham palavras-chave como "mercado educativo", "rentabilidade dos investimentos", "educação de qualidade" e outras. É uma terminologia comum às organizações internacionais já indicadas, destinada a naturalizar a ideia de educação como uma mercadoria cujo valor de uso é basicamente econômico. Só que essa naturalização não é certamente econômica em si mesma, mas *simbólica*, o que implica um específico trabalho ideológico por parte dessas organizações.

Dentre todas elas tem preeminência a Ocde, por ampliar progressivamente seu campo de ação, firmando-se agora como um intelectual orgânico do mercado educativo mundial. Reunidos desde o início em torno dessa organização estão países como França, Dinamarca, Suécia, Finlândia, Noruega, Canadá, Estados Unidos, Reino Unido, Países Baixos, Alemanha, Áustria, Bélgica, Japão, Austrália e Itália[35]. Percebe-se de saída que aí se acham os chamados *founding states* (com o acréscimo posterior dos Estados Unidos e do Japão), constitutivos do núcleo do sistema capitalista e do sistema interestatal mundial. Em 1995 as corporações transnacionais desses países detinham cerca de 13 trilhões de dólares aplicados em ativos financeiros, superando bancos, seguradoras e fundos de pensão. Com cerca de 19% da população mundial, essas nações são responsáveis por 84% dos gastos mundiais em educação. Para se ter um termo comparativo, vale registrar que 78,5% da população dos países ditos "subdesenvolvidos" contam com 16% desses mesmos gastos.

Em termos bem genéricos, a Ocde é principalmente a sigla para um mercado privilegiado. Inicialmente centrada na questão econômica, ela passou a

---

34. GORZ, A. *O imaterial...* Op. cit., p. 53.

35. Atualmente 30 países fazem parte da Ocde.

cuidar de aspectos sociais do desenvolvimento dos países-membros, influenciando instituições e governos europeus. Estes, não raro, como afirmam Laval e Weber, contentam-se em "copiar/colar" os seus textos. Acrescentam: "Mesmo a alta função pública francesa passou a importar suas noções e análises. Os temas da moda entre os responsáveis franceses e europeus pela educação – tais como 'economia do conhecimento', 'organização docente', 'formação ao longo da vida inteira' – são formas de continuidade das noções elaboradas pela Ocde"[36].

Valorizando a função do recurso terminológico (ao modo, aliás, do pragmatismo filosófico de Richard Rorty) na construção de um novo consenso, a análise de Laval e Weber mostra como palavras de fácil trânsito na atualidade (tecnologias da informação e da comunicação, globalização, competências, sociedade da informação, empregabilidade, autonomia, trabalho em equipe, flexibilidade, exclusão social, envelhecimento, família, concorrência, coesão social, capital humano, capital social etc.) remetem hipertextualmente umas às outras, visando a montagem de um campo semântico sem conflitos e orientado para a formação de um consenso sobre educação – de natureza neoliberal. Na medida em que se chega a um acordo geral sobre a qualificação das atividades sociais como um todo, o "ensino de qualidade" aparece como requisito para o aperfeiçoamento da mão de obra. Do ponto de vista da escolarização, isso implica o prolongamento do ensino básico até o término do Ensino Médio e a ampliação do acesso à universidade, com destaque para a diversificação das carreiras técnicas e profissionais.

Esse consenso tem como meta a disseminação generalizada da informação na vida social com vistas a capacitar o cidadão a melhor situar-se (de modo analítico ou crítico) na crescente complexidade da sociedade contemporânea. Por isso, a Ocde se debruça igualmente sobre transformações sociais como a crise da vinculação comunitária, a instabilidade da instituição familiar, o aumento das desigualdades e várias outras. Mesmo sem reduzir a cidadania ao mundo da produção – e, portanto, sem subordinar a educação ao mercado de trabalho –, essa organização tende a fazer equivalerem empresa e vida social, o que termina redundando na identificação de economia de mercado com sociedade[37].

Por outro lado, a informação generalizada abre caminho para o maior reconhecimento da educação heterodoxa, entendida como a variedade das modalidades de ensino informal. A argumentação geral é de que a economia do conhecimento requer novos tipos de competências, não atendidas pelo conhecimento

---

36. GORZ, A. *O imaterial...* Op. cit., p. 77.

37. Cf. ibid., p. 86.

habitualmente transmitido nas escolas, o que relativizaria a importância da sala de aula tradicional e valorizaria a instrução heterodoxa, cuja diversidade de fontes abrange os especialistas externos, o meio ambiente e as tecnologias da informação e da comunicação. Entretanto, o ensino formal e o informal tenderiam a aliar-se para formar o já mencionado "capital humano", o que leva ao conceito de "formação ao longo da vida inteira" (*lifelong learning*).

A formação permanente é uma ideia propagada por alguns intelectuais europeus (por exemplo, o francês Edgar Faure, em 1972), recorrente na socialdemocracia escandinava na década de 1970, a título de reconhecimento do direito geral à educação, separando o valor do diploma da qualificação estrita como mão de obra. Em termos políticos e filosóficos, trata-se da reafirmação do princípio da educação permanente como um processo inseparável do conceito de integração social e do sentido em que criança e adulto evoluem.

Mas no âmbito da Ocde, essa ideia desviou-se em fins dos anos de 1990 para a adaptação da vida social à economia globalizada. Para tanto, segundo essa organização, deslocar o acento das escolas para "os aprendizes e a aprendizagem", ou seja, a constituição de uma demanda ativa de "serviços educativos" por parte de indivíduos desejosos de usufruir das vantagens sociais de autotransformação em "capital humano".

No pano de fundo desta orientação se acha a preocupação neoliberal com gastos sociais por demais elevados para os interesses do capitalismo financeiro, como acontece com educação e saúde, cuja evolução dos custos reduziria a rentabilidade da economia e poderia desacelerar os investimentos industriais. Desse modo, o financiamento público com os serviços educativos, principalmente no que se refere ao Ensino Superior, deveria ser parcialmente bancado pelo estudante[38]. Em outras palavras, favorecem-se as estratégias de investi-

---

38. A mercantilização é tendência que se desenha no Brasil desde os anos de 1990, *pari passu* com o desmonte progressivo das políticas sociais mais avançadas, preconizadas pela Constituição de 1988. Com a paulatina perda de qualidade dos estabelecimentos públicos, o ensino básico e médio privatiza-se, bancado pelas frações de classe sociais mais abastadas, cujos filhos são ali "treinados" para o vestibular de acesso à elite universitária. Ao mesmo tempo, as universidades tornam-se cada vez mais um *business* empresarial, sem qualquer incentivo à pesquisa. Calcula-se que 70% dos estudantes universitários pertençam hoje ao campo privado de ensino que, na prática, com raras exceções, é uma vasta usina de diplomas sem grande valor mercadológico e social, apesar da existência de setores com forte demanda de profissionais com formação superior. Por isso, segundo o *Wall Street Journal* (27/06/11), aproveitando-se da brecha aberta pela falta de profissionais qualificados para suprir as necessidades das empresas em meio à expansão econômica brasileira, companhias multinacionais começam a adotar medidas extraordinárias para conseguir contratar de acordo com suas necessidades: "Reforçando seus programas de estágios, gastando mais com treinamento e salários e trazendo trabalhadores de mercados em retração". Tende, assim, a crescer o número das faculdades privadas locais e internacionais, o que ajudaria a instalar aqui os processos do mercado mundial da educação.

mento na educação para a formação de capital humano, desde que a educação se estruture como um mercado. Consensualmente, indivíduo, família e empresa se dariam as mãos, para além do espaço formal da escola, para uma permanente formação "autodirigida".

De um modo geral, esse tipo de argumentação trabalha ora com suposições ainda não comprovadas, ora com tendências parciais, mas que *insinuam um consenso*, devido às aparentes transformações de costumes que seguem à disseminação da economia-mundo e às mutações tecnológicas. Um exemplo num texto da Ocde: "Durante os anos de 1990, um consenso notável apareceu em torno do fato de que a aprendizagem para a vida inteira era o caminho do futuro". Ao que se espantam Laval e Weber: "Como uma ideia apresentada como radical e revolucionária pode obter um consenso tão amplo?"[39]

A resposta pode estar contida na hipótese – por nós agora levantada – de que esse consenso seja mais um efeito de *marketing* do que um fato de hegemonia no sentido gramsciano do termo, isto é, de dominação por consentimento real de todas as partes envolvidas no processo[40]. Na realidade, a Ocde ainda trava uma luta por hegemonia no campo educacional, o que se depreende do tom messiânico ou profético de seus textos, com uma concepção marcadamente evolutiva de história, segundo a qual teríamos ingressado numa "nova era", esta onde seria preciso "aprender desde o berço até o túmulo". Para Laval e Weber, "essa nova linha lembra as grandes utopias: a democracia, o crescimento, a revolução, a emancipação, a cultura. Mas aí onde a utopia teria necessidade de fôlego e de mitos, o discurso é raso, formatado, sem sabor, racionalizado, uma prova suplementar do "desencantamento do mundo""[41].

Esse discurso, guardadas as devidas proporções, é afim ao da organização empresarial, que se destaca no pano de fundo globalizado das transformações. Em nome da dita "nova era", que seria uma espécie de futuro antecipado, associa-se a racionalidade das novas tecnologias ao racionalismo da gestão empresarial para fazer da escola uma gerência de transmissão do saber. Assim como a empresa pós-fordista flexibiliza seu sistema produtivo, a escola deveria caminhar igualmente na direção da flexibilização da tomada de decisões pedagógicas e na condução do ensino. Neste último ponto, desenha-se para

---

39. LAVAL, C. & WEBER, L. (orgs.). *Le nouvel ordre éducatif mondial...* Op. cit., p. 90.

40. Não se trata evidentemente de um *marketing* qualquer, porque resulta dos trabalhos de um *think tank* de bom nível intelectual, reproduzidos a título de "conhecimento novo" por especialistas em economia do conhecimento e, mesmo, teóricos da comunicação, da educação etc. em países periféricos.

41. LAVAL, C. & WEBER, L. (orgs.). *Le nouvel ordre éducatif mondial...* Op. cit.

a escola um papel mais amplo do que o de simples transmissora de saber, já que lhe caberia o papel de hipersocialização de indivíduos frente à erosão da instituição familiar e à depauperação do espírito cívico.

A ideologia financista

Não é tarefa das mais fáceis a avaliação crítica da concepção neoliberal da educação, uma vez que ela mistura pontos altamente discutíveis ou "evidências" não comprovadas (a exemplo do suposto "consenso") com outros de clara boa repercussão pública, como a própria reiteração da importância do processo educacional, a revisão de aspectos anacrônicos da forma escolar, a revalorização dos professores, a educação de qualidade ou eficaz etc. Tomado isoladamente como sintoma de uma crise pedagógica, cada item desses pode ser considerado uma exigência legítima. O problema aparece quando toda essa concepção se apresenta monologicamente como uma consequência "natural" da reestruturação capitalista do mundo que engloba centro e periferia (a já popular "globalização"), que desde a década de 1980 intensifica as mudanças do capital sob a égide do extraordinário poder das finanças, deflagrando aquilo que alguns especialistas chamam de "Terceira Revolução Industrial". Por que isso é problemático? Porque assim se "naturaliza" a ideologia neoliberal e se neutraliza o curso histórico da escola democrática. No interior do monologismo neoliberal, qualidade e eficácia são atributos exclusivos da livre concorrência no mercado, e não a formação de sujeitos autônomos, reflexivos e criativos.

Deflagra-se na prática, em termos esquemáticos, o aumento da cisão entre a fração produtiva e a fração financeira do capital, com grandes consequências sociais e políticas. Não se trata simplesmente de uma globalização entendida como mundialização do capital. Conforme ressalta Braga, as noções de globalização financeira e mundialização do capital "não são sinônimas, não se confundem com a financeirização, na medida em que, com este conceito, o que buscamos é apreender o *modo de ser* da riqueza contemporânea, sua gestão e aspectos de sua dinâmica sistêmica, no âmbito destes movimentos internacionais do capitalismo"[42]. É de fato uma nova *forma social* da riqueza, caracterizada por uma série de transformações, dentre as quais avulta a mudança na natureza do dinheiro – "dinheiro produtor de dinheiro, a forma mais geral e mais absurda do capital"[43].

---

42. BRAGA, J.C. "Financeirização global". In: TAVARES, M.C. & FIORI, J.L. *Poder e dinheiro*: uma economia política da globalização. Petrópolis: Vozes, 1997, p. 197.

43. HILFERDING, R., apud BRAGA, J.C. "Financeirização global". Op. cit.

Essa nova forma, que orienta as políticas de globalização em função da hegemonia norte-americana, conforma um paradigma em que a liberalização financeira e a desregulamentação mundial confluem para o setor privado. Afirma Cardoso de Melo: "Esse extraordinário poder econômico privado – das empresas produtivas e das organizações financeiras – se lança de maneira hostil contra as políticas nacionais de proteção social, por um lado, e, por outro, contra as políticas nacionais de preservação dos sistemas industriais voltada para o mercado interno, transformando os Estados Nacionais em reféns da política do grande capital. Com isso, a dimensão pública dos Estados Nacionais – conquistada ao longo das lutas democráticas do século XX – definha de forma dramática"[44].

Reiteramos que não se trata de algo como o "fim" da tradicional atividade produtiva, e sim da financeirização como uma ideologia posta em primeiro plano no imaginário tecnológico e público da riqueza social, ao lado de sua realidade como mudança de natureza do sistema monetário-financeiro e *modus operandi* da corporação industrial. É propriamente a ideologia da passagem – que começa em fins do século XIX – da imagem capitalista de riqueza como a posse de terras e equipamentos à simbolização da moeda fiduciária e dos ativos financeiros. O mito energético-econômico que punha em primeiro plano a produção e o trabalho como processo histórico dá lugar ao princípio da reprodução, em que o trabalho morto (das máquinas) se investe de sobrevalor em relação ao trabalho vivo (do corpo), fazendo da tecnologia não uma mera "força produtiva" com razão histórica e referência social, mas uma *forma* e um *princípio* (no limite, um *medium* na acepção que Marshall McLuhan e Jean Baudrillard emprestam ao termo) geradores de sentido. Este é de fato agora caracterizado pela flexibilidade ou pela velocidade presentes nos novos modos capitalistas de organização da produção e da distribuição.

Decorre, portanto, da vigência da riqueza mobiliária que caracteriza a expansão da nova lógica de acumulação do capital a ideologia financista que preconiza agilidade inovadora e flexibilidade dos fatores sociais de natureza diversa. Os discursos que atestam o advento universal e invariante de uma "nova era", a da ordem neocapitalista cibernética, devem ser lidos como efeitos centrípetos do capital financeiro na unificação das formas parciais do capital. A tecnologia é o recurso estratégico para as novas modulações do poder mundial nos campos militares, financeiros, organizacionais e civis. O investimento em inovações tecnológicas assume, assim, uma centralidade inédita na história

---

44. MELLO, J.M.C. A contrarrevolução liberal-conservadora. In: TAVARES, M.C. & FIORI, J.L. *Poder e dinheiro...* Op. cit., p. 20.

da acumulação do capital por meio das empresas industriais. Privilegiam-se domínios do conhecimento (química, física etc.) capazes de transcender uma linha de produto, porque o objetivo não se define por um valor de uso estrito, e sim pela inovação: "Não se trata mais apenas da economia de escala, mas também da economia de escopo, novos produtos e novos processos, não necessariamente relacionados com a base industrial que deu origem à corporação"[45].

No âmbito dessa economia de escopo, a pesquisa científica fragmenta-se por efeito de uma especialização cada vez maior, a tal nível que os pesquisadores de um mesmo ramo científico, mas especializados em temas diferentes, não consigam comunicar-se com os colegas, tão distante é a perspectiva de totalidade do campo de conhecimento. A propósito da imunologia, diz um cientista japonês: "A imunologia assim fragmentada, ao ser aplicada às práticas clínicas, pouco serve para lidar com os aspectos imunológicos envolvidos no câncer, nas doenças autoimunes e nas alergias, dentre outras doenças. Ou seja, não serve para muita coisa! Existe a área da imunologia clínica. Mas a realidade é que a clínica e a pesquisa estão totalmente dissociadas, sem que se tenha criado uma relação mutuamente proveitosa entre ambos [...]. O avanço das pesquisas médicas não está adiantando em nada para a diminuição do número de doentes, nem para o alívio de seus sintomas"[46].

Em outras palavras, o valor de troca do produto científico (de natureza médica, no caso) não precisa ser alimentado por seu valor de uso (a saúde, a cura), porque encontra uma nova legitimidade nas próprias forças produtivas, que são agora a ciência e a técnica. O conhecimento científico independentiza-se da finalidade social em função de um "avanço" que serve aos interesses (criação de produtos novos) de uma corporação industrial. A tecnociência cria circuitos de distribuição de seus produtos autônomos em relação às reais demandas da comunidade humana e se empenha em justificar essa "finalidade sem fim" da produção por meio de uma estetização da economia em que tem papel essencial a comunicação social generalizada pela tecnologia eletrônica.

Por isso, o que antes, sob a égide da sociedade produtivista, pode ser analisado como "despesa extra" do capital (informação, comunicação, moda etc.) tem lugar de destaque no processo de unidade do conjunto, como biombo da financeirização. Por trás deste se agitam a questão do definhamento da proteção social associada ao Estado Nacional e os problemas trazidos pelo

---

45. BRAGA, J.C. "Financeirização global". Op. cit., p. 216-217.

46. ABO, T. *Revolução imunológica*. [s.l.]: Gasho, 2003, p. 16.

primado da esfera econômica na organização social, tais como a degradação das condições de trabalho e do meio ambiente, assim como as desigualdades sociais de todo tipo.

A propósito da educação, reencontra-se igualmente essa unificação na incorporação de conceitos diversos de capital, tal como descrita por Coleman: "O desenvolvimento provavelmente mais importante e mais original no domínio da economia da educação desses últimos trinta anos reside na ideia de que o conceito de capital físico – incorporado nos instrumentos, máquinas e outros equipamentos produtivos – pode ser ampliado até a inclusão do capital humano. Da mesma maneira que o capital físico é criado trazendo mudanças nos materiais a fim de formar instrumentos que facilitem a produção, o capital humano é criado mudando pessoas a fim de lhes dar competências e capacidades que lhes permitam agir de modo novo. Quanto ao capital social, é criado quando as relações entre os indivíduos mudam de maneira a facilitar a ação [...]. Como o capital físico e o capital humano, o capital social permite a atividade produtiva"[47].

A partir daí se explicam ficções universalistas como a da "sociedade do conhecimento" que, na verdade, é uma adaptação de "sociedade europeia do conhecimento", expressão popularizada desde o fim da década de 1990 no quadro do movimento internacional de disseminação da ideologia financista que preconiza o advento de uma "nova era" como um fenômeno global, embora veicule um limitado padrão de riqueza econômica e social.

Também limitada e restrita é a partilha social do conhecimento tecnocientífico que hoje, mais do que nunca, é indispensável à dominação do trabalho vivo pelas máquinas, integrando o capital fixo como recurso de apropriação do sobretrabalho. A cultura comum expandida pela mídia e pelas novas tecnologias da comunicação nada tem a ver com a incorporação efetiva dos conhecimentos tecnocientíficos: na verdade, apenas aprofunda uma separação que acompanha a história da industrialização.

Na fase clássica da produção manufatureira, os detentores desse conhecimento eram os engenheiros que, como ressalta Gorz, "estão expressa e ideologicamente no campo dos proprietários do capital. Eles são os 'quadros' investidos do poder de comando, eles representam o patronato, oferecem soluções para gestão e para a valorização do capital fixo. O conhecimento, nesse estágio, existe 'na cabeça' dos 'oficiais de produção' e nos meios de produção

---

[47]. COLEMAN, J.S. *Foundation of Social Theory*. [s.l.]: Harvard University Press, 1990, p. 304.

tangíveis como poder restritivo sobre o trabalho. Ele ainda não existe como capital 'imaterial' separado e separável de seu suporte material e separadamente produtível"[48].

Progressivamente, autonomiza-se a produção do conhecimento (isto é, sai "da cabeça" dos oficiais de produção) na medida em que este se transforma em valor – não valor de troca, mas fonte de valor das mercadorias. Seu valor de troca, como explica Fullani, não é o mesmo de um produto manufatureiro, uma vez que está "inteiramente ligado à capacidade prática de limitar sua livre difusão, ou seja, de limitar com meios jurídicos (certificados, direitos autorais, licenças, contratos) ou monopolistas, a possibilidade de copiar, de imitar, de 'reinventar', de aprender conhecimento dos outros"[49]. Daí os gigantescos investimentos das grandes corporações industriais em pesquisas, tanto no nível de maquinaria (hardware) como de programação (software), com vistas a assegurar por meio das inovações tecnológicas as suas vantagens na concorrência internacional, evitando a estagnação mercadológica de seus produtos.

Um exemplo de problema ainda pendente – e que já desafia no início da segunda década deste século a indústria da tecnologia – é levantado pela teoria (antiga de pouco mais de quatro décadas, popularizada como "Lei de Moore", nome de seu formulador) de que é possível colocar o dobro de transístores dentro de um microprocessador (mais precisamente no chip, dependente do silício como semicondutor) pelo mesmo custo de produção a cada dois anos. É essa capacidade do chip que alimenta as inovações anuais de uma indústria trilionária. Daí o problema: "Daqui a no máximo uma década, a Lei de Moore não será mais aplicável. Além de causar enormes prejuízos, o fim do princípio pode, de acordo com as previsões mais catastróficas, 'balançar a estrutura econômica do capitalismo'[50].

Com efeito, o limite material dessas inovações aceleradas é dado pela estrutura de silício do chip, que será tão pequena a ponto de desafiar as dimensões do átomo. Em termos estritamente tecnológicos, nada impede que, mesmo atingidos os limites de miniaturização dos circuitos, as pesquisas por novos materiais (que ofereçam naturalmente o mesmo custo-benefício do silício) continuem permitindo o lucrativo desempenho industrial na área de microeletrônica. Mas surge aqui a questão mais interessante em termos

---

48. GORZ, A. *O imaterial...* Op. cit., p. 34.
49. FULLANI, E., apud GORZ, A. *O imaterial...* Op. cit., p. 30.
50. Cf. SETTI, R. *O Globo*, 11/04/11.

de economia do conhecimento: é possível que o hardware computacional (portanto, o microprocessador) venha a ser posto em segundo plano por uma mudança de paradigma em que ganhe relevância o aperfeiçoamento dos algoritmos dos softwares. Em termos práticos, ao invés de chips mais potentes, privilegia-se o gerenciamento algorítmico de vários processos, o que eleva a dimensão imaterial (o conhecimento) muito acima das possibilidades materiais (maquinais), ainda que fabulosas.

Seja como for, num caso ou no outro, o conhecimento efetivamente produtivo, capaz de acionar pesquisas e vendas bilionárias, é apanágio de corporações que levantam barreiras à universalização do acesso. A "sociedade universal do conhecimento" é tão fictícia quanto a capitalização que, não raro, induz mundialmente a crises financeiras e cambiais, além de causar problema para o desenvolvimento das bases produtivas de países situados na periferia do capital-mundo – os "reféns do grande capital" – nas margens extremas da divisão internacional do trabalho e nas formas potencialmente regressivas de vida democrática.

Mas essa expressão (sociedade universal do conhecimento) é historicamente conspícua na *Declaração de Bolonha* (1999), em que 29 ministros da educação europeus[51] manifestam um consenso quanto a objetivos estratégicos para a construção de um "espaço europeu de educação superior". No texto comparecem os princípios financistas da flexibilidade e da mobilidade: os créditos pedagógicos devem ser suficientemente flexíveis para incluir similares externos ao sistema formal de ensino; professores e alunos devem ser interinstitucionalmente móveis, no quadro de programas integrados de estudos, formação e pesquisa; os títulos obtidos devem ser facilmente compreensíveis e comparáveis.

Por outro lado, de acordo com o segundo parágrafo do texto, "poucos põem em dúvida que a 'Europa do Conhecimento' é um fator insubstituível frente ao desenvolvimento social e humano, e à consolidação e ao enriquecimento da cidadania europeia, capaz de oferecer aos cidadãos as competências necessárias para responder aos desafios do novo milênio". O documento é pontuado por expressões-chave da ideologia capitalista-financeira como "competências", "empregabilidade", "competitividade", "sociedade do conhecimento", "influência internacional" e outras.

A equivocidade do termo "competências" não deixou de suscitar discussões continuadas por parte de especialistas, uma vez que está centrado na

---

51. Até 2009, 19 outros países haviam aderido ao texto da Declaração.

visão utilitária do conhecimento, isto é, na capacidade individual de levar a cabo as tarefas da vida cotidianas. O que importa, portanto, é passagem ao ato, a execução de um trabalho. No caso do Pisa, por exemplo, que é um instrumento avaliador de competências em nível de Ensino Médio, a questão das competências a propósito de um texto escrito se refere à capacidade do leitor de extrair informações, interpretá-las e produzir um arrazoado. O que se põe em questão não é a eficácia de um sistema educacional em relação a seus objetivos, e sim a capacidade de se adequar às normas de competências estabelecidas pela Ocde.

Quanto à expressão "sociedade europeia do conhecimento", desenha-se como uma retórica indutora de atração civilizatória, isto é, do potencial atribuído à civilização europeia de produzir um conhecimento universal supostamente "capaz de oferecer aos cidadãos as competências necessárias para responder aos desafios do novo milênio". Por um lado, a apregoada promoção da "empregabilidade dos cidadãos e a competitividade do sistema de Ensino Superior europeu em escala internacional" visa emular a competição com as universidades norte-americanas, que costumam ser classificadas como as melhores do mundo. Por outro, o "reforço da consciência dos valores compartilhados e do pertencimento a um espaço social e cultural comum" é a reiteração de uma suposta unidade civilizatória europeia como pretensa fonte irradiadora de universalismo cultural.

Essa pretensão universalista de pensamento único busca impor uma abstrata concepção educacional que não contempla tempo, espaço e sujeito social, ou seja, tudo aquilo que leva à constituição de formas sociais concretas para sua realização. Só que agora a busca de hegemonia civilizatória não mais se pauta, como no passado clássico, por argumentos religiosos nem de pura e simples superioridade antropológica (que costumavam embutir-se na retórica pedagógica), mas pela lógica da eficácia empresarial, que gira ao redor de competências, habilidades e destrezas. Nenhuma delas se define por parâmetros cognitivos, o que as coloca fora das disciplinas escolares e diretamente dentro da prática profissional. Pretende-se a efetiva democratização ao acesso à educação pública, porém como uma estratégia de captação das populações capacitadas.

Conforme acentuamos, uma nova terminologia não é jamais inocente: a linguagem das "competências" entra no jogo das representações mediadoras como um caminho para o diálogo entre sistema educacional e empresa, logo, como a relação lógica e moderna entre escola e trabalho. Introduz-se assim em termos absolutos um vetor profissionalizante na ideia de educação, em especial, no Ensino Superior, que termina transformando as demandas sociais de conhecimento em demandas empresariais, cujo resultado é a conversão de todo saber e toda ciência numa modalidade lucrativa de atividade econômica.

Qual a importância para esse novo modelo hegemônico que a ordem educativa tenha um alcance mundial? Para uma resposta, é preciso levar inicialmente em consideração que é justamente a autonomia relativa do sistema escolar que lhe permite reproduzir com eficácia o sistema de classes dominante. Só que agora não se trata apenas da ideologia de classe nacional, mas da ideologia financista dos chamados *global players*, as corporações que realizam a globalização dos negócios e que, por controlarem enormes massas monetárias líquidas, "estão sendo capazes de redefinir a *territorialidade econômica* a partir dos seus interesses no mundo dos negócios. Evidente que o fazem a partir de suas bases nacionais, porém suas estratégias técnico-produtivas e financeiras são mundiais. Portanto, o plano nacional é apenas a 'rampa de lançamento', enquanto que seu espaço lucrativo é o planeta, isto é, a parte dele economicamente 'explorável', o que pode significar apenas segmentos geográficos de um determinado país e não este como um todo"[52].

Num quadro desses, o ideal educacional é a formação de um indivíduo não mais definido por um lugar produtivo fixo no processo de trabalho, e sim por sua mobilidade ou sua comutabilidade na órbita da forma generalizada do trabalho sem conteúdo nem salário específicos. A educação que se desenha nesse horizonte é um produto posto à venda no mercado. É claro que isso não se realiza por inteiro porque são variadas e complexas as mediações entre o mundo da economia e o da educação, cujos históricos *fronts* republicanos – cultura, pedagogia e democracia – não se articulam diretamente com os dispositivos da produção.

Entretanto, fica cada vez mais evidente que as políticas educacionais dos países afinados com a "modernização globalista", isto é, com a globalização financeira do mundo, terminam alinhando-se com o modelo tomado de empréstimo ao mercado e caracterizado por concorrência, competitividade, avaliação de resultados, eficácia e livre escolha do consumidor. Atribui-se um peso crescente à monitoração ou avaliação dos resultados escolares, não necessariamente para melhorar o rendimento público da educação, e sim para estimular as relações mercadológicas entre os profissionais de ensino e seus supostos "clientes", os consumidores do produto educativo.

---

52. BRAGA, J.C. "Financeirização global". Op. cit., p. 218.

Essa subcultura avaliativa é a decorrência lógica do "espírito" misto de economia e engenharia que se infiltra na esfera clássica da educação juntamente com o aumento da presença de engenheiros e economistas. "Engenharia" deve ser aqui entendida em sentido lato como o lugar de proveniência das tecnologias da comunicação e da informação, que se caracterizam pelo desenvolvimento de novos materiais e algoritmos, ao passo que "economia" é o lugar das operações de cálculo de custo e benefício. Em ambos os casos se trata de computar ou medir. É essa subcultura que alimenta as organizações internacionais empenhadas na constituição do mercado mundial da educação, relegando ao segundo plano a formulação de projetos político-pedagógicos em níveis nacionais[53].

As crises de produtividade e de rentabilidade do capital, com suas consequentes bandeiras de eficácia e redução de custos públicos, acabam cobrando, por toda parte, o sacrifício da escola democrática, que é geralmente entendida como universalização do acesso ao ensino formal e equalização das oportunidades de acesso ao conhecimento produtivo. É preciso, entretanto, incluir nesse entendimento a redução das desigualdades de instrução associadas ao meio social. A escola realmente democrática é parte de um projeto político-social de emancipação dos indivíduos e aperfeiçoamento da socialização.

A partir dessa noção se tornam aceitáveis várias das categorias propostas pelas organizações internacionais de ensino, desde que se suplante a perspectiva economicista por uma perspectiva antropocêntrica da educação. Rejeitar o economicismo não é desconhecer a importância do financiamento público e privado do ensino, nem deixar de levar em consideração que a organização empresarial costuma revelar-se bastante eficiente no tocante a fins e resultados. Mas a perspectiva antropocêntrica obriga a sociedade a refletir sobre a especificidade da "produção" educacional e, em consequência, avaliar as ameaças implícitas na comercialização.

Umas dessas ameaças diz respeito à moralidade ou à ética, portanto, à formação do caráter, que ocupa um lugar central na educação ocidental desde Platão e Aristóteles, assim como em toda e qualquer sociedade preocupada com a boa continuidade das gerações. Evidentemente, essa não é uma tarefa exclusiva da escola, já que os jovens costumam pautar-se mais pelo exemplo

---

53. P. ex., essa subcultura costuma ser apresentada como um "avanço" educacional promovido pelo Ministério da Educação brasileiro ao longo do duplo mandato do Presidente Fernando Henrique Cardoso (1995-2002). Na prática, embalada pelo *marketing* oficial e pela mídia, ela servia para encobrir ideologicamente o sucateamento das universidades federais.

daqueles que respeitam como autoridades do que pelas lições recebidas em salas de aulas. Mas nenhuma escolarização pode perder de vista a questão sempre presente dos dilemas morais que inevitavelmente aparecerão para os jovens em sua vida profissional.

Os riscos da comercialização estendem-se inclusive aos cânones da pesquisa científica, na medida em que as oportunidades de ganhos financeiros na esfera privada podem afastar os pesquisadores da exploração de problemas intelectualmente relevantes, mas sem apelo de mercado. As avaliações comunitárias das instituições de ensino e pesquisa podem ser ludibriadas pelas vantagens imediatas e tangíveis da comercialização, que normalmente redundam em equipamentos e dinheiro. Por outro lado, as consequências dos riscos não se materializam em curto prazo nem se deixam facilmente apreender pelos critérios burocráticos de produtividade. No entanto, o atraso científico pode ser inversamente proporcional à maximização do lucro.

Dentro de uma perspectiva antropocêntrica, entretanto, um item como a formação ao longo da vida é democraticamente compreensível se ultrapassa o limitado escopo empresarial do capital humano na direção do reconhecimento da experiência pessoal e comunitária como um potencial de novas capacidades cognitivas, de reflexão, de criatividade e de sensibilização para a diversidade cultural. Nessa perspectiva, competência técnica não se confunde com o tecnicismo que busca infiltrar-se pedagogicamente na esfera do ensino, reduzindo a reflexão e os debates sobre os fins da educação à exibição estatística de números e resultados, assim como à incorporação de objetos tecnológicos aceitos acriticamente apenas por serem em si mesmos modernos.

No fundo, o que está sempre em questão no pensamento único e eurocêntrico sobre educação é a ideia de modernidade como uma forma estática e universal, presumidamente homogênea para a espécie humana. Novas e velhas concepções evolucionistas servem de lastros a essa ideia, variando a tônica – desde a *Bildung* clássica, nostálgica da *paideia*, até o tecnicismo contemporâneo, que aposta no mercado e nas máquinas, buscando naturalizar como "moderna" a ideologia neoliberal que hoje se insinua como base da economia, da política e da educação.

Mas a grande dificuldade da sincronia entre educação e modernidade está no fato de que, não raro, sabe-se muito pouco do que se está falando quando se usa este último termo. A modernidade que se concebe não é mais aquela, originária, da invenção de possíveis, nem sequer a do progresso universal, e sim a da tecnologia e do mercado como a utopia realizada do capital. Por isso o escritor francês Michel Leiris a chamava de "merdonidade". Pode continuar valendo a formulação impecável de Roland Barthes: "Ser moderno é saber o que não é mais possível".

Referências

ABO, T. *Revolução imunológica*. [s.l.]: Gasho, 2003.

ACIOLI, V.L.C. *A identidade da beleza* – Dicionário de Artistas e Artífices dos séculos XVI ao XIX em Pernambuco. Recife: Massangana/Fundação Joaquim Nabuco, 2010.

ADORNO, T. *Minima moralia*. Rio de Janeiro: Azougue, 2008.

_____ *Educação e emancipação*. Rio de Janeiro: Paz e Terra, 1995.

ADORNO, T. & HORKHEIMER, M. *Dialética do esclarecimento*. Rio de Janeiro: Zahar, 1985.

ALAIN, E.C. *Reflexões sobre a educação*. São Paulo: Saraiva, 1978.

ALBERGANTI, M. *À l'école des robots, l'informatique, l'ecole et vos enfants*. [s.l.]: Calman-Lévy, 2000.

ALTHUSSER, L. *Idéologie et appareils idéologiques d'État. (Positions)*. Paris: Sociales, 1976.

ANDRADE, M. "O Aleijadinho". *Aspectos das artes plásticas no Brasil*. São Paulo: Martins, 1965.

ARAÚJO, E. (org.). *A mão afro-brasileira* – Significado da contribuição artística e histórica. [s.l.]: Tenenge, 1988.

ARENDT, H. *La crise de l'éducation* – Extrait de La crise de la culture. Paris: Folioplus-philosophie/Gallimard, 2007.

BAKHTINE, M. *La poétique de Dostoievsky*. Paris: Seuil, 1970.

BALIBAR, E. & WALLERSTEIN, I. *Race-nation-classe*: les identités ambigues. Paris: La Decouverte, 1988.

BARTHES, R. *Oeuvres complètes II*. Paris: Seuil, 1994.

BATAILLE, G. *Las lagrimas de Eros*. [s.l.]: Tusquets, [s.d.].

BAUDRILLARD, J. *Les stratégies fatales*. [s.l.]: Grasset, 1983.

_____. *L'Échange symbolique et la mort*. Paris: Gallimard, 1976.

_____. *La société de consommation*. Paris: Gallimard, 1970.

BAUMAN, Z. *O mal-estar da Pós-modernidade*. Rio de Janeiro: Zahar, 1997.

Benjamin, Habermas, Horkheimer, Adorno. São Paulo: Abril, 1975 [Col. Os Pensadores].

BENJAMIN, W. "Sobre o conceito de história". *Obras escolhidas* – Vol. I: Magia e técnica, arte e política. São Paulo: Brasiliense, 1993.

_____. "A doutrina das semelhanças". *Obras escolhidas* – Vol. I: Magia e técnica, arte e política. São Paulo: Brasiliense, 1993.

_____. "Parque central". *Obras escolhidas* – Vol. III: Charles Baudelaire, um lírico no auge do capitalismo. 2. ed. São Paulo: Brasiliense, 1991.

_____. "O narrador – Considerações sobre a obra de Nikolai Leskov". *Obras escolhidas* – Vol. I: Magia e técnica, arte e política. São Paulo: Brasiliense, 1985.

_____. *A origem do drama barroco alemão*. São Paulo: Brasiliense, 1984.

BLANNING, T. *O triunfo da música*. São Paulo: Cia. das Letras, 2011.

BOFF, L. *Homem*: satã ou anjo bom. Rio de Janeiro: Record, 2008.

BOK, D. *Universities in the Marketplace* – The Commercialization of Higher Education. [s.l.]: Princeton University Press.

BOSI, A. *Dialética da colonização*. São Paulo: Companhia das Letras, 1992.

BOURDIEU, P. *A economia das trocas simbólicas*. São Paulo: Perspectiva, 1982.

BOURDIEU, P. & PASSERON, J.C. *A reprodução*: elementos para uma teoria do sistema de ensino. São Paulo: Francisco Alves, 1975.

BROWN, S.G. *Laws of Form*. Nova York: Neudruck, 1979.

BRÜNNER, J.J. *Educación y internet*: la próxima revolución? Santiago: Fondo de Cultura Económica, 2003.

_____. *A cultura da educação*. Porto Alegre: Artmed, 2001.

BUEB, B. *Elogio della disciplina*. Milão: Rizzoli, 2008.

CAIRO, H. & PAKKASVIRTA, G. (orgs.). *Estudiar América Latina*: retor y perspectivas. Costa Rica: Alma Mater, 2009.

CARVALHO, J.M. *A construção da ordem* – A elite política imperial (teatro de sombras). Rio de Janeiro: Civilização Brasileira, 2008.

CASASSUS, J. *Fundamentos da educação emocional*. [s.l.]: Liber Livro, 2009.

CASSANO, G. *Televisión*: 14 formas de mirarla. Peru: Pontificia Universidad Catolica, 2010.

CASTELLS, M. *Communication Power*. Oxford UK: [s.e.], 2009.

_____. *A galáxia da internet* – Reflexões sobre a internet, os negócios e a sociedade. Rio de Janeiro: Zahar, 2003.

_____. *A sociedade em rede*. Rio de Janeiro: Paz e Terra, 2000.

CASTORIADIS, C. *La montée de l'insignificance des carrefours du labyrinthe*. Vol. I. Paris: Seuil, 1996.

CAUQUELIN, A. *Essai de philosophie urbaine*. Paris: PUF, 1982.

CHANTEPIE, P. & LE DIBERDER, A. *Révolution numérique et industries culturelles*. Paris: La Découverte, 2005, 2010.

CHARTIER, R. (org.). *Práticas de leitura*. São Paulo: Estação Liberdade, 1996.

COLE, M. *Cultural Psychology*: A Once and Future Discipline. Cambridge: Harvard University Press, 1996.

COLE, M. & COLE, S. *O desenvolvimento da criança e do adolescente*. Porto Alegre: Artmed, 2004.

COLEMAN, J.S. *Foundation of Social Theory*. [s.l.]: Harvard University Press, 1990.

COMENIO, J.A. *Magna didactica*. Lisboa: Calouste Gulbenkian, 1966.

CONRAD, J. *Coração das trevas*. São Paulo: Companhia das Letras, 2008.

CORDIER, A. *Rapport de la Comission de Réflexion sur le Livre Numérique*. Paris: [s.e.], 1999.

COUTINHO, E.G. & GONÇALVES, M.S. (orgs.). *Letra impressa*. Porto Alegre: Sulina, 2009.

DARNTON, R. *Poetry and the Police*: Communication Networks in Eighteenth-Century Paris. [s.l.]: Harvard University Press, 2010.

DEBRAY, R. *Curso de Midiologia Geral*. Petrópolis: Vozes, 1993.

DE MASI, D. *A sociedade pós-industrial*. [s.l.]: Senac, 1999.

DESCOMBES, V. *L'inconscient malgré lui*. Paris: Minuit, 1977.

DEWEY, J. *Democracia y educación* – Una introducción a la filosofia de la educación. 6. ed. [s.l.]: Morata, 2004.

_____. "Experiência, natureza e lógica: a teoria da investigação". *Os Pensadores*. São Paulo: Abril, 1980.

_____. *The Public and Its Problems*. [s.l.]: Swallow Press, 1927.

DORFLES, G. *Mythes et rites d'aujourd'hui*. Paris: Klincksieck, 1975.

DROUIN-HANS, A.-M. *L'Education, une question philosophique*. [s.l.]: Anthropos, 1998.

DRUCKER, P. *Sociedade pós-capitalista*. São Paulo: Pioneira, 1995.

DURKHEIM, É. *L'Éducation morale*. Paris: Alcan, 1938.

EISLER, R. *Kant-Lexikon*. Paris: Gallimard, 1994.

ESPOSITO, R. *Communitas* – Origine et destin de la communauté. Paris: PUF, 2000.

EVANS, R. *Piaget*: o homem e as suas ideias. Lisboa: Socicultur, 1973.

FANON, F. *Les damnés de la terre*. [s.l.]: Maspero, 1961.

FARAH, P.D.E. (trad.). *Deleite do estrangeiro em tudo o que é espantoso e maravilhoso* – Estudo de um relato de viagem Bagdali. Argel/Rio de Janeiro/Caracas: Fundação Biblioteca Nacional, 2007.

FARIBORZ, A. *Rock the Kasbah: Popmusik und Moderne im Orient* – Reportagen aus Ägypten, Algerien, Israel, Palästina, Marokko, dem Libanon und dem Iran. [s.l.]: Palmyra, 2010.

FERNANDES, F. *Capitalismo dependente e classes sociais na América Latina*. São Paulo: Global, 2009.

FLUSSER, V. *Da religiosidade* – A literatura e o senso de realidade. [s.l.]: Escrituras, 2002.

FOCILLON, H. *A vida das formas*. Lisboa: Ed. 70, 2001.

FOUCAULT, M. *Em defesa da sociedade*. São Paulo: Martins Fontes, 1999.

_____. *Vigiar e punir* – História da violência nas prisões. Petrópolis: Vozes, 1975.

_____. *L'Archéologie du savoir*. Paris: Gallimard, 1969.

FREIRE, P. *Conscientização*: teoria e prática. São Paulo: Centauro, 2008.

_____. *Pedagogia do oprimido*. Rio de Janeiro: Paz e Terra, 2005.

_____. *Pedagogia da autonomia* – Saberes necessários à prática educativa. Rio de Janeiro: Paz e Terra, 2002.

FREUD, S. *Para além do princípio do prazer*. Rio de Janeiro: [s.d.].

GALIMBERTI, U. *Psiche e techne*: o homem na idade da técnica. São Paulo: Paulus, 2006.

GAMBI, F. *História da pedagogia*. São Paulo: Unesp, 1999.

GHIRALDELLI JR., P. *História da educação brasileira*. São Paulo: Cortez, 2006.

GORZ, A. *O imaterial*: conhecimento, valor e capital. São Paulo: Annablume, 2005.

GOSWAMI, A. *O universo autoconsciente*. [s.l.]: Aleph, 2007.

GRAMSCI, A. *Quaderni del cárcere*. Vols. I-IV. Turim: Einaudi, 1975, quad. 13, p. 1.578 [org. por V. Gerratana].

GRONDIN, J. *L'herméneutique*. Paris: PUF, 2006 [Coll. Que sais-je?].

GUILLAUME, M. *Le contagion des passions* – Essai sur l'exotisme intérieur. Paris: Plon, 1989.

HABERMAS, J. *Entre naturalismo e religião*: estudos filosóficos. Rio de Janeiro: Tempo Brasileiro, 2007.

_____. "Técnica e ciência como ideologia". *Benjamin, Habermas, Horkheimer, Adorno*. São Paulo: Abril, 1975 [Col. Os Pensadores].

_____. "Negative Dialektik". *Gesammelte Schriften*. Vol. 6. Frankfurt: [s.e.], 1973.

HANNOUN, H. *Comprendre l'éducation*. Paris: Nathan, 1995.

HEIDEGGER, M. *Remarques sur art-sculpture-espace*. Paris: Payot/Rivages, 2009.

_____. *Introducción a la filosofia.* [s.l.]: Cátedra, 1999.

_____. *Was heisst denken?* Tübingen: Niemeyer, 1984.

HENAFF, M. *La ville qui vient.* Paris: L'Herne, 2008.

HERRIGEL, E. *A arte cavalheiresca do arqueiro zen.* São Paulo: Pensamento, 1983.

HOLANDA, S.B. *Raízes do Brasil.* São Paulo: Companhia das Letras, 1995.

_____. *Caminhos e fronteiras.* São Paulo: Cia. das Letras, 1995.

HYPPOLITE, J. *Figures de la pensée philosophique.* Vol. I. Paris: PUF, 1971.

ILLICH, I. *Sociedade sem escolas.* Petrópolis: Vozes, 1985.

JAEGER, W. *Paideia.* Lisboa: Herder, [s.d.].

KANT, I. *Propos de Pédagogie.* [s.l.]: Rink, 1803.

_____. *Réflexions* [s.n.t.].

LAVAL, C. & WEBER, L. (orgs.). *Le nouvel ordre éducatif mondial* – OMC, Banque Mondiale, Ocde, Commision Européenne. Paris: Nouveaux Regards, 2002.

LEDRUT, R. *La forme et le sens dans la société.* [s.l.]: Des Méridiens, 1984.

_____. *La révolution cachée.* [s.l.]: Casterman, 1979.

LUHMAN, N. *Die Gesellschaft der Gesellschaft, ein unveröffentliches Manuskript.* Bielefeld: [s.e.], 1992.

MALATESTA, E. *Escritos revolucionários.* [s.l.]: Imaginário, 2000.

MARIÁTEGUI, J.C. *Sete ensaios de interpretação da realidade peruana.* [s.l.]: Alfa Ômega, 1975.

MARX, K. *O capital.* Vol. I. São Paulo: Abril Cultural, 1983.

MATTOS, H.M. *Das cores do silêncio* – Os significados da liberdade no sudeste escravista. Rio de Janeiro: Nova Fronteira, 1998.

MAZZOTTI, T.B. & OLIVEIRA, R.J. *O que você precisa saber sobre ciências da educação.* Rio de Janeiro: DP&A, 2000.

McLUHAN, M. *McLuhan por McLuhan* – Entrevistas e conferências inéditas do profeta da globalização. Rio de Janeiro: Ediouro, 2005.

MELOT, M. *Livre.* [s.l.]: L'Oeil Neuf, 2006.

MÉSZÁROS, I. *A educação para além do capital*. São Paulo: Boitempo, 2008.

MOSCO, V. *The Digital Sublime*: Myth, Power and Cyberspace. Cambridge, Mas.: MIT Press, 2004.

NABUCO, J. *Campanha abolicionista no Recife*: eleições de 1884. Brasília/Rio de Janeiro: Senado Federal/Fundação Casa de Rui Barbosa, 1992.

_____. *O abolicionismo*. Petrópolis: Vozes, 1977.

NIETZSCHE, F. *Escritos sobre educação*. Rio de Janeiro/São Paulo: Puc-Rio/Loyola, 2009.

NISBET, R.A. *La tradition sociologique*. Paris: PUF, 1966.

PAIVA, R. *O espírito comum*: comunidade, mídia e globalismo. Petrópolis: Vozes, 1998.

PERNIOLA, M. *L'Estetica del Novecento*. Turim: Il Mulino, 1997.

PESSOA, F. *Pessoa*: en bref (recueil). Paris: Christian Bourgois, 2004 [Tradução e prefácio de François Laye].

PLATÃO. *Obras completas*. São Paulo: Aguilar, 1972

POGREBINSCHI, T. *Pragmatismo*: teoria social e política. Rio de Janeiro: Relume-Dumará, 2005.

POINCARÉ, H. *El valor de la ciencia*. Buenos Aires: Espasa-Calpe, 1947.

RANCIERE, J. *Le maître ignorant* – Cinq leçons sur l'émancipation intellectuele. Paris: Fayard, 2009, col. 10/18.

REBOUL, O. *Le langage de l'éducation*. Paris: PUF, 1984.

REICH, R. *O trabalho das nações*: preparando-nos para o capitalismo do século 21. [s.l.]: Educator, 1994.

RIBEIRO, M. *Movimento camponês, trabalho e educação; liberdade, autonomia, emancipação*: princípios/fins da formação humana. São Paulo: Expressão Popular, 2010.

RIOS FILHO, A.M. *O Rio de Janeiro imperial*. Rio de Janeiro: Topbooks/UniverCidade, 2000, p. 407.

ROSSET, C. *A antinatureza* – Elementos para uma filosofia trágica. Rio de Janeiro: Espaço e Tempo, 1989.

_____. *L'Objet singulier*. Paris: Minuit, 1979.

ROUANET, S.P. *O Édipo e o anjo*. Rio de Janeiro: Tempo Brasileiro, 1981.

ROUSSEAU, J.-J. *Emílio ou da educação*. Mem Martins: Publicações Europa-América, 1990.

RUFINO, J. *O que é racismo?* São Paulo: Brasiliense, 2005.

SANTOS, B.S. *Renovar a teoria crítica e reinventar a emancipação social*. São Paulo: Boitempo, 2007.

_____. *El milenio huérfano* – Ensayos para una nueva cultura política. Madri: Trotta, 2005.

_____. *Pela mão de Alice* – O social e o político na Pós-modernidade. São Paulo: Cortez, 1999.

SASSEN, S. *As cidades na economia global*. São Paulo: Nobel, 1998.

SAVATER, F. *O valor de educar*. [s.l.]: Planeta, 2005.

SAVIANI, D. *Escola e democracia*. 41. ed. rev. [s.l.]: Autores Associados, 2009.

SCHELER, M. *Visão filosófica do mundo*. São Paulo: Perspectiva, 1986.

SCHLESENER, A.H. & SILVA, S.R. (orgs.). *Política, gestão e história da educação no Brasil*. Curitiba: Universidade Tuiuti, 2010.

SCHÜLER, F.; AXT, G. & SILVA E MACHADO, J. (orgs.). *Fronteiras do pensamento* – Retratos de um mundo completo. São Leopoldo: Unisinos, 2008.

SENNETT, R. *O artífice*. Rio de Janeiro: Record, 2009.

_____. *A cultura do novo capitalismo*. Rio de Janeiro: Record, 2008.

SHIVA, V. *Monoculturas da mente*. São Paulo: Gaia, 2002.

SILVA, A. *Textos pedagógicos*. V. II. Lisboa: Âncora, 2000.

SIMMEL, G. *Philosophie de l'argent*. Paris: PUF, 1987.

_____. *On Individuality and Social Forms*. Chicago: The University of Chicago Press, 1971.

SLOTERDIJK, P. *Falls Europa Erwacht*. Frankfurt: Suhrkamp, 1994.

SODRÉ, M. *As estratégias sensíveis* – Afeto, mídia e política. Petrópolis: Vozes, 2006.

_____ *Claros e escuros* – Identidade, povo e mídia no Brasil. Petrópolis: Vozes, 2000.

SOHN-RETHEL, A. *Lavoro intelletuale e lavoro manuale* – Teoria della sintesi sociale. Milão: Feltrinelli, 1979.

TAVARES, M.C. *O processo de substituição de importações como modelo de desenvolvimento na América Latina:* o caso do Brasil (Desenvolvimento e igualdade). [s.l.]: Ipea, 2010.

TAVARES, M.C. & FIORI, J.L. *Poder e dinheiro* – Uma economia política da globalização. Petrópolis: Vozes, 1997.

THOMPSON, W. *An Enquiry into the Principles of the Distribution of Wealth.* Londres: [s.e.], 1824.

TOURAINE, A. *Crítica da Modernidade.* [s.l.]: Piaget, 1992.

VATTIMO, G. *Nichilismo ed emancipazione*: etica, politica, diritto. Milão: Garzanti Libri, 2003.

VENEZIANI, M. *Comunitari o liberali*: la prossima alternativa? Roma/Bari: Gius/Laterza & Figli, 1999.

VERGNIOUX, A. *Théories pédagogiques, recherches épistémologiques.* Paris: Philosophique/J. Vrin, 2009.

VIDERMAN, S. *La construction de l'espace analytique.* Paris: Denoël, 1970.

VIRILIO, P. *Vitesse et Politique.* Paris: Galilée, 1991.

_____. *L'Écran du desert.* Paris: Galilée, 1991.

VYGOTSKY, S.L. *A formação social da mente.* São Paulo: Martins Fontes, 2004.

WERTSCH, J.V.; DEL RIO, P. & ALVAREZ, A. (orgs.). *Estudos socioculturais da mente.* Porto Alegre: Artmed, 1998.

WITTGENSTEIN, L. *De la certitude.* Paris: Gallimard, [s.d.].

ZIZEK, S. *The Plague of Fantasies.* Londres: Verso, 1997.

ZYLBERBERG, J. (org.). *Masses et Postmodernité.* Paris: Méridiens-Klincksieck, 1986.

Conecte-se conosco:

 facebook.com/editoravozes

 @editoravozes

 @editora_vozes

 youtube.com/editoravozes

+55 24 99267-9864

www.vozes.com.br

Conheça nossas lojas:

www.livrariavozes.com.br

Belo Horizonte – Brasília – Campinas – Cuiabá – Curitiba
Fortaleza – Juiz de Fora – Petrópolis – Recife – São Paulo

EDITORA VOZES LTDA.
Rua Frei Luís, 100 – Centro – Cep 25689-900 – Petrópolis, RJ
Tel.: (24) 2233-9000 – E-mail: vendas@vozes.com.br